直面文本的融合

中小学
学科渗透心育 101 例

ZHONGXIAOXUE
XUEKE SHENTOU XINYU 101 LI

主　编　张骏乐
副主编　刘　波　周耀飞

图书在版编目(CIP)数据

直面文本的融合：中小学学科渗透心育101例/张骏乐主编.—宁波：宁波出版社，2016.8（2018.6重印）
ISBN 978-7-5526-2595-0

Ⅰ.①直… Ⅱ.①张… Ⅲ.①中小学—教学研究 Ⅳ.①G632.0

中国版本图书馆CIP数据核字(2016)第194761号

直面文本的融合——中小学学科渗透心育101例

主　　编	张骏乐
副 主 编	刘　波　周耀飞
责任编辑	张雅光
责任校对	余怡荻　罗敏波
装帧设计	吉祥文化
出版发行	宁波出版社(宁波市甬江大道1号宁波书城8号楼6楼　315040)
电　　话	0574-87287264(编辑)　87242865、87279895(发行)
网　　址	http://www.nbcbs.com
印　　刷	浙江开源印务有限公司
开　　本	787毫米×1092毫米　1/16
印　　张	17.25
字　　数	360千
版次印次	2016年8月第1版　2018年6月第2次印刷
标准书号	ISBN 978-7-5526-2595-0
定　　价	35.00元

如发现缺页或倒装，影响阅读，请与发行商联系调换。

代序

教学,记得还有另一种资源

宁波市教育心理研究会会长张骏乐先生,是一位在我国中小学心理教育领域奋斗了多年的老兵,也是我打交道最多、最敬仰的学术团体领导之一。他的儒雅与谦和,深刻与沉着,以及内心的强大与执着,都令我钦佩。他的教育活动,让我想到一个词——忠诚。是的,他正是在用生命诠释着对教育的忠诚。

这些年,他主持编写出版了一系列教育心理学著作。新作《直面文本的融合——中小学学科渗透心育101例》的面世,是他又一次为我国中小学教师奉献的一本接地气的心理健康教育读本。

近年来,中小学生因心理健康问题导致的悲剧越来越多,加强中小学生的心理健康教育是广大中小学教师面临的一项紧迫任务。对于中小学心理健康教育来说,预防胜于矫治,我们必须把工作做在前面,让学生做到坦然面对可能出现的心理困惑,尽最大努力避免学生出现严重的心理问题。

目前,在考量中小学心理健康教育工作时,往往注重显性的成分,比如有没有建立心理辅导室,有没有开设心理辅导活动课,有没有举行心理健康教育讲座等。但如何利用学科教学开展心理健康教育这个重要路径,往往被忽略了。事实上,从教师全员育心的角度看,课堂教学是最有效的路径,必须依靠全体科任教师,用心挖掘学科中有助于促进学生心理健康的教育元素,通过自己的"再加工",更好地发挥学科教学的心育功能,这也应成为广大教师的"必修课"。

《直面文本的融合——中小学学科渗透心育101例》除了作

者积极主动地开发学科教学的心育元素,丰富课堂教学内容,有意识地对学生进行心理健康教育外,值得一提的是,其内容涵盖了中小学几乎所有学科,并兼顾了部分中职专业课,对广大中小学教师如何挖掘学科心育元素,做好心理健康教育工作,巩固教育教学成果,具有较大的参考价值。

我想,当越来越多的教师,致力于这样一项意义非凡的"静悄悄的革命"时,促进学生心理健康教育的追求就会自然落地,让我们欢喜这一教育的福音。

希望张骏乐会长这本书,能给中小学教师更好利用学科教学开展心理健康教育带来启示和动力,让更多的课堂教学记得还有另一种资源。

张国宏

(《德育报》社长兼总编辑)

目 录
Contents

代　序 / 张国宏

心育渗透之语文学科

- 002　1.学会称赞，点亮心灯 / 张瑶华
- 004　2.扶轮问路，活出生命精彩 / 林妙君
- 006　3.寻找"普罗米修斯" / 胡珠波
- 009　4.品味"那一片面包飘香" / 袁庆敏
- 011　5.真情永远 / 余晓艳
- 014　6.我确信我是一个荧火虫 / 陆海君
- 016　7.直面"勇气" 相遇"彩虹" / 符亚文
- 019　8.走进屈原 / 张亚容
- 021　9.我为你骄傲 / 张璐彦

心育渗透之数学学科

- 025　10.感悟椭圆之美 / 李鑫娟
- 027　11.巧思精构坐标系 / 孔懿娜
- 030　12.简单数字不简单 / 洪耀伟
- 033　13.变式与合作 / 姚莉萍　魏佳斌
- 036　14.游戏激趣　玩转数学 / 孙丽莎
- 038　15.珍惜时间 / 朱　静
- 040　16.美妙的乘方之旅 / 柳丹蓉
- 043　17.快乐学数学 / 顾丽琼

心育渗透之外语学科

- 047　18.聆听自然的声音 / 林嫣妮
- 049　19.真正的朋友 / 潘晶晶
- 052　20.温情Family / 陆晓霞
- 054　21.解读《三个金苹果》 / 黄益蓓
- 057　22.寻找幸福 / 朱咏梅
- 060　23.爱一直在 / 廖菊红

| 062 | 24.金钱真的万能吗/汪焕杰 |
| 065 | 25.罗宾的建议/史晓琼 |

心育渗透之政治学科

069	26.让别人喜欢你/王雍斌
071	27.探寻发展之旅/滑　华
073	28.男生　女生/李　晶
076	29.感悟最可爱的人/吕　帅
078	30.矛盾之镜　折射人生/张晴红
080	31.吾知吾心吾成长/谢　旺
083	32.做个理性的消费者/徐蓉蓉
085	33.蓬生麻中　不扶自直/乐　军

心育渗透之历史学科

089	34.巨龙,你怎么了？/项晶晶
091	35.谁来拯救美国/戴杨林
094	36.听那过去的故事/丁岑维
096	37.建国那些事儿/李　其
098	38.坚持的力量/黄　涛
101	39.血的教训/丁勇江
103	40.那一缕曙光/骆　奇
105	41.从历史中寻找德育的机会/王丽娜

心育渗透之地理学科

109	42.美丽乡村怎么了？/徐　俊
111	43.威尼斯,路在何方？/杨桂花
114	44.梦里水乡/王　科
116	45.沙漠绿洲/周　力
118	46.尼迈耶与他的乌托邦/吴雨峰
121	47.别样的"生计"/陈智锋
123	48.带着地图去旅行/毕蓓蓓
125	49.建模,让思维从"平面"到"立体"/洪忠明

心育渗透之物理学科

| 129 | 50.和伽利略一起寻美/胡岳建 |

131	51.让"电场线"和"等势面"化茧为蝶/张卫夷　赵初蓓
134	52.探究浮力　感悟生活/董玲玲
136	53.品味"闭合电路的欧姆定律"的科学美/黄佳玲
139	54.实验中的求真过程/陈　科
142	55.力学背后的思考/裴芳萍
144	56.沿着牛顿的"足迹"/李菊女
147	57.思辨"划时代的发现"/周苗飞
150	58.滑轮的前世今生/赵　萍

心育渗透之化学学科

154	59.探究空气不空的真相/沈林芳
156	60.在"化合反应和分解反应"中感受同伴关系/曹　洁
159	61.蕴情于"化学平衡的移动"/朱央维
161	62.戏说置换反应/宋子晶
164	63.感悟"酸"的魅力/陈紫微
166	64.莫让氮氧化物成为环境杀手/侯宣红
169	65.从原电池看生活/陈　奇
171	66.盐酸"找工作"/严　力
173	67.感悟化学教学中的心灵哲学/陆君美

心育渗透之生物学科

178	68.生命系统的有序性/蔡洁洁
181	69.无心和有意之间/李　琼
183	70.让课堂动起来/薛佳尔
185	71.青春起航从"心"开始/王玉玲
188	72.减数分裂的那些事/张碧升
190	73.感恩妈妈,咱说的就是虚岁/郑晓庆
192	74.世间的爱与责任/周　庆
195	75.探索植物尖端的秘密/崔飞春

心育渗透之音美学科

199	76.爱要大声唱出来/金　剑
201	77.剪出快乐/于　姚
203	78.唱出你的心声/俞佳颖
206	79.方形的自由创想/胡莹莹

208	80.唱响新疆/周静斐
211	81.包容才会产生宽容/倪军建
213	82.小乌鸦爱妈妈/潘 燕
215	83.捏出个性与自信/胡逸波
218	84.寄思于琴/刘 力

心育渗透之体育学科

222	85.跑至成功/王伟鸣
224	86.以绳为媒 激发自信/任维娜
227	87.趣运篮球/江春晓
229	88.团结协作 "跑"出精彩/孙旭凡
232	89.踩高跷,踩出信心/郑 华
234	90.鱼跃龙门 渐入佳境/寿华传
237	91.让球在空中多飞一会儿/朱文峻
240	92.投准的乐趣/樊丰丰

心育渗透之其他学科

243	93.奏响"？"之歌/张玮璟
246	94.古老土地上的青春气息/王晓纯
248	95.做幸福旅游人/戴娳蔚
251	96.感悟构图的和谐美/吴文春
253	97.发现岩石之美/俞 琼
255	98.坐家乡地铁,so happy!/郑海艳
258	99.寻根问"礼"/龚丹嫣
260	100.选举吧,团员/郝蒙蒙
262	101.搭建最简单的直流电动机/翁立东

后　记

心育渗透 之
语文学科

1 学会称赞，点亮心灯

张瑶华

A 渗透缘起

《称赞》是小学二年级课文。课本大意是这样的：小獾辛辛苦苦做了三个小板凳，但都不太好，很泄气。路过的小刺猬看见了，称赞小獾的小板凳做得一个比一个好，这让小獾有了自信。傍晚，小刺猬把自己摘来的苹果送给小獾，小獾也称赞小刺猬的苹果很香甜，这同样让小刺猬很开心。

喜欢获得别人的称赞，希望得到别人的认同，是人的正常心理。如：当学生获得成功或取得进步时，教师的一个笑脸、一个眼神、一个手势等，都能让学生从心底涌起暖流，存下一段美好的回忆。所以，称赞是一种非常积极的心理力量。此篇文章，生动地蕴含了关于"称赞"的认知、情感以及行为等因素。以本文为介，通过语文学习过程的适切引领，可以很好地帮助学生学会称赞，让生命充满阳光。基于文本，笔者认为心理健康教育渗透点可定为以下三点：1.学会发现别人的优点；2.学习如何称赞别人；3.体验实践称赞的快乐。

B 渗透节点

1. 在经历回顾中感知"称赞"。

在新课导入环节，教师出示课题后，首先引导学生结合生活经历去感知"称赞"。师：同学们，你们获得过别人的称赞吗？请回忆一下，是什么时候，因为什么事情，获得了什么称赞，你当时的心情如何。根据学生的现场发言，教师需要及时提炼并呈现概念：称赞，就是用言语表达对人或事物的优点的喜爱。

接下来，教师引导学生进一步感知。师：同学们，"称赞"的言语，可以是口头的，也可以是肢体的。比如，刚才发言时，我们对精彩的回答给予了热烈的掌声，露出了钦佩的眼神，激动地竖起了大拇指，这些都表示"称赞"。这番引导十分重要，它让学生在接下来的课堂学习中，能够时刻关注与捕捉来自师生间的"称赞"，如一个微笑的鼓励、一个赞叹的声音等，这些都将潜移默化地成为学生心灵深处的一抹亮光。

2. 在文本阅读中理解"称赞"。

在学生初读课文、整体感知、理清脉络的基础上，教师设计以下学习任务：找一找，找出文中描写"称赞"的语句；想一想，是谁称赞了谁，称赞了什么；议一议，"称赞"时要注意什么；读一读，做到有表情很真诚。这一系列学习任务中，最关键是通过比较学习,引导学生准确深入地了解"称赞"的内涵。

其间,教师要求学生对比阅读两段文字:第一段:(原文)小刺猬走到小獾身边,拿起板凳仔细地看了看。他对小獾说:"你真能干,小板凳做得一个比一个好!"(对照句)小刺猬走到小獾身边,说:"你真能干,小板凳做得真好!"第二段:(原文)小獾接过苹果闻了闻,说:"你的苹果香极了,我从来没有见过这么好的苹果。"(对照句)小獾说:"我从来没有见过这么好的苹果。"

通过上述两段文字的对比阅读,引导学生认识到"称赞"要具体、真诚。其中,教师可抓住关键句"小板凳做得一个比一个好",联系上文中的"粗糙"与"认真",以及课文中的插图,让学生感受到小刺猬的表扬是多么真诚,多么具体。它并不只是评价小板凳做得如何,更重要的是肯定别人的点滴进步,让别人相信自己的付出是有价值的。

3. 在角色扮演中体验"称赞"。

根据本课图文并茂、人物生动的特点,教师设计"课本剧表演",组织学生分四步进行:第一步,同桌分工,确定角色;第二步,独立准备,背诵台词;第三步,互相合作,表演排练;第四步,上台展演,感恩谢幕。同时,教师推荐"表演小贴士":人物表演的关键,是通过语言、表情、动作等,真诚地传递情感。

接下来,组织学生评价故事中的人物角色:请同学们夸一夸小刺猬与小獾吧!让学生明白,人的外在言行就像一面镜子,将内心世界呈现出来。小刺猬与小獾的言行正是内心真善美的反映。

4. 在回归生活中实践"称赞"。

在结尾环节,教师设计一份自主选择作业,要求:任务一,自己选一个同学,夸夸他的优点;任务二,回家选择合适的时机,用恰当的方式,试着称赞你的家人。在之后的作业评价环节中,教师要鼓励学生坚持长期践行"称赞",在反复实践中进行巩固,直至形成一种思维与行为上的习惯。

C 渗透感悟

本课的学习对象是二年级学生。根据"科尔伯格道德发展三水平六阶段理论",这个年龄段的孩子总体处于"寻求认可定向阶段",也称"好孩子定向阶段"。处在该阶段的儿童,总是考虑他人和社会对"好孩子"的要求,并尽量按这种要求去行动,期望获得大家的赞赏和认可。正是在这样的理论视野中,我认为称赞可谓是这一年龄段学生健康成长的良药,可以帮助学生树立正确的审美观、价值观,建立积极健康的与社会、伙伴之间的认同关系。

目前,我所教的一群二年级的学生是00后,他们往往喜欢被别人捧,以自我为中心,很多人不喜欢也不懂得欣赏别人。通过这篇课文的学习,我发现孩子们学会了欣赏与接纳,他们以"小獾"和"小刺猬"为榜样,学着去发现别人优点,尝试着真诚地称赞别人,同学之间和谐了很多。这篇文章充满着积极的情感力量,蕴含着闪光的心理智慧,潜移默化地在孩子心中点亮了一盏明灯。

作者单位:宁波市江东区外国语实验小学

编者点评

> 作者在教学中聚焦"称赞"这一核心内容,通过让学生在经历回顾中感知"称赞",在文本阅读中理解"称赞",在角色扮演中体验"称赞",在回归生活中实践"称赞",在"知、情、意、行"上让学生对"称赞"进行了全面的学习。在小学生普遍以自我为中心的当下,让学生认识到他人的优点,学会真诚地点赞,并收获他人对自己的点赞,这对于小学生正确认识自我,建立和谐的人际关系很有帮助。

2 扶轮问路,活出生命精彩

林妙君

A 渗透缘起

《我与地坛》是高一的一篇课文,课文第一部分写作者倾听地坛中万物的声音,明白了"为什么生",第二部分写作者倾听母亲的心声,懂得了怎样活。史铁生以自身的经历告诉读者他是如何从突然残疾的阴影中走出来,在文学中找到生命价值。基于文本,本课的心理健康教育渗透点有:1.倾听地坛,探寻生命的意义;2.倾听母爱,构筑精神家园;3.倾听周遭,点亮心灯。

B 渗透节点

1. 认识人物,激发情感。

在PPT上先出示史铁生未残疾时的照片。师:同学们,这位同学出生在首都北京,进了最好的初中之一——清华大学附中。然而,在21岁生日当天,他因腿疾再也没有站起来,如果是你,这时候你会怎么想?怎么办?

学生在下面议论纷纷,教师挑选几个人回答,然后出示第二张照片——史铁生两手交叉放在脑后,坐在轮椅上,微笑地看着前方。

师:这个人在经历生与死的摇摆后,最后在文坛闯出了自己的一条路,成了中国作家协会全国委员会委员,被公认为中国近50年来最优秀的散文家之一,获得过华语文学传媒大奖年度杰出成就奖,创作了中短篇小说集《我的遥远的清平湾》《礼拜日》《舞台效果》《命若琴弦》等,长篇小说《务虚笔记》等。同学们,你们想知道他是如何走出困境,重新站立的吗?今天让我们阅读《我与地坛》倾听史铁生的故事。

通过这一环节让学生走进史铁生的人生,激发学生的兴趣,思考如果我遇到这一情况该怎么办。

2. 倾听地坛,探寻生命的意义。

教学中以"缘分"二字为抓手,抓住三段景物的不同特点,采取不同的教学方式,感悟作者对生命和世界的解读。

(1)第三段:聚焦"本真",感悟生命顽强。

课文内容填一填:四百多年前,地坛的古殿檐头有_____的琉璃,门壁上有_____的朱红,一段段墙壁_____,栏杆是_____,多么_____啊,但是现在,琉璃_____了,朱红_____,墙壁_____,雕栏玉砌_____,又是多么_____啊。

通过填空,引导学生感悟曾经繁华与辉煌的地坛磨灭了浮华与光芒后,生命显露出本真的模样,正如史铁生在风华正茂的21岁忽然残废了双腿,由完整到残缺,令他产生了一种同病相怜、惺惺相惜之感。

(2)第五段:聚焦"生机",感悟生命豁达。

小组合作议一议:选出自己最感兴趣的一种植物或动物,谈谈它们是怎样给作者以生命的启示的?

基于第三段已经通过填空形式,给学生一个如何去解读景物的示范,所以,这一段采用小组合作方式,让学生的思想碰撞交流。

(3)第七段:聚焦"不变",感悟生命味道。

仿句练习悟一悟:请仿照老师对原文的修改,修改剩下的五句。(原文)譬如祭坛石门中的落日,寂静的光辉平铺的一刻,地上的每一个坎坷都被映照得灿烂。(修改句)譬如落日,即使即将下沉,光辉依然绚烂夺目。

第七段景物描写文字较前面两段文字增加了外界环境的变化,采用教师示范仿句的形式,能让学生更容易解读景物描写。无论外界的环节恶劣与否,生命是无法遭到破坏而发生改变的,只要按照自己的方式活着,就能体会到人生的味道。

3. 倾听母亲,构筑精神家园。

第二部分是作者在长大之后回忆当时母亲心惊胆战地陪伴自己的每个细节,充满了无限的悔恨,设计了以下教学环节。寻找感动你的细节,你读到了一个怎样的母亲;女、男分角色朗读母亲的心声和儿子的悔恨,感受母亲的陪伴;讲述一件有关于母亲的往事,谈谈留在自己记忆里的那些关于母亲的故事。

这样的环节设置从细节品味到朗读感悟到情感迁移,让学生明白每个人都有一个伟大的母亲,是母亲陪伴我们走过那些艰难的日子。

4. 倾听周遭，点亮心灯。

七嘴八舌说一说：我们谁都无法保证自己的一生都将会是幸福安康的。史铁生在对地坛的归依中找回了迷失的自己，如果我们遭遇不幸，又该如何自我救赎？

C 渗透感悟

本课教学设计根据高一学生的心理特点、年龄特点，通过课件的辅助，挖掘文本蕴含的精神和情感力量，提升学生面对困境时的自我救赎力量。

我所教的是一群高一学生，他们刚刚踏入高中阶段开始独立校园住宿生活，面临学业、人际、社会实践等各种问题。但在众多家人的关怀下长大的他们缺乏应对挫折的能力。所以本次教学从"地坛"和"母亲"着眼，带领学生从自然和身边的人中汲取力量，找回自我，构建了自己的精神家园。在讲述母亲往事的环节，同学们回忆起了尘封已久的旧事，有了暖暖的情感体验。趁此机会，我布置了写给父母一封信的作业，要求同学们把这封信带回家，和父母一起阅读，并让父母写一封回信。在"倾听周遭"环节，同学们讲述了自己如何从困境中站起来的故事，给其他同学很多启发。

作者单位：宁波市北仑中学

♥ 编者点评

作者在教学中紧扣"倾听"设计了三个环节，紧密结合文本中对"地坛"和"母亲"的描写，找准"顽强""豁达""本真""坚强"的心理教育渗透点，并联系自己父母的故事和自己曾经的救赎经历，真正构建了自己的精神家园，对培养高一学生积极向上、健康乐观的情感态度和价值观有重要意义。

3 寻找"普罗米修斯"

胡珠波

A 渗透缘起

《普罗米修斯》是四年级课文，课文是根据古希腊神话故事改编的，按事情的发展顺序记叙了普罗米修斯为了解除人类没有火种的痛苦，冒着生命危险，毅然盗取火种，给人类带来光明与幸福，并与宙斯进行不屈斗争的动人传说。赞扬了普罗米修斯富有同情心、勇敢机智、甘愿为人类受苦的伟大精神。

通过本课教学,旨在探索课堂教学不光能达到原文所要求的知识目标、学习方法,也能挖掘文章所蕴含的情感力量,使语文教学与培养学生身心健康有机地结合起来,让他们有一个积极的心态、正确的人生观和价值观。

本课的心理健康教育渗透点有:1. 感悟人物身上折射出来的善良和无私;2.感悟事件中所体现出来的坚强和奉献;3. 感悟身边的故事,学会用心体验别人的情感,更好地与人相处。

B 渗透节点

1. 认识人物,感悟形象。

师:古代的劳动人民对一些自然现象无法做出准确的解释,所以提出了一些天真的想法和美好的向往。如女娲补天、夸父追日、开天辟地……都是中国古代的神话故事。其实,在另一个遥远的国度——古希腊,同样拥有着璀璨的古代文化,流传着一个个动人的神话故事。你对古希腊神话有所了解吗?

古希腊神话塑造了众多性格各异的神,这些神既拥有人的形象和性格,又具有长生不死,无比的智慧和超人的神力。"普罗米修斯"既是古希腊神话中的神,又是一位带给人类光明和幸福的英雄。

2. 立足文本,汲取力量。

教学中以课文第5自然段普罗米修斯的一席话组织教学,让学生在自主探究中反复感受文本语言,在品读和想象中加深学生的情感体验,从而促进学生对普罗米修斯品质的进一步感悟,激发对英雄普罗米修斯的崇敬之情,引导学生从人物身上去汲取力量。

(1)聚焦"造福",感受善良。

普罗米修斯说:为人类造福,有什么错?这句话的言下之意是?什么叫"造福"?你所熟悉的造福人类的故事有哪些?普罗米修斯所说的"造福"指的是什么?请你浏览课文的1、2自然段,并从中分别画出一个句子,证明普罗米修斯拿取火种确实是在造福人类。(学生交流相关句子)

普罗米修斯为人类拿取火种,救人类于水深火热之中,为人类带来了幸福,带来了希望,多么善良的普罗米修斯啊!

(2)聚焦"惩罚",感悟坚强。

"我可以忍受各种痛苦,但决不会承认错误,更不会归还火种!"普罗米修斯是这样说的,也是这样做的,请用心默读课文。哪些段落、句子重点写出了普罗米修斯遭受的痛苦,画下来,选择其中一句反复地读,读出他的不屈和坚强。(学生对读)

(3)聚焦"信念",感受无私。

生活中尖利的物品有哪些?你有被尖利的物品伤害过吗?(学生联系生活说故事)

这样痛苦的日子普罗米修斯持续了多久？"许多年"是多少年？据查，是整整三万年，请学生把"许多年"换成"三万年"，再读读句子，感受"许多年"的漫长。

惩罚是如此残酷，如此痛苦，但普罗米修斯就是不屈服，在他的心中，永远有这样一种信念——屈服就意味着归还火种，让人类重新回到没有火的悲惨境遇。普罗米修斯为了人类一直过上了有了火的幸福生活，甘愿忍受无尽的痛苦，真是个无私奉献的英雄。

3. 回归生活，助人自助。

课文中的普罗米修斯是一个神，他的事迹离我们有点遥远，但我们生活中也有不少"普罗米修斯"，让我们搜集他们的事迹，并写在学案里。（小组练说，全班交流）

师：很多同学的心里都珍藏着一份感激，我们课后可以像这些同学一样，把感激当面说给他听，或写给那个他。

播放"东方之星"沉船事件中救人英雄官东的照片和视频。

师：正因为生活中有了这许多"普罗米修斯"，我们的生活才有了一系列的正能量，有勇敢，有无私，有奉献，有坚强……希望同学们能从生活中的"普罗米修斯"身上汲取成长的力量。

C 渗透感悟

本课教学采用学案导学模式，根据小学生的心理特点、年龄特点，通过学案和课件的辅助，挖掘文本蕴含的人性美，提升了旨在引导学生"从人物身上汲取力量"的情感目标。

我所教的是一群四年级的孩子，作为00后的孩子，在家里基本上都是"捧在手里怕摔了，含在嘴里怕化了"，在学校生活中，他们所展现的自私、软弱、胆小等心理弱点，跟长辈事事包办，很少遭遇挫折有关。本次教学活动从神话中的普罗米修斯和生活中的"普罗米修斯"着眼，由于有了人物和事件的心理铺垫，在回归生活环节中，学生都不约而同以班级的小伙伴作为故事的人物，既让大家得到了暖暖的情感体验，也潜移默化让学生懂得应该怎样与人交往和相处。

作者单位：宁波市鄞州区高桥镇中心小学

♥ 编者点评

作者在教学中紧密结合普罗米修斯的人物特点，找准"善良和无私""坚强和奉献"这两个心理教育渗透点，并联系到"东方之星"救援事件，让学生认识到"普罗米修斯"精神并不仅仅在神话中，现实生活中也同样存在。"普罗米修斯"精神在当下的意义就是要学会担当，而今天的学生恰恰缺少这种精神，教师如能有意识地加以引导，则更为给力。

 品味"那一片面包飘香"

袁庆敏

A 渗透缘起

本课为职高的一篇语文课文。生活在社会里,每个人都需要关爱,本课展示了发生在师生间的动人往事。一位曾经叛逆的学生因为家境不好而辍学,但在老师的关心和鼓励下,立志学习技术,终于学得绝技,创业成功,并以自己的绝技回报老师和社会,赢得了人们的赞誉。

通过学习本篇文章,挖掘文章所蕴含的情感力量,让学生树立自信心,树立一技之长的目标,体会关爱的魅力。高二的学生即将面临实习的考验,他们走上社会将面临更大的挑战,如何学会关爱他人,如何怀着一份感恩的心回报母校,如何利用自己的专业知识让自己在社会上有立足之地,通过本课的学习,能让学生学到些有用的东西。

本课的心理健康教育渗透点有:1.感悟师生身上折射出来的关爱和自信;2.感悟事件中所体现出来的感恩与自强自立;3.鼓励学生要有一技之长,对自己的职业生涯作出规划。

B 渗透节点

1. **吃面包,品人物形象**。

师:你们中的很多同学由于多种原因初中成绩不理想,未能升入普高,但在内心深处又十分羡慕去读普高的同学,认为自己的未来也完全和他们不能比,真的如此吗?今天,我们要学的课文,讲述了一个初中未读完就辍学,但自强不息,最终学得一技之长而走向成功的人的故事。

课文中的学生自小家境不好,但没有学坏。老师用劝导、写信、请吃面包等方式关爱学生。学生立志成才,在坎坷中拼搏创新、创业成功,不忘师恩。

2. **品面包,折射温暖和谐**。

让学生在自主探究中反复感受文本语言,在品读中加深学生的情感体验,从而促进学生对师生情感的进一步感悟,感受他们身上折射出来的精神力量。

(1)聚焦"帮助",感受无私的爱。

面包师傅是怎样的一个人?在各个阶段的表现是怎样的?面包师傅也曾一度叛逆,是什么让他最终获得成功?学生合作查找,筛选信息获得。小学:智力平平、学习用功、成绩优秀;初中:家境不好、叛逆、学习不用功、理想破灭;现在:绝技随身、获得尊重、不忘师恩、很有品味。面包师傅也曾一度叛逆,是什么让他最终获得成功?老师的帮助和鼓励,特别是老师的劝导"不要学坏,总要有一技随身",面包师傅才一心一意学做面包,才有我们今天这堂课的"面包飘香"。时光倒流,假设面包师傅没有得到老师的帮助,没有听从老师的劝导,他的人生将会怎样?

(2)体味"艰辛",感悟自强。

让学生品味语言,找出学生曾经的艰辛历程。

"他很坦白地告诉我,他是很想念书的,但是家境不好,使他无法安心念书,有一次他跑进清华大学去玩,看见那些大学生,心里好生羡慕,回家梦见自己成了大学生,醒来大哭一场""初中还没毕业,他就跑去那家餐厅找工作……从此以后,他就一心一意学做面包。两年前,他自己创业,开了这家面包店""我的学生虽然从来没有回过我的信,却始终对我未能忘情。我当年劝他要学得一技随身,他现在岂止一技随身,他应该是绝技随身了。"

学生由最开始强烈的求学欲望到现实的冲击,内心失落,经历痛苦挣扎,到最后走出心理困境,脚踏实地学一技之长,向善向上,自立自强,成就事业。

(3)抓住"飘香",感受感恩。

让学生分组讨论并分享,谁的面包飘香?我们闻到了几种香味?这飘香中,能感受出怎么样的情感?老师送给学生的面包,学生自己做的面包;面包的香味,让我们感受到老师的无私关爱,师生浓浓的情意,学生在老师的精神指引下创业成功,不忘恩情,回馈老师,知恩、感恩。

3. 学做面包,规划未来

职场风云变幻,只要自立自强,努力为之奋斗,你就是职场的成功者!

面包的甜香,温馨了老师的回忆,甜蜜了学生的人生,也飘进了我们的课堂,祝愿所有的同学都能学有所成、绝技随身!结合自己的专业或爱好,设计一份适合自己的职业发展规划方案?制作自己主宰的"面包"!

C 渗透感悟

近年来,职业教育蓬勃发展,职高生素质也有了很大提高。但另一方面,相当一部分职高生的身上也存在着一些令人担忧的问题。如学习情绪低落,缺少奋斗目标,自卑心理严重……这些已成为困扰职高教学的普遍问题。究其实质,问题的形成正是因为职高生对自身现状及前途缺乏信心。没有自信,便没有动力,日常学习生活中自然表现消极了。

而本课教学设计,设定的三个心理健康渗透点,正是根据学生的基本情况和心理特征而定,通过本课的学习,让学生感悟师生身上折射出来的无私的爱,浓浓的师生情感,让学生树立自信。感悟事件中所体现出来学生不忘师恩,知恩图报,在自己命运遇到挫折时,能够自强自立,学生体会到要学会感恩。学生遵循老师教导"学一技之长"创业成功,鼓励学生要有一技之长,对自己的职业生涯作出规划。学生学习的积极性提高了,树立了信心,勇敢面对未来,做好自己的"面包"。

作者单位:宁波市甬江职业高级中学

❤ 编者点评

> 作者在教学中以面包为明线,以面包背后的面包师傅为暗线,通过"吃面包""品面包""学做面包"三个环节,让学生认识到没有必要去纠结以往的失败,而要在立足现实的基础上,踏踏实实学本领。做面包是一个技术活,跟职高生学技术有很大的相关性。作者以"面包"为喻,强调学生树立自信,学会一技之长的重要意义。在大力倡导工匠精神的当下,这节课对学生的职业精神培养非常有意义。

⑤ 真情永远

余晓艳

A 渗透缘起

《可贵的沉默》是三年级教学内容,是以"爱与真情"为主题的一篇课文。该文讲了这样一件事:上课时,老师从孩子们那里了解到,几乎所有的爸爸妈妈都知道自己孩子的生日并向他们祝贺,孩子们因此而感到骄傲和快乐;知道爸爸妈妈生日的孩子只有几个,更没有几个孩子向爸爸妈妈祝贺生日。强烈对比之下,孩子们沉默了,老师抓住这一契机,引导孩子们懂得了要关心父母,并学会以行动回报父母对自己的爱。

本课教学旨在让学生在深入领会课文内容的基础上,把学生的情感一步步调动、激发起来,对学生"动之以情,晓之以理",让他们从心灵深处产生要感谢父母、报答父母的强烈愿望,并学会珍惜父母的爱,主动学会与父母更好地沟通,从而改善亲子关系。

本课的心理健康教育渗透点有:1.感受父母对自己的关心与爱护;2.反省自己对父母爱的漠视,以及在与父母相处时的不良习惯和行为;3.学着从行动上去爱父母,改善与父母交往的方式、方法。

B 渗透节点

1. 创设情境,感受关爱。

(1)直面文本。

师:(放生日快乐歌)听到这首歌,你想到了什么?

的确,关于生日这个话题,每个人都有自己的感受,这其中也有许多感人的故事,这节课我们就来学习一篇课文。(揭示课题)

师:老师提出了什么问题,教室里这么热闹?图中的孩子是怎样的神情?(兴奋)你从哪些词语看出孩子们很兴奋?

指导朗读,读出"欢乐、自信"的情绪和热闹的气氛。

是啊,父母用各种方式为自己的孩子庆贺生日,可见他们多么爱自己的孩子!

(2)爱的分享。

在轻柔的音乐声中,让学生轻闭双眼,跟着老师动情的讲述来想象、回忆自己与父母生活的点点滴滴。

冥想结束后,请学生谈谈冥想过程中的真实感受。

师:很多同学都从这次冥想中分享了父母对自己的爱。我们的生命,汇聚了父母点点滴滴的爱。父母的爱,是多么无私和细致。

(课件出示照片):前不久,一位父亲为儿打伞全身湿透,温暖背影感动了全球超250万的人们。这真是父爱如山,沉默而感人啊!

2. 沉默是金,用心反思。

(1)解读"沉默"。

师:请大家默读12—14自然段,说一说孩子们的表情怎么了?从文中找出词语。(沉默)为什么会沉默?用"——"画出描写孩子们沉默的句子。

沉默一:(课件出示)霎时,教室里安静下来。我把问题重复了一遍,教室里依然很安静。过了一会儿,几位女同学举起了手。

指名读,你从哪些词语看出他们沉默了?齐读(读出安静的气氛)。

沉默二:(课件出示)教室里寂然无声,没有人举手,没有人说话。孩子们沉默着,我和孩子们一起沉默着……

指导朗读,理解"寂然无声"。

沉默三:(课件出示)沉默了足足一分钟,我悄悄地瞥了一下这些可爱的孩子们——他们的可爱恰恰在那满脸犯了错误似的神色之中。

A."犯了错误"指的是什么?为什么孩子们做得不够好反而说他们"可爱"呢?

B.在沉默的一分钟里,他们可能在想些什么?

C.在沉默中他们懂得了什么?

师:读到这里,你知道那"极为可贵的东西"是什么吗?

(2)爱的叩问。

教师以采访的方式提问,让学生在毫无准备中回答,如"你知道爸爸妈妈的生日吗?你了解妈妈最喜欢吃什么菜吗?"等等,并请学生谈谈对刚才采访的感受,使学生清楚自己是否了解父母,进而加深对父母爱的感悟。

师:从刚才的学习中,是不是发现自己也与文中的孩子一样犯了相同的错误?许多同学已感受到,自己对父母是如此不了解!我们总在享受父母无微不至的爱,却很少主动去了解父母,关爱父母。

3. 感念真情,行动回报。

师:祝贺的方式可以多种多样,但记住一点(课件出示)只要你表达了自己的爱,再稚拙的礼物也会让他们觉得珍贵无比。如果是你,你打算在父母生日的时候给他们什么惊喜?课文中的孩子们是怎么做的?

同学们,爱是永恒的,爱也是相互的,父母爱自己的孩子,孩子也应该爱自己的父母,用实际行动去回报父母的爱。除了父母,我们还应该爱身边的人,懂得关心他们,帮助他们。此时此刻,你有什么话想对父母说吗?

(课件出示)亲爱的爸爸妈妈,我想对您说:_____

除了爸爸妈妈过生日时为他们祝贺之外,大家平时还可以为他们做些什么?

师:同学们,今天让我们回家为父母送上最真诚的祝福,或帮父母做一件力所能及的事,来表达自己对他们的爱意吧!

渗透感悟

语文是人文性与工具性相统一的学科,在注重对学生听、说、读、写能力培养的同时,也要注重对孩子人文精神的培养。本课根据小学生身心发展的特点,通过文本解读、课件辅助、冥想体验、交流讨论等形式,挖掘文本蕴含的人性美,引导学生感受父母之爱,并懂得了怎样向父母表达自己的爱。

本班孩子大多是独生子女,他们在生活中得到了来自父母太多的爱,普遍存在自私、冷漠、任性等不良心理。他们对父母的爱常常熟视无睹,习以为常,不但不能体会到爱,甚至觉得是一种负担,小小年纪就与父母有了"代沟"。为此,只有让学生感受到父母的爱,理解父母的良苦用心,才能改善亲子关系,与父母更好地沟通。本次教学活动中,我能紧密结合课文内容,巧设情境,着眼当下,让现实中的自己与文中的孩子对话,从而引起学生情感共振,心理健康教育也就水到渠成。

作者单位:宁波慈溪市实验小学教育集团

编者点评

作者结合当下小学生理所当然接受父母关爱却很少主动关爱父母的现实,巧妙结合教材文本中所体现的同样的事实,让学生走近文本,在与文本的对话中感受父母对孩子的关爱,并以现场采访的形式,让学生感悟到自身对父母缺少必要的关爱。在此基础上,作者倡导学生用自己的行动向父母表达自己的爱。这节课,有助于学生更好地理解父母,关爱父母,用自己的行动来构建和谐亲子关系。

6 我确信我是一个萤火虫

陆海君

A 渗透缘起

《我的早年生活》是七年级教学内容,是英国政治家温斯顿·丘吉尔的自传。一个伟人在回顾自己早年求学生活时,第一句话就写道:"每个人都是昆虫,但我确信,我是一个萤火虫。"多么自信,多么乐观!其实作者早年求学经历并不顺利,他"场场考试,场场失败",但却以"全校倒数第三"的成绩进入著名的哈罗公学,后来又以"几乎是全校最后一名"的成绩,成功通过征兵考试。两次奇迹般的成功,是因为丘吉尔的运气好吗?成就他伟业的基石到底是什么呢?

作者幽默诙谐的语言充满了睿智与力量,引人深思。文章短小,内容浅显,却是渗透心理健康教育的好文本。本课的心理健康教育渗透点有:1.学习作者面对"考试冷漠"依然坚持的态度;2.体会作者面对"尴尬处境"发展自我优势的执著态度;3.学习作者面对成功客观谦逊的态度;4.感悟作者坚持兴趣,树立志向的坚定信念。

B 渗透节点

1. 简介人物,激发兴趣。

师:丘吉尔曾两度出任英国首相,被认为是20世纪最重要的政治领袖之一,他写的《不需要的战争》获得1953年诺贝尔文学奖,他还被美国杂志《人物》列为近百年来世界最有说服力的大演说家之一。这么一个大政治家,大作家,大演说家,他的早年求学经历是不是一帆风顺呢?我们从中能习得什么呢?

2. 感知经历,体味成长。

本文是丘吉尔的自传。作者主要写自己参加哈罗公学入学考试和参加军队征兵考试的经历,其间也讲到英语学习和军旅生活的有关情况。在同学们理清文章内容后,老师结合丘吉尔的人生经历和情感态度,向学生们渗透心理健康教育。

(1)即使失败,依然坚持。

师:12岁的丘吉尔"就步入了考试这块冷漠的领地",他"场场考试,场场失败",你能理解他的苦恼与无奈吗?在这样的情况下,丘吉尔又是凭着什么,成功被著名的哈罗公学录取的呢?

生:丘吉尔勇敢面对考试场场失败的苦恼与无奈,抓住机会,去参加哈罗公学的入学考试;在"拉丁文作文"一无所知的情况下,丘吉尔还是以坚持的态度,尽可能地表明自己"学识水平的蛛丝马迹"。他这种即使失败,依然坚持的态度,是他最终被录取的必然原因。

（2）面对尴尬，发展自我。

师：丘吉尔虽然被哈罗公学录取了，但他被编入到低年级最差的一个班里，名次居全校倒数第三，并很快又成为全校倒数第一，因为最后两位同学因种种原因退学了。在这种"尴尬的处境"中，丘吉尔是怎样发展自我的？

生：丘吉尔被大家认为是只会学英语的笨学生。但他认真地学习英语，并发展为自己的优势。他做到"一字不漏地背诵麦考利的1200行史诗"，获得"全校的优胜奖"。丘吉尔坦然面对尴尬处境，并找到自己的优势，他这种自信积极的态度，值得我们学习和借鉴。

（3）面对成功，客观谦逊。

师：丘吉尔奇迹般地凭着"几乎是全校最后一名"的成绩，成功地通过了许多名次在他前面的人都没有通过的征兵考试。丘吉尔怎样看待这份成功？

生：丘吉尔谦逊地说考试中的第一道题碰巧是他昨天晚上"大用其功""记得滚瓜烂熟"的。但其实丘吉尔在考前已经做了认真周到的准备，他"将地球仪上所有国家的名字都写在纸条上放进帽子里"，所以这份成功不仅仅是侥幸。丘吉尔面对成功，一点儿没有傲气，只说自己是"碰巧遇到了好运"，他这种面对成功的客观与谦逊态度，值得我们学习。

（4）坚持兴趣，树立志向。

师：丘吉尔还有一个爱好，喜欢收集玩具锡兵。小锡兵是丘吉尔的玩具，他在玩乐中培养兴趣，在兴趣中培养了能力。小锡兵确定了丘吉尔的人生志向。后来他考入桑德赫斯特皇家军事学院，学习军事专业的各项技能，最终获得成功。看来，一个儿时的兴趣爱好，如果培养得当，对将来的人生会有积极的影响。

3. 联系自我，助人自助。

师：丘吉尔两次考试成功的事例，看似靠幸运，其实绝不是意外。正如丘吉尔在文章开头所说的"每个人都是昆虫，但我确信，我是一个萤火虫。"无论面对怎样的冷漠、尴尬，丘吉尔始终自信地告诫自己是一个会发光、发亮的萤火虫。他有自己的理想和追求，并坚持不懈地努力，化劣势为优势，这正是成就他伟业的基石。十二岁的你，遭遇过丘吉尔一样的失败或是尴尬处境吗？请结合自己或身边同学的经历，以"我确信我（你）是一个萤火虫"为题，写一篇心得体会，可以写给自己，也可以写给身边的同学。

C 渗透感悟

初一学生刚进入初中，面临新的学校、新的同学、新的环境和新的挑战，功课多了，难度深了，竞争更加激烈了，普遍会感到"压力山大"，有些同学甚至因强烈的挫败感而不能适应初中学习。本课教学旨在通过学习丘吉尔的早年生活经历，从人物身上汲取力量,获得自信,从而引导学生坦然客观地认识自己,积极乐观地发展自己。从学生的心得体会反馈来看,本课在心理健康教育方面的渗透收到了很好的成效。

作者单位:宁波市第七中学

❤ 编者点评

> 初一新生的入学适应问题是每一个学生都必须面对的现实挑战,作者基于这样的事实,巧妙利用名人邱吉儿学生时代的那些"不光彩"的事儿,让学生认识到,即便是学习暂时落后,但只要不放弃自己,并积极发挥自己的优势,终究可以不断超越自己。然后,作者让学生结合自己的实际情况,用写作来给自己鼓劲,让伟人的精神来激励自己成长。如果在课后,让学生交流心得体会,则会让学生更有收获。

直面"勇气" 相遇"彩虹"

符亚文

A 渗透缘起

《花的勇气》节选自冯骥才的散文《维也纳春天的三个画面》,是四年级教学内容。课文细致而生动地写了作者在维也纳寻花的经过以及由此产生的心理感受,由"绿野无花"的失望、"草底藏花"的遗憾,到发现"花绽绿野"的惊奇,心中油然而生的震撼,以及作者在爱花—寻花—盼花—看花的过程中,被小小的花儿傲风斗雨的精神所感染,从而闪现出思想的火花——生命就意味着勇气!本课教学的主旨,不仅要抓住作者情感变化的线索,感受文章情景交融的写法,更重要的是在语言文字学习中,有机融入积极的情感价值观的培养和积极的人文精神的熏陶,帮助学生领会作者对生命的感悟,体会到生命的意义在于勇敢面对风雨,有勇气才会绽放精彩。

本课的心理健康教育渗透点主要有:1.联系上下文初步感受作者在这一事件中的心情变化,理解作者对生命的感悟;2.引导学生有感情地朗读重点句段,感受勇气带来的美好和精彩;3.交流身边看到的人和事,帮助学生以积极的态度面对挫折,勇于挑战困难,提高自身的耐挫力,逐步形成能经受考验的健康心理。

B 渗透节点

1. 自悟交流,心灵触动。

学为中心,在课始时就让学生的身心融入文中,是上好一堂语文课的关键点。根据这篇略读课文的导读提示,让学生根据学习要求,联系上下文自主思考在维也纳作者为什么开始"失望"?后来又"遗憾",最后却是让他"怦然一震"?学生很快就会发现是维也纳在冷风冷雨中拔地而起的小花让冯骥才产生了如此复杂的心理变化。

随机引导学生自由朗读,画自己喜欢的部分,并多读几遍。由于文中三段花的描写极其美好和精彩,大多数学生都会不约而同地聚焦到三段重点内容进行自主交流。

2. 品析理解,感悟勇气。

要让学生有情感的碰撞、心灵的思维,必须要有新知的一个内化过程,这也是实现主体能力发展的必然途径。针对学生自己选择最喜欢、最感兴趣的内容进行研究、品析、体验,深入课文创造的情境,在感悟花儿美丽的景色的同时体验花儿身上另一种可贵的美——勇气。

(1)读重点段,交流预设:你特别关注到了哪些词?体会到作者的惊喜之情。谁能带着这样的感情读这些句子?能说说你的理解吗?

师随机评价:文中看起来是在写花的颜色多、姿态美、数量多,并把把景物当做一个可爱的人来写,其实是在表达作者的赞美之情啊!

(2)难点理解,拓展升华。这里真是改天换地了吗?其实改变的是什么?

师:对,改变的不是天和地,而是在冷风冷雨中拔地而起的小花有了翻天覆地的改变。根据维也纳气象资料显示:四月的维也纳尽管已是春天,但阴雨天气温还是会低到0℃以下。现在,你想说什么?你现在能理解作者为什么会产生这么大的情绪变化?找找最能表现小花勇气的句子,用你的朗读和大家分享。

3. 读写融合,积聚勇气。

学生通过品析理解,经历了作者的情感历程后,便产生了表达情感的欲望,而朗读和写作无疑是最好的表达方法。

师:作者就是用这么多融入自己情感的好词好句来描写花,赞美花的勇气,让我们好好积累一下。串读表示花的颜色、姿态、数量、拟人化的词语。

师:同学们,在我们的生活中仅仅是花有勇气吗?看,(出示草的图片欣赏)你又感受到了什么?现在能不能仿照作者的写法,把你的赞美之情,融入到你看到的景色中,写写草(把自己的情感体验融入到自己的心语写作中)。

4. 回归生活,心灵启迪。

师:"在冷雨中,每一朵小花都傲然挺立,明亮夺目,神气十足",这需要多么强大的生命力啊!同学们,读到这里,让你想到了生活中的哪些人和事?

师:是的,我们刚认识的杏林子12岁就得了"类风湿性关节炎",每天生活在病痛中,全身上下只有两根手指能动。可她靠着这两根手指握着笔,一个字一个词地写,创作了20多部作品,成为了风靡台湾的知名作家。杏林子多么勇敢啊,她用自己的勇气战胜了困难,成就了精彩人生。那么我们自己呢?我们身边熟悉的人呢?是否也有很多值得骄傲的敢于面对挫折和困难的故事?一起分享交流吧!

C 渗透感悟

本课教学预设的心育价值点植根于现实需求。现在的学生多为独生子女,从小在呵护关怀中长大,缺乏抗挫的心理承受能力,特别容易放弃。而随着年龄的增长,他们会遇到学习、生活、人际关系等方面大大小小的挫折,尤其是四年级学生,此时他们正面临学习生涯中的一个关键过渡期,也是一个提升耐挫力的形成期。《花的勇气》这篇文章则从大自然中得到启迪,启发学生懂得只有经历风雨后才能见彩虹的人生真谛。言意兼得,是一篇融语文教学和心理辅导于一体的范本。

在文本中选择的教学渗透点则都是围绕课文重点、难点展开,教学过程是在完成语文学科学习任务的基础上,让学生在听说读写中潜移默化,进行了心育的有效拓展与延伸。课堂预设从花的勇气拓展到草的勇气,最后回归到每个人需要的勇气和毅力,从而获得精神的提升、唤醒、激励和鼓舞。

作者单位:宁波市新城第一实验学校

❤ 编者点评

"绿野无花"的失望、"草底藏花"的遗憾、"花绽绿野"的惊奇,这是作者冯骥才在维也纳寻花过程中的心理感受,同时也表达了他对小小花儿勇敢精神的赞颂。本文作者就以此为切入点,让学生把人生的成长历程和花的生命历程结合起来,让学生懂得只有经历风雨才能见彩虹的人生真谛,让学生学会理性地对待人生道路上的挫折,让勇气为自己护航。

走进屈原

张亚容

A 渗透缘起

《渔父》为高中语文课文,是一篇可读性很强的优美散文。文中屈原的直面人生、殉道精神与渔父明哲保身、泰然处世形成鲜明对照,展现了中国传统文化一体两面的特点。

渗透缘起于学生对屈原人生选择的不理解、不支持。然而屈原对理想的坚守、对真理的坚持,以及以死明志的殉道精神,正是当下青年学生应拥有的社会责任感和担当意识。因而引导学生结合社会实际,探讨屈原的形象的现时意义,启发青年学生建构自我情感态度和价值观,具有十分重要的意义。

本课的心育渗透点有:1.理解屈原的殉道精神,学习古人坚持真理的品格;2.充分尊重学生的同时,批判性解读渔父的人生态度和价值取向;3.联系当下,激发青年学生的社会责任感和担当意识。

B 渗透节点

1. 问题导入,各抒己见。

本文屈原与渔父一问一答,表现出两种对立的人生态度和截然不同的思想性格:屈原洁身自好、宁死不屈,渔父与世推移、随遇而安。请同学们以小组形式,说一说、议一议你会支持谁的人生选择?并说明理由。

讨论发言环节,同学们比较支持渔父。对渔父的认识:是古代隐者,并将渔父与世推移、随遇而安理解为一种乐观、豁达、通透、明哲保身的人生态度,是一种值得认可与推崇的人生选择。对于屈原的认识,有同学指出屈原"宁赴湘流"是洁身自好、爱国忠君、不同流合污;有同学们认为他"举世皆浊我独清,众人皆醉我独醒"的表达过于清高,有自恋倾向,且认为他完全没有必要一定选择死。

教师评价与引导:首先肯定同学们对渔父的情感态度,并指出渔父作为隐者对后世文人精神建构的意义。比如苏轼《临江仙》"小舟从此逝,江海寄余生",表达对渔父那般自由隐逸生活的神往,可见渔父的随遇而安、非抗争姿态引领着一代又一代的文人走向圆融、豁达的生命形态。其次指出,同学们对屈原形象的认识和理解比较缺失。请大家思考,屈原还可以有哪些其他的选择吗?他为什么非死不可呢?

2. 教师引导,走进屈原。

请大家说一说:"行吟泽畔"的屈原此时还有哪些选择?

学生发言:可以学渔父"鼓枻而去",隐退山林;可以离开楚国,去别的国家做官;可以改变自己,识时务一些,继续回楚国做官。

师生探讨:请大家就以上三种选择谈谈自己的想法!

先说屈原会离开楚国吗?不会。屈原身为楚国的贵族,楚国对他来说不仅是自己的国,更是自己的家,他的生命与楚国不可分离!他愿意回楚国继续做官吗?不会。国君昏聩、朝政之上是非不分,真理与正义荡然无存,他不愿同流合污,更不愿做一个没有真理和良知的人!他可以学渔父吗?不会。屈原忠君爱国,他时刻心系君王、心系天下百姓,身上有着自觉的责任意识,这让他不能像渔父那样放下、自在、洒脱。

追问与思考:屈原为什么非死不可?他的死到底有没有意义?

当楚国灭亡,屈原不仅国破家亡,他的政治理想也随之破灭,理想的幻灭和精神家园的毁灭,让屈原失去了精神支柱!屈原"宁赴湘流"也不愿同流合污,也不像渔父隐退于世,他用死来保全高洁的品格,以死来表明他的忠君爱国,以死来坚守真理与良知!这种用牺牲生命来成全正义、坚持真理、坚守理想之举,体现的是一种气节、一种抗争,体现的是一种殉道精神。

3. 联系现实,自我坚守。

在和平年代,我们不需要牺牲自己的生命,是不是说屈原的殉道精神已经失去了意义呢?

当今社会,我们尤其缺少的就是对社会的责任意识和担当精神!我们常常被教育:你要学会适应社会,学会改变自己,磨掉棱角才能成为一个社会人。因此,我们更容易从情感态度上接受渔父的随遇而安和与世推移。然而我们忘了年轻人,能为这个世界做什么?

比如,你们如何看待最近的热点新闻——明星代言虚假广告?这样的现实告诉我们,秉持一种难能可贵的坚守,坚守真理、坚守原则、坚守自我节操,是最基本的底线!我们处于信息爆炸的年代,充斥着青年一代的各种虚假信息,让我们失去了应有的判断力,甚至失去了最起码的常识!当今社会,做一个头脑清晰、坚守正义的人。坚守正义、坚守常识就是坚守真理!今天我们青年要喊出这样的口号"我们不是来适应社会的,我们是来改变社会的",继承和发扬屈原精神,对这个社会多一份责任与担当!

C 渗透感悟

当你在路边摆地摊,你就不要坑蒙拐骗、缺斤少两;当你开工厂,你就不要偷工减料、生产次品;当你成为一个法官,你就应该坚持正义,秉公执法……人间正道是沧桑,每一个青年都应有坚守真理、追求理想、敢于担当的精神!

本课教学采用合作探究的模式,根据高中学生的年龄特点、心理特点和认知能力,采取问题导入和材料拓展的教学方式,试图培养学生的思辨能力,批判解读渔父的价值取向,唤醒他们的正义感和追求真理,理解屈原的殉道精神,激发青年学生的社会责任感和担当意识。

作者单位:宁波万里国际学校

编者点评

作者在教学中采用合作探究的方式,让学生在对话中对屈原和渔父的人格特征有所了解,然后针对性地引导学生去认识屈原的人格,让大家认识到屈原体现的是社会担当意识和殉道精神,而这一点又恰恰是现代人所缺失的。作者在教学中密切联系生活实际,让学生体验到现实生活中有很多地方需要体现人的社会担当,这样可以让学生更好地理解屈原的精神,并强化自身的社会责任感。

9 我为你骄傲

张璐彦

A 渗透缘起

《我为你骄傲》是小学二年级教学内容,这篇课文讲述了一个小男孩一不小心,砸破了老奶奶家的玻璃窗,尽管当时没敢承认,但内疚的心理和责任感一直伴随着他。当小男孩用自己攒了三个星期的送报纸的钱赔给老奶奶并附上道歉信时,在慈爱的老奶奶眼中,那不是7美元的钱,是孩子纯真的情、悔过的心,是值得为孩子骄傲的美好品德——诚信。小男孩的诚信让我们感动,老奶奶那博大的胸怀也值得我们称赞。

语文教学中包含着丰富的人文精神,对学生进行心理健康教育有着得天独厚的优势。这篇课文更是有着浓郁的人文情怀,是滋养学生心灵成长的一方乐土。通过本课的教学,旨在让学生拥有高尚的道德情操,发展学生健康的个性和良好的品质,形成正确的价值观和积极的人生态度。

本课的心理健康教育渗透点有:1.感悟人物形象,体会宽容是一种美德,更懂得诚实是一种优秀的品质;2.立足情感变化,提高学生的思维能力和想象能力;3.唤起生活体验,引导学生懂得做错事后,要勇敢承认错误并及时弥补,做到诚信为人、宽容待人。

B 渗透节点

1. 谈话揭题,以"诚"相见。

师:一个风和日丽的下午,我们来到一座小院儿,院里树木葱郁,绿草荫荫,在这个美丽的地方,发生了一个动人的故事——我为你骄傲。课题中的"我"是谁?"你"又是谁?为什么"我"会为"你"而感到骄傲?

这节课,老师将和你们一起,再去读读老奶奶为小男孩的诚信品质感到骄傲的故事,相信你也一定会被小男孩的诚信深深打动。

2. 体悟情绪,开"诚"布公。

师:小朋友们,在你们的学习和生活中,有过"闯祸"的经历吗?当时你的心情是怎样的?那课文中的小男孩在打破老奶奶家的玻璃后,心情发生了哪些变化?画出能表示男孩心情变化的关键词语。

由学生讨论后,找出描述小男孩心情变化的词语是害怕、很不自在、轻松。

师:小男孩不小心打破了玻璃,虽然没有马上认错,内心却备受煎熬。让我们一起走进他的内心世界。

(1)创设情境,体会"害怕"。

师:课文有这样一个比喻句:"我们听到玻璃破碎的声音,就像兔子一样飞快地逃跑了。"为什么小男孩会像兔子一样飞快逃走,他在害怕什么?

生:他的确很害怕,很担心,害怕被老奶奶责备,害怕承担赔偿的责任,害怕别人认为他是个坏孩子……

(2)想象体验,揣摩"很不自在"。

师:而老奶奶还是像往常那样"微笑着和我打招呼",还是那么和蔼,那么友善,看起来她并不知道小男孩所做的一切。那么,小男孩为什么反而觉得"很不自在"呢?让我们想象一下,他可能有哪些"很不自在"的具体表现?

生:给老奶奶送报纸时,男孩不敢与她对视;远远地看到老奶奶,小男孩恨不得挖个地洞钻进去……这就是"很不自在"的感觉啊!

师:通过刚才的想象,我们走到了小男孩的心里,体会到了他的惭愧、懊悔、煎熬和痛苦。

(3)寻找行动,感受"轻松"。

师:后来,小男孩做了什么,让他的心里顿时感到一阵轻松?

原来,小男孩写了一张便条,并攒了7美元,向老奶奶表示了歉意,这种勇敢认错、积极弥补的行为,让他释然了。

3. 抒写便条,竭"诚"相待。

师:这张便条真的很神奇!它让担心、害怕的小男孩一阵轻松,让老奶奶为他而骄傲。这张便条上到底会写些什么呢?同学们试着写一写。

师:在便条中,我们写下了事情的经过、内心的挣扎、对老奶奶诚挚的道歉和自己的弥补行动,我们分明感到诚实、知错就改这些优秀的品质。

4. 宽容之下,"诚"至金开。

师:课文描写老奶奶的文字并不多,然而,我们却被她的宽容所感动,课文哪些方面体现了老奶奶的宽容? 她的宽容和一句"我为你骄傲"究竟会产生什么神奇的力量?

老奶奶对小男孩有一份期待,她为孩子的诚实感到骄傲。带着这份骄傲、自信,我们相信小男孩以后的人生也会一路阳光。

5. 联系生活,达"诚"申信。

师:在生活中,你遇到过这样的事吗? 做错了事,应该怎样做?(生讨论)

师:大家都纷纷敞开心扉,看来小男孩的故事给了我们莫大的力量,为曾经因为犯错而内心挣扎的我们打开了一扇窗,让我们再一次为小男孩的诚信而赞美——我为你骄傲!

C 渗透感悟

苏霍姆林斯基说过:"任何一种教育现象,孩子在其中越少感觉到教育意图,它的教育效果就越大。"本课教学根据小学生的年龄特点和心理特点,采用情境式教学法,旨在培养学生感受、理解、欣赏和学习人物优秀品质的能力。

堂课面对的是一群二年级的学生,孩子天性好动,常常沉醉于游戏之中,玩起来会忘了一切,难免犯错。一旦闯下祸来,他们就会感到害怕、担忧、不知所措,如不加以正确引导,他们会被惭愧、懊悔、自责这些负面情绪所包围,长期压抑,会影响他们的心理健康。本次教学活动,从生活化的小事着手,以小男孩的心情变化作为感悟的支点,引起了学生强烈的共鸣,因此,较容易唤起他们的亲身体验,纷纷谈论自己曾经犯过的错误,并诚恳地表达了在以后的生活中,要勇敢承认错误,及时进行弥补。我想,这大概就是生动而自然的心理健康教育吧,收到了春风化雨、润物无声的效果。

作者单位:宁波市北仑区大碶小学

❤ 编者点评

小学低年级学生因为不小心而闯下打破东西这样的祸很常见,他们一旦闯祸,就会害怕、不知所措。作者巧妙结合课文中类似的内容,通过引导学生去体验主人公的内心感受,让大家认识到主动认错并勇于承担责任,这样自己内心不但会放松,而且也会得到他人的谅解。现实中,也有不少不小心碰坏他人物品,主动承担责任并留下联系方式而获得好评的案例,这样的案例不妨也引进课堂。

心育渗透 之
数学学科

 感悟椭圆之美

李鑫娟

A 渗透缘起

《椭圆及其标准方程》是高中教学内容,是继学习圆以后运用"曲线和方程"理论解决具体的二次曲线的又一实例,也是圆锥曲线一节入门课。从知识上说,它是对前面所学的运用坐标法研究曲线几何性质的又一次实际演练,同时也是进一步研究椭圆几何性质的基础。

华罗庚教授说过:"就数学本身来说,也是壮丽多彩、千姿百态、引人入胜的",所以数学是一门富于美感的学科,而本节课也处处透露着数学的数、形、式之美。人的爱美天性在青少年时期表现尤为突出,在数学教学中渗透心理健康教育,能促进学生知、情、意、行的和谐发展,让学生主动地、创新地、快乐地学数学。

本课的心理健康教育渗透点有:1. 以美为媒,增强学生审美创造力;2. 以问为源,培养学生善思敢疑;3. 以形论理,树立学生人生价值观,用数学的美内化良好的情感品质。

B 渗透节点

师:哲学家普洛克拉斯说:"哪里有数,哪里就有美。"数学是真、善、美的结合,简洁美、对称美、方法美、奇异美,品味椭圆的数学美,感悟美育,绝对是一个奇妙之旅。

1. *发现椭圆定义的数学美*。

本节课先由学生课前预习,以地球卫星的运行轨道,卫星运行过程中出现的近地点、远地点为突破口,以椭圆在天文上的应用为基点,引起学生的共鸣和好奇。

课堂上,以小组为单位,利用细绳、铅笔等工具画出椭圆的图形,教师利用几何画板精确作图,给出椭圆的形成过程。

师:问题是数学的心脏,问题往往源于好奇,请同学们大胆质疑提问,从而解决在平面上到两定点距离和等于常数的点的轨迹是什么?一定是椭圆吗?还有其他情况吗?

由学生讨论、总结出满足条件后,得到椭圆的定义。

师:数学来源于生活,从椭圆的图形定义可见其简洁美,从椭圆的定义引申可见其应用美,数学的美无处不在。

2. *感悟椭圆方程的数学美*。

(1)通过坐标系的选择,感悟椭圆的对称美。

师:坐标系是构造出数与形的桥梁,它选择的合适与否直接影响曲线方程的构造。

让学生通过交流、讨论,从椭圆的对称美为切入点,并类比圆及其标准方程的推导过程,建立合适的坐标系。

(2)通过要素的选择,感悟数学符号的简洁美。

师:建系后,关键是将条件转化为关系式,将椭圆定义符号化。感悟数学符号的简洁美。

(3)通过方程的推导,感悟椭圆的奇异美。

师:根据椭圆的定义,得到方程式$\sqrt{(x+c)^2+y^2}+\sqrt{(x-c)^2+y^2}=2a$,通过化简、整理得到方程$\frac{x^2}{a^2}+\frac{y^2}{a^2-c^2}=1$。椭圆的图形有对称性,它的方程也有对称性,大家看,此方程竟是如此简洁优美!

3. 品味椭圆性质的数学美。

创设问题情境,让学生自主探究如下问题:方程$16x^2+25y^2=400$表示什么样的曲线?你能利用以前学过的知识画出它的图形吗?

学生活动:

(1)列表、描点、连线进行作图,在取点的过程中得到椭圆的范围;

(2)求出椭圆曲线和坐标轴的四个交点,联想椭圆曲线的形状得到图形;

(3)方程变形,求出a、b、c,联想椭圆画法,利用绳子作图;

(4)只做第一象限的图形,联想椭圆形状,对称得到完整图形。

最后,通过实物投影,教师展示画图过程,挖掘学生的原有认知,提高学生的思维能力,从而达到数与行的统一,体现出数学的和谐美。

4. 通过椭圆研究方法,感悟人生坐标。

师:用坐标法研究椭圆,它把几何中的"点"与代数中的"数"联系起来,通过平面内的点与有序实数的对应关系,将点的位置由纵、横坐标确定。我们所处的社会实际上也是无形的坐标系,个人的定位参数包含先天因素和后天因素。而确定定位高低、好坏的唯一能动因素是后天因素,个人在社会上的定位,在某种程度上与自己的后天努力密不可分。同学们想一想你们要如何对自己定位?

小组讨论,代表发言。

C 渗透感悟

"水本无华,相荡乃成涟漪;石本无火,相击乃发灵光。"教师是爱的使者,离开了情感,一切教育都无从谈起。本节课根据高中学生的心理发展特点、年龄特点,挖掘椭圆独特的数学美,引导学生发现数学美,寓美于教、寓美于学,用数学的美内化良好的情感品质。这样的课堂教学不仅能激发兴趣,唤起学生的愉悦,反过来,也能激发学生去创造美。创造美是美育教育的最终目的。在这样的潜移默化中,利用教师的导向性,让学生感受到生活也是如此美好,使其心理健康得到良好发展。

今天的高中生由于高考压力,大量的时间都用在文化课的学习上,有人甚至到了"两耳不闻窗外事,一心只读圣贤书"的地步;对于一部分适应能力较差的学生,对可能出现的困难缺乏充分的心理准备,一旦在现实中遇到挫折,他们就会情绪低落。而数学学科渗透心育和美育,会使他们身心愉悦,胸中有乾坤,心中有希望,真正地会学习,真正地学好习。

作者单位:宁波市北仑明港高级中学

♥ 编者点评

在本课教学中,作者抓住椭圆定义、椭圆方程、椭圆性质等方面的"数学美",通过有意识的追问和学生的动手操作,让学生在课堂上享受审美的愉悦体验,消除学生对学习有关几何知识的畏惧心理。作者还有意识地把椭圆坐标和人生定位结合起来,让学生认识到自身的努力会在很大程度上决定个人的社会地位。如果在本课教学中,进一步把椭圆知识和社会生活结合起来,让学生更好地体会数学美的广泛应用,或许能进一步激发他们学习的积极情感。

11 巧思精构坐标系

孔懿娜

A 渗透缘起

《平面直角坐标系》是八年级教学内容,是继提出确定平面上物体位置的两种方法以后利用"有序数对"表示平面上点的位置的又一实例。引进直角坐标系的概念,让学生学会由已知点写出坐标;已知点的坐标描出位置。这些基础知识和基本技能对今后学习函数及其图像十分重要,也是进一步研究坐标平面内图形的轴对称和平移变化的基础。

数学课程标准曾指出:"数学是一门源于生活,又高于生活,但最终服务于生活的学科。它以高度的抽象性、严密的逻辑性以及广泛的应用性,渗透于科学技术及实际生产、生活的各个领域。"在数学教学中渗透心理健康教育,便能促进学生知、情、意、行的和谐发展,让学生主动地学,创新地学,快乐地学数学。

本节课的心理健康教育渗透点有:1.以生活为媒,增强学生发现数学源于生活的观察力;2.以问为源,培养学生善思敢疑的生活态度;3.以形论理,树立学生人生的价值观,用数形结合之美内化良好的情感品质。

B 渗透节点

师:陶行知说:"教育只有通过生活才能产生作用并真正成为教育。"当学生不仅学到知识,还能自觉主动地从数学的角度探究这一知识在实际中的应用价值时,其学习就形成了良性循环,将受用终身。

1. *发现平面直角坐标系源于生活*。

本节课本人由创设"丝绸之路"这一学生耳熟能详的故事情境引入新课,激起学生发现、探索的欲望,使学生对本节课的内容产生浓厚的兴趣。

课堂上,以小组为单位,通过教师板演,引导学生经历建立坐标系的过程,介绍坐标系的历史背景,激发学生学习的兴趣。通过介绍认识坐标系及其相关概念,启发学生类比用数轴确定直线上点的位置的方法,寻找确定平面内点的位置。学生在探索中很自然地想到要画两条数轴,充分体现学生的主体地位。

师:问题是数学的心脏,问题往往源于好奇,请同学们大胆质疑提问,从而解决在平面内如何确定一个点的具体位置。根据中国象棋中规定"马"走"日"字形,请说出"红马"下一步位置的坐标,再进一步让学生根据"红马"的位置小组探究"四个象限内点的横、纵坐标符号的特征和坐标轴上点的符号特征。

师:从经历坐标系的建立过程到用有序实数对表示平面内点的位置,感受数学在生活中的应用无处不在。

2. *感悟平面直角坐标系服务于生活*。

(1)通过确定有序数对在平面上的位置,感悟数到形的转化。

师:平面直角坐标系是构造数与形的桥梁,让学生画一画,在给定的直角坐标系中,描出下列两组点:①A(-1.5,-3),B(1,-3),C(1,2);②D(-3,-3.5),E(-1,-5),F(2,-5),G(5,-3.5)。

让学生独立建立合适的平面坐标系,并把点表示在数轴上,完成数到形的转换过程。

(2)通过平面直角坐标系中点的位置,感悟数对的有序性。

师:让学生观察坐标系中点的位置特征,以及横纵坐标符号在四大象限内的特点。

3. *通过品味平面直角坐标系研究方法,感悟人生坐标*。

创设沙场点兵的情境游戏,让学生在轻松愉快的环境中学习,首先利用全班学生构建一个坐标系,即请一行的同学戴黄帽子作为横轴,另一行的学生戴蓝帽子作为纵轴,红帽子为原点,规定向右为正,向前为正,行和列的学生以交点的学生为基准看齐,这样就建立了坐标系,而其他学生代表平面内的点。

任务1:请位置在y轴的学生起立。并让其回答,你们所在的点的坐标的符号特征。

任务2:请横坐标是2的学生起立,请纵坐标是2的学生起立。并让全班同学比较$(2,y)$和$(x,2)$两个坐标的不同点,体会实数对的有序性。

任务3:请第二象限的学生起立。并让其说出第二象限内点的坐标的符号特征。

任务4:请负半轴的学生起立。让学生分清x负半轴和y负半轴之间的联系与区别。

这样既能让学生深刻体会平面内点和有序实数对是一一对应关系,又能再次明确"有序"的重要性。

C 渗透感悟

本节课根据初中学生的心理发展特点、年龄特点,挖掘平面直角坐标系与生活之间的密切联系,引导学生从生活中发现数学美,寓生活情境于教、寓乐于学,用数学的美内化良好的情感品质。这样的课堂教学不仅能激发兴趣,唤起学生的愉悦,反过来,也能激发学生的创新思维在这样的潜移默化中,利用教师的导向性,让学生感受到生活中处处有数学,使其心理健康得到良好发展。

"乐思方有思泉涌",在课堂教学中,时时注意营造积极的思维状态,关注学生的思维发展过程,创设民主、宽松、和谐的课堂气氛,让学生畅所欲言,这样学生的创造火花才会不断闪现,个性才得以发展。而学科渗透心育和美育,也会使他们身心愉悦,乐于思考,爱好思考,真正地会学、好学。

作者单位:宁波市镇海区庄市逸夫学校

♥ 编者点评

作者结合平面直角坐标系的教学特点,把知识学习和历史典故及日常生活联系起来,增添了数学知识的生活味,激发了学生的学习热情。此外,作者还创设"沙场点兵"的情境,把全班学生变成了一个"模拟"的活动坐标系,让学生在"活动"中体验所学的相关知识,认识到"有序"的重要意义。在教学中,让学生体验到所学知识的实用性,能增加他们的学习动力,体验到学习的快乐。

12 简单数字不简单

洪耀伟

A 渗透缘起

《1~5的认识》是一年级教学内容,这一课时是数概念中最基础的知识之一,是小学生学习数学的开始。但通过课前的调查,笔者发现:学生在幼儿园甚至更早就已经接触了1~5各数,能够熟练地数数和比较它们的大小,但站在学科的高度来看,学生的合作意识和创新能力还比较缺乏,同时没有树立正确学习观。因此,笔者认为在本课时的教学中有效地渗透心理健康教育,促进学生知、情、意、行的和谐发展志在必行。

本节课的心理健康教育渗透点有:1.以合作为媒介,增强学生合作意识;2.以图形为载体,培养学生创新能力;3.以数字为契机,树立学生正确学习观。

B 渗透节点

1. 以合作为媒介,增强学生合作意识

师:小朋友们想象一下,"1"的朋友可能有谁?

生:可能是1只小猫、1个人、1块糖……

师:看来"1"有好多好多的朋友。听说"1"在找朋友,它们来了,快来看!它们是"1"的好朋友吗?

出示课件:

师:这些朋友颜色一样吗?大小一样吗?形状一样吗?都可以和"1"做朋友吗?

师生共同小结:不管颜色、大小、形状有什么不同,只要数量是"1",就可以用"1"来表示。

师:(出示课件)那它们是"1"的好朋友吗?请小朋友们在小组内合作讨论。

课件出示:

学生讨论后交流。

师总结:很多个苹果装在1个筐里,不能用"1个"来表示苹果的个数,但可以用筐做单位,就是"1筐",它可以和"1"做朋友。

师:其实在我们的教室里有很多"1"的朋友,你们能在教室里找到它们吗?请小朋友们在小组内合作讨论。

学生交流并总结:1个人、1个组和1个班都可以用"1"来表示。

师小结:别小看小小的"1",它既可以表示1个苹果,也可以表示1筐苹果;既可以表示1个人,也可以表示1组人,还可以表示1个班的人,只是单位不一样。

2. 以图形为载体,培养学生创新能力

师:用三根小棒你能摆出什么图形?

学生作品展示1:

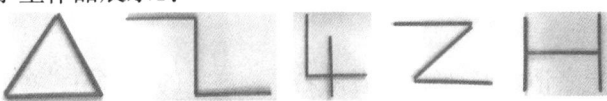

师:用四根小棒,你能摆出什么图形?

学生作品展示2:

师:用你手中的小棒随意摆图形,说说你用了几根小棒?摆出了什么图形?

生1:我用两根小棒,摆出了等号。

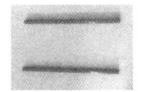

师:你说得真好! 等号是我们数学课上经常要用到的符号。

生2:我用5根小棒,摆出了一间小房子。

师:你们用小棒摆出了这么多的图形,真是会创造的好孩子。

3. 以数字为契机,树立学生正确学习观

师:同学们,你们会填吗?

0 1 ( ) ( ) ( ) ( )

师:如果用1~5这五个数字来表示你对数学的喜欢程度,1表示很不喜欢,2是不太喜欢,直到5非常喜欢,你选择几?为什么?

| 很不喜欢 | 不太喜欢 | 有点喜欢 | 挺喜欢 | 非常喜欢 |
| 0 | 1 | (2) | (3) | (4) | (5) |

生1:我选择4,我挺喜欢数学的,就是有时候做计算时我会想很久,才能算出来。

师:现在我们才刚开始学习数学,你可不能有畏难心理哦,其实数学不仅仅只是计算,等我们继续学习,你就能发现数学里有好多好玩的知识。至于计算的问题,等你练习多了,自然而然就会写得又准又快了。

生2:我选择5,因为数学很有意思,还有我数学很好。

师:老师相信,很多同学慢慢地也会和你一样喜欢上数学,成为一个数学成绩很棒的人。

……

C 渗透感悟

《易经》里有云:形而上者谓之道,形而下者谓之器。这里的"形而上"就是抽象的东西,同样,数学的抽象也理应是"形而上",即从大量的感性认识向理性飞跃时所积淀下来的认识。像这节课,笔者教学"1~5的认识"时没有只停留在认识这几个数上,而是通过让学生合作交流、培养学生创新能力等方面入手在这些简单的内容中挖掘深邃的思想,同时通过数字让学生来表达对数学的喜爱程度,学生各抒己见,表达了自己数学学习时的困惑,让老师了解到学生数学学习的心态。老师的解惑,不但向学生传递了数学学习的方法,同时也让学生的思想得到了升华。由此,我想到了乔布斯的一句话:你要坚信,你现在所经历的,将在你未来的生命中串联起来。我们的数学教学更应该坚信:深刻的价值体验会给学生留下丰富的学习经历,这样的学习经历,将在学生未来的学习中发挥巨大的促进作用。

作者单位:浙江省温州乐清市蒲岐第一小学

♥ 编者点评

对于今天的小学一年级学生来说,认识阿拉伯数字算是小儿科的事了。在倡导"零起点"教学的当下,作者运用多种手法突出"1"的朋友是谁,用"3"根小

棒摆出各种图形,让学生从1~5之间选择数字表明自己对数学的喜爱程度。作者在教学中,让学生走出了认识数字的局限,学生通过合作交流、动手实践等,对这些简单的数字有了更深刻的认识,有助于激发学生的学习热情,培养他们的探究精神。

变式与合作

姚莉萍　魏佳斌

A 渗透缘起

《平行四边形及其性质》是八年级教学内容,学生在小学已经学过平行四边形,但小学阶段学生只认识平行四边形的概念,没有涉及平行四边形的表示、性质、判定等。从八年级上册第一章开始,几何学习已进入论证几何阶段。在讲解时,教师引导学生通过转化把问题化归为三角形问题来解决。学习这节课不仅是对已学的平行线、三角形等知识的综合运用和深化,更是下一步研究特殊平行四边形和有关定理的基础,具有承上启下的作用。

合作是成功的基石。那么如何与他人合作呢?就是去发现、表达、沟通以获得自己的需求,同时,也去发现、表达、沟通以满足别人的需求,不畏艰难,助人助己。师生合作,学生不仅会得到量身定制的个性化教学,而且会获得先进的学习方法。生生合作,知识在对话中精彩,学习在合作中快乐。

本节课的心理健康教育渗透点有:1. 通过合作讨论,激发学生的个人潜能;2. 通过组内展示,培养学生的合作能力;3. 通过小组展示,培养学生的合作精神;4. 通过捆绑竞争,培养学生的合作意识。

B 渗透节点

良好美德包括智慧、勇气、仁爱、公正、节制、卓越,我们追求卓越,欣赏美与优秀,期望拥有信念与信仰、感激与乐观、宽恕与宽容、玩兴与幽默、热情与激情,对待人和事物满怀热心,精力充沛。只有在大家的协商、沟通、交流,甚至妥协中,才能形成互相尊重、共享的品质。

1. 通过合作讨论,激发学生的个人潜能。

在书中学道环节,课前对书本知识进行简单变式,实现与前人的智慧初步对接,学生前一天完成预习单。课上,教师提出:请问,用两个全等的含有30°角的三角板,能拼出多少个不全等的四边形,其中平行四边形有几个?师徒对学后,结合预习单给出问题串,组织学生合作实验,让学生体验平行四边形是由两个全等三角形组成的,让学生在合作中经历实验验证,示范演示,大胆猜想,设疑诱导,归纳总结,逻辑推理,转化应用,为接下来的学习做好铺垫。教师参与合作学习,就学生的展示和点评情况进行点评打分,对学生未能点拨的问题进行点拨,总结要点,引导进一步学习。

2. **通过组内展示,培养学生的合作能力**。

在组内展示环节,师提供学习情境:在一块平行四边形场地$ABCD$中,道路$AFCE$的两条边AE,CF分别平分$\angle BAD$与$\angle DCB$. 求证:(1)道路$AECF$是平行四边形。(2)道路两边的$\triangle AED$和$\triangle BCF$分别是什么三角形?

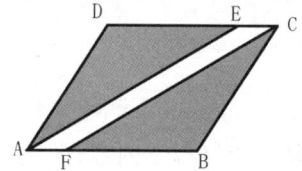

引导学生思考变式:在$\square ABCD$中,DE是$\angle ADC$的平分线,F是AB的中点,$AB=6,AD=4$,则$AE:EF:BE$为多少?

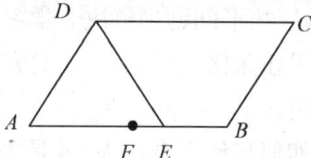

教师预设学生不能由例题进行迁移应用,就用会出现的学习问题进行变式,引导展示学生用综合法边分析边进行图上运算,再根据图上运算进行完整板书。组长进行组内交互式讲解,遇到问题,按任务难度分给不同的组员回答,组内解决不了的问题可以求助教师,如果教师正在解答别的小组的问题,可以由正组长去问邻近组的正组长,副组长继续带领组员进行本组错题的交互式讲解。对于变式有多种解法进行争辩,总结出平行四边形中出现对角线、角平分线问题可以转化为三角形全等问题来解决。每个人在任务分工中进行本色发挥,用心观察,表现自我,能考虑他人的观点,心胸开阔,拥有和他人讨论的合作协调能力。

3. **通过小组展示,培养学生的合作精神**。

在大展示环节,让小组成员当小老师,展示团队在组内展示中得到的变式创新,在那些容易让团队感到气馁的地方提供更多的数学知识回顾,相关信息不仅可用于既有教学内容的重新设计,还可以通过实时分析,自动在某一时刻显示出适合团队特定需求的学习内容。引导学生进行自辩、辅辩、驳辩、举反例、论证、反证等,以使学生的思想深化,思维清晰化、条理化,总结出在平行四边形中出现角平分线的定义产生的问题可以转化为等腰三角形问题来解决,从而总结出平行四边形出现的四线问题可以转化为三角形问题来解决。让他们从中学会思考,学会合作,学会探究,实现知识系统的可提取化。

4. 通过捆绑竞争,培养学生的合作意识。

在省中悟道环节,以导图促内化。如每组按照航标指引画出思维导图,不断内化知识结构,使所学能致用,学生从主动利用已有的知识作为新知识的增长点,不断对课堂知识进行加工和转换。在课堂上可以开展小组竞赛,让第一个完成的同学去预展示导图,其余学生代表小组进行补充,比拼组员悟道的变式。比赛不但能迫使参与者把自身的才能发挥到极致,而且还能增加胜利者内在的信心和力量,也能刺激失败者发现不足、激发其努力上进之心,可谓一举多得。

❤ 渗透感悟

数学学习不可能是一帆风顺的,学生有时难免会出现恐惧、焦虑、冲动等负面情绪。面对这些问题,靠个人的力量是不够的。本节课让学生经历平行四边形性质的学习,通过合作体验悦纳他人,找到合作的规则、合作沟通的渠道,学会在合作中直面问题,顺应思维,探寻团队合作的力量,从而学会掌控和调节自己的心态。

在初中数学学习的过程中,渗透合作意识的变式教学,能让学生全面地估计风险,获得变通的处理方法,妥善地应对各种压力;让学生在获得数学知识的同时,树立自信,实现自我价值,并具备合作应对的意识。

作者单位:浙江省湖州市第十二中学

❤ 编者点评

> 本课的教学内容具有承上启下的意义,如果学生掌握不好,会影响下阶段的学习。本课适合开展合作学习,在课堂教学中,作者通过让学生合作讨论、组内展示、小组展示、捆绑竞争等多种形式,培养学生的合作能力、合作精神、合作意识。通过合作学习,让学生更好地理解变式教学,巩固学习成果,在习得数学知识的基础上,强化自信心,培养团队协作的精神。

游戏激趣 玩转数学

孙丽莎

A 渗透缘起

《认识图形》是小学生学习"图形和几何"知识的开始,课程是从形状这一角度来使学生初步认识物体和图形。

新课程标准提出:"要重视从学生的生活经验和已有知识学习数学和理解数学。"本节课我准备了大量学具,从孩子已有的关于物体形状的感性经验入手,进一步抽象化,形成简单的几何概念,发展了孩子初步的空间观念。

本课的心理健康教育渗透点有:1.从学生的年龄特征入手,本节课设计了大量玩、摸、滚等实操环节,玩中学,学中玩,有利于培养学生的学习兴趣;2.让学生经历解决问题的全过程,感受解决问题的基本方法,鼓励学生积极探索,用自己的眼睛去发现问题,培养解决问题的能力;3.自由宽松的学习氛围,促进孩子良好个性的形成。

为了这个目标的达成,本课安排了三课时完成。

B 渗透节点

本课主要是带领学生认识长方体、正方体、圆柱体、球体这四种立体图形。而学生在平时生活和玩耍中经常会接触到立体图形,所以,在教学中要充分利用学生的经验体验,引导孩子主动去认识立体图形。

1. 玩一玩,分一分,以玩激趣,初步感知。

课前准备:收集生活物品。

师:老师发现大家都带了一个大袋子,袋子里装了些什么呢?现在请你把袋子里的东西拿出来,好吗?说说你带了什么?

(学生动手操作)

师:现在,请你把这些物品分一分,可以分成几类?

学生讨论、自主操作。

师:你们是怎么分的?为什么要这样分?

数学来源于生活,通过学生玩一玩、分一分的游戏活动,使学生对学习立体图形充满了兴趣,并对每种图形有了最基础的认识。

2. 摸一摸、画一画,以手引领,直觉特点。

(1)摸一摸,感知特点。

师:请你从学具袋里拿出一个长方体、一个正方体、一个圆柱体、一个球体,然后摸一摸,你有什么发现?

学生独立操作,然后进行小组交流,说一说自己有什么发现?

(2)画一画,加深感知。

师:如果请你给各种图形画个像,你会吗?

学生操作、分享。

(3)形成表象,初步建立空间观念

教师利用形体的实物抽象出形体抽象图。

(4)摸一摸,猜一猜这是什么图形。

请学生闭上眼睛,在一个大箱里随机摸物,再整体摸一摸,然后猜一猜它的形状。

通过动手操作,使学生对长方体、正方体、圆柱体、球体的特征有了直观认识。"纸上得来终觉浅,绝知此事要躬行",所以,教师要尽可能多地给学生提供充分的实操机会,去经历、体验、收获第一手的经验。

3. *玩一玩,滚一滚,做做游戏,发现特征*。

在活动中,学生发现小球在不停地滚,时不时从桌上掉下,接着就找不着了。所以,不停有学生说:"老师,小球好不乖。"老师灵机一动,问:"哎,小球为什么那么不乖呀?""那么,什么形状乖?什么形状不乖呢?"

引导学生玩一玩、滚一滚学具。

学生通过游戏自主发现了各种形状的特征。

师:车子的轮胎、足球是什么形状的?造房子的砖头呢?为什么要设计成这样的形状?可以设计成别的形状吗?请想象一下。

学生展开讨论并自由想象,不时被想象惹得大笑。

游戏是非常适合低幼年龄学生的一种学习方式,通过这一游戏环节的设计,不仅可以激发学生的学习兴趣,还可以进一步培养学生的空间观念。

4. *拼一拼,搭一搭,大胆想象,动手操作*。

(1)把所有的积木都用上,看谁搭得又稳又高。

(2)用几个正方体搭一搭,你能搭出什么新形状?

通过亲手拼搭积木,使学生明白,每一个在高处的积木底下都有默默的支持者,虽然有时我们会看不见这些积木。

C 渗透感悟

学习之所以美丽,是因为我们亲身经历,只有自觉、自愿、自主的学习是美丽的,而孩子的学习兴趣是最珍贵的礼物,老师在平时的教学中要注意维护并激发孩子的学习兴趣。

因此，教学环节的设计要符合学生的年龄特征和心理特点，比如本课的教学对象是一年级小朋友，把游戏引入课堂中，更能激发学生的学习兴趣。

作者单位：宁波市象山县文峰学校

编者点评

作者结合小学一年级学生的心理特点，通过"玩一玩，分一分""摸一摸，画一画""玩一玩，滚一滚""拼一拼，搭一搭"等多种途径，让学生通过玩、摸、滚等多种途径，对长方体、正方体、圆柱体、球体这四种立体图形的特性有全面的认识。这样的教学方式较好地体现了"玩中学"的教学理念，让学生动手操作，可以更好地激发学生的学习热情。

15 珍惜时间

朱 静

A 渗透缘起

《秒的认识》是小学三年级的教学内容，该内容的知识性目标相对简单。"秒"是较小的时间计量单位，比较抽象，不像长度单位、质量单位那样容易借助工具的物体表现出来，小学生一般不容易感知1秒和几秒有多长，因此，对于"秒"的时间观念的建立学生存在一定的困难。本堂课就是通过一系列的体验活动，及时唤醒学生已有的生活经历，并在此基础上通过调动学生的多种感官，结合声音和动作的立体参与，设计大量集体的物化活动，抽象出时间单位"秒"这一数学问题，促使学生真正建立"秒"的时间观念，教育学生珍惜时间，从小养成良好的生活习惯和学习习惯。

本课的心理健康教育渗透点有：1. 通过眼、耳、口等多种器官体验丰富多彩的数学活动，培养学生勇于探索、自主学习的精神；2. 通过小组合作学习，增强学生的合作意识与语言表达能力；3. 通过认识时间，帮助学生树立珍惜时间的观念，养成良好的生活习惯和学习习惯。

B 渗透节点

1. 创设情境，唤醒认知。

（1）播放音乐，激发兴趣。

教师播放曲子《时间像小马车》，让学生跟着音乐唱一唱，上课前播放这样轻松的音乐，既激发了学生的学习兴趣，又唤醒了学生对已有知识时间的认知。

(2)挖掘认知，了解学情。

师：小朋友们，生活中还有哪些地方用到了时间单位"秒"？关于秒，你还知道些什么？

学生回答：体育课上老师用秒表来记录跑步成绩；电子表中有秒；钟面上也有秒……通过学生已有的生活经验和知识认知，了解学情，激发学生对时间的热情和兴趣，让学生感受数学与生活的密切联系，时间在生活中就是无处不在。

2. 自主探索、合作交流。

(1)建立1秒观念，进行表达。

师：说说你对1秒的感觉。一秒钟就是这么滴答一下，你能做些什么？

通过学生互相交流一秒有多长，再用钟面的秒针反复观察和验证，使1秒的表象更深刻，最后学生自由表达一秒的感觉，培养学生合作交流、语言表达的能力。

(2)沟通分秒，善于探索。

通过教师提出的两个数学问题："1分钟真的就是60秒吗？""通过钟面上指针的走动，你发现了什么？"引发学生的数学思考，培养学生仔细观察、乐于思考的品质。

3. 回归生活，珍惜时间。

(1)欣赏1秒的价值，感悟时间的珍贵。

师：短短的1秒钟，滴答一下就过去了，我们实在做不了什么事，但猎豹每秒大约可以跑30米。目前科技发达，现代化的交通工具也能在1秒钟内走很多路程，你们知道吗？

磁悬浮列车每秒约行330米、光速每秒约行300000千米……

(2)体验1分的长短，感悟时间的短暂。

师：1分钟我们能做什么？

通过学生回答生活中和学习上自己熟悉的1分钟所做的事：跳绳、画画、口算、仰卧起坐等，让学生明白1分钟虽短，但依然能做很多事，以此让学生感悟到时间的珍贵，要充分利用时间，提高学习效率。

(3)情感升华，充分利用时间。

师：同学们一分钟做的事情可真不少。那么我们一节课有多少个1分钟？在这40个1分钟里，你有哪些收获？

师：同学们，时间是由一秒、一分、一时、一天、一年组成的，每倾听一次新年的钟声，我们就长大一岁，到现在我们已经倾听过九次新年的钟声。古人云："百川东到海，何时复西归？一寸光阴一寸金，寸金难买寸光阴……"时间不停地流逝，一去永不回，愿我们做时间的主人，不浪费每一分每一秒。

C 渗透感悟

本课教学符合新课标的教学理念,根据小学生的心理特点和生活实际,让学生感受到了较小时间计量单位秒与分的关系和长短,升华了本文旨在引导学生珍惜时间的情感;本文还抓住了小学生的心理特征,让学生通过眼耳口等多种感官建立时间观念,一起感受时间的飞逝,学会珍惜每分每秒。层层递进的教学环节,精心自制的教学课件,直观形象的教学素材,不仅充分调动学生的学习积极性,激发学生的学习欲望,而且还让学生体验到秒的快速,让学生一直处于学习时间迅速流逝的快乐中。

三年级学生还不太懂得珍惜时间,在学习和生活中不太关注时间。于是,我先让学生多次体验秒,多种器官感知秒,再结合生活中和学习上的熟悉事物,让学生说一说一分钟能做哪些事;最后,通过课件演示和介绍课外的时间知识,让学生感知到一分一秒虽短,但依然可以完成一些事,以此来让学生学会珍惜时间,养成良好的学习习惯和生活习惯。但自己对学生分享时间这一方面引导不够多,从而影响了学生与时间的情感融合。

作者单位:宁波国家高新区实验学校

编者点评

对秒的认识,是数学知识学习的一个重要内容,涉及今后计算的一个重要知识点;同时,这也是一个重要的时间概念,可以让学生认识到时间的重要意义,进而珍惜时间。作者有意识地通过多种途径让学生感知一秒究竟有多少,并通过具体的事例让大家感受到一秒的价值所在。通过本课教学,作者在让学生掌握知识的同时,很好地让学生体验到了时间的宝贵,增强了他们珍惜时间的意识。

16 美妙的乘方之旅

柳丹蓉

A 渗透缘起

数学是一门富有美感的学科,生活中处处隐含着数学的美。我们的数学教学就是要使学生发现数学之美,领悟数学之美,从而喜欢数学,热爱数学,并把所学的数学知识应用于生活。

日本学者米山国藏说:不管人们从事什么工作,深深铭刻在头脑中的数学思想、思维方法和看问题的着眼点等,都会随时随地发生作用。在数学教学中渗透心理健康教育,能促进学生知、情、意、行的和谐发展,促使学生在以后的学习生活中能主动地学,快乐地学。

《有理数的乘方》是七年级的教学内容,是继有理数的乘除之后的又一种新的运算,它是一种特殊的乘法运算,又是学习开方的基础,有着承前启后的重要地位。

本课的心理健康教育渗透点有:1. 以美为媒,培养学生发现美、创造美的能力;2. 以问为源,培养学生善思敢疑、善于总结的思维品质;3. 以结果论生活,树立学生正确的人生观、价值观。

B 渗透节点

哲学家普洛克拉斯说:"哪里有数,哪里就有美。"品味乘方的数学美,感悟美育,引领学生进行一次美妙的数学之旅。

1. 发现乘方定义之美。

本节课先准备一个魔方,利用小学的知识回顾立方体的体积。大的魔方是由一个个的小立方体组成的,那么小立方体的体积又是多少呢?以同学都熟悉的立方体体积引入可以集中同学的注意力;再引入细胞分裂问题:某种细胞每过30分钟就会由1个分裂为2个,经过5小时后,这种细胞1个可分裂成几个?那么10小时后呢?1天之后呢?以小组为单位,相互讨论,得到结论。

师:问题是数学的心脏,问题往往源于实践。请大家想一想,能不能把10个2相乘写得简单点,能不能把20个2相乘写得简单点?既激起了学生的好奇心,又培养了学生的思考能力。

由学生讨论,总结出写法,并得到乘方的定义:求几个相同因数的积的运算。由定义我们还能发现乘方是乘法的一种特殊情况。

数学来源于于生活,又服务于生活,数学的美无处不在。

2. 探索乘方的数学美。

(1)通过乘方的表示,发现乘方的简洁美。

把$2\times2\times2\times2\times2\times2\times2\times2\times2\times2$写成$2^{10}$

把$2\times2\times2\times\cdots\times2\times2\times2$(20个2相乘)写成$2^{20}$等一些练习,则体现了乘方的简洁美。

(2)通过乘方的特点,发现乘方的规律美。

计算:① $10,10^2,10^3,10^4,10^5$

② $-10,(-10)^2,(-10)^3,(-10)^4,(-10)^5$

③ $0.1, 0.1^2, 0.1^3, 0.1^4, 0.1^5$

④ $-0.1, (-0.1)^2, (-0.1)^3, (-0.1)^4, (-0.1)^5$

观察上述结果,你发现了什么规律?经过小组讨论、总结,最后呈现结论:

①正数的任何次幂都是正数,负数的奇次幂是负数,负数的偶次幂是正数。

②底数绝对值为10的幂的特点:1后面0的个数与指数相同。

③底数绝对值为0.1的幂的特点:1前面0的个数与指数相同(包括小数点前的1个零)。

寓美于教,寓美于学。由美的引导,我们的同学很快就记住了这些规律。

(3)探索乘方的特殊美。

计算并观察:

$(-3)^2$ 与 -3^2, $(-3)^3$ 与 -3^3, $(-3)^4$ 与 -3^4

$(-3)^5$ 与 -3^5, $(-3)^6$ 与 -3^6, $(-3)^7$ 与 -3^7

师:它们的底一样吗?指数一样吗?结果呢?意义呢?由小组讨论,大家一起总结"底数是负数的乘方"我们该如何做,在探讨中共同发现乘方的特殊美。

(4)感悟乘方的细节美。

比较下列几组,他们相同吗?

$\dfrac{2^2}{3}$ 与 $(\dfrac{2}{3})^2$ $\dfrac{3^3}{5}$ 与 $(\dfrac{3}{5})^3$

由几个相似的类比,我们发现乘方还有细节美,促使学生仔细观察,细心分辨,培养学生仔细的好习惯,不作学习上、生活上的马大哈。

3. 通过乘方的研究,感悟人生。

师:"通过乘方的学习,我们要学习乘方精神"。"虽然是简简单单的重复,但结果却是惊人的。学习和做人也是一样的,要脚踏实地、一步一个脚印,同时坚信付出总会有收获!"

C 渗透感悟

数学不仅仅是枯燥的做题解题,它也可以是丰富多彩的。数学有它独有的魅力,等待同学们去发现、去挖掘。

本节课根据初中学生的心理发展特点、年龄特点,挖掘乘方的数学美,引导学生发现数学美,用数学的美内化良好的情感品质。这样的课堂教学不仅能激发学生的学习兴趣,唤起学生的愉悦,反过来也能激发学生去发现美、创造美。

现在的初中生由于中考压力,绝大多数的时间都用在了文化课的学习上。特别是一些基础薄弱的学生,每天疲于奔命,导致厌学情绪强烈,根本发现不了学习的乐趣和生活的美好。数学作为一门重要的基础学科,我们的数学教师如果能在教学中自然而然地渗透心育和美育,润物细无声,让他们感到身心愉悦,心中有希望,从而真正地热爱学习。在数学中渗透心育和美育教育,不仅有利于学生的全面发展,更有利于学生的长远发展。

作者单位:宁波市鄞州区宋诏桥中学

> **♥ 编者点评**
>
> 　　让数学学习摆脱做题的枯燥感,是激发学生学习数学热情的一大法宝。作者在本课教学中,致力让学生发现乘方的定义之美和探索乘方的数学美,并让学生感受到乘方结果的巨大力量,让学习本身就具有了趣味性。尤其是乘方不可思议的巨大得数,可以让学生切实体会到简单重复的巨大力量。让数学学习本身就具有吸引力,更好地让学生在学习过程中体验快乐。

 快乐学数学

顾丽琼

Ⓐ 渗透缘起

　　《乘法结合律》是小学四年级教学内容。本内容是在之前整数加、减、乘、除四则运算的基础上进行的一个提升性学习,目的在于让学生在进行整数四则运算时能够提升速度和准确率。在学习本内容之前,学生已经学习了加法的运算定律和乘法交换律,这些内容的学习有助于学生通过知识的迁移类推进行较好的自主学习。

　　课标指出"数学课程能使学生掌握必备的基础知识和基本技能,培养学生的抽象思维能力和推理能力,培养学生的创新意识和实践能力,促进学生在情感、态度与价值观等方面的发展。"小学生由于年龄较小,各方面发展不成熟,而数学又是一门比较抽象的学科,学生学习起来比较枯燥,所以这就使得许多孩子不爱学习数学。针对这一现象,在小学数学教学过程中渗透心理健康教育是很有必要的。

　　本节课的心理健康教育渗透点有:1.情境学习,发现学习数学的乐趣,增强学习数学的信心;2.迁移类推,培养学生自主学习能力;3.化繁为简,发展学生思维的灵活性,学会化难为易地解决生活中的难题,进而得到学习的快乐。

Ⓑ 渗透节点

1. 创设情境,感受学习的快乐。

师:话说唐僧师徒西去取经。八戒想偷懒,说:"猴哥,你挑着担,我牵着马。"悟

空不肯,两人争执不休。唐僧灵机一动,说:"我出一道题,谁先算上来,谁就牵着马。"

(PPT显示:11×4×25=)

师:两人迫不及待地算起来。孙悟空很快就算完了。慢慢地,猪八戒也算出来了。同学们,你知道他俩是怎么算的吗?

生1:猪八戒算的慢是按照四则运算法则进行计算,都是乘法,按照从左往右的顺序进行计算。

生2:孙悟空算的快,他先算4×25=100,再算11×(100)=1100

从学生喜闻乐见的西游记情境入手,通过孙悟空和猪八戒的比试,激起学生的学习兴趣。"兴趣是最好的老师。"只有学生自己乐意学,主动学,才能感受到学习是一件快乐的事!

2. 迁移类推,培养自主学习能力。

师:通过刚才的研究我们得到11×4×25=11×(4×25),仔细观察这个式子,你有什么发现?

生:我发现这个和加法结合律很像,只是把加法换成了乘法。

师:那你能学着加法结合律的样子,看着这个式子说一说什么是乘法结合律吗?

生:三个数相乘,先把前两个数相乘,或者先把后两个数相乘,积不变。

师:通过对加法结合律的回顾,我们学习了乘法结合律,这就叫温故而知新。通过刚才的学习老师发现,每个同学都很棒,能够根据以前所学的知识迁移类推,很快得到新知识!只要大家肯动脑,乘法结合律这个新知识对于大家来说并不难学。

3. 化繁为简,学会用化难为易的思想解决生活中的难题。

师:唐僧师徒途径狮子洞,师傅被妖怪抓走了,妖怪给他们出了个难题:"想救你师父,那就必须在一分钟里面帮我解决这个问题!"(PPT出示:25×125×8×4)同学们你们能帮助他们救出师父吗?

(计时1分钟)

师:老师发现班上大部分同学都自信满满地算出了答案!你们是用了什么办法能够把这么复杂的一道题在这么短的时间内解决呀?

生:(25×4)×(125×8)=100×1000=100000先用乘法交换律将因数的位置进行调整,接着运用乘法结合律进行计算。

师:你们真棒!不仅运用了乘法结合律还运用了乘法交换律,灵活的运用所学知识将这么复杂的一道题转换得如此简洁。因为你们的聪明,孙悟空他们成功解救了师父,老师很佩服大家!

师:通过灵活地运用运算定律,我们在计算时不仅节约了大量的时间,而且准确率也大大提高了,所以今后在做数学题时应先仔细观察,看看能不能将复杂的问题转换为简单的问题,进而来提高学习效率。学习数学对我们的生活还是有很大帮助的! 在生活中我们遇到难题时也应该动动脑筋,想一想如何化难为易,这样我们就能高效地解决各种问题。

渗透感悟

学习本就应该是一件快乐的事情,数学学习更应如此!

本课内容抓住了孩子爱玩的心理,创设孙悟空和猪八戒比拼的场景来导入新课,接着通过对之前知识的迁移,以学生自主学习的形式突破本课重难点,最后通过西游记情境的衍生,引导学生通过思考,利用化繁为简的方法成功解决了复杂的计算,并很好地引导学生用化繁为简的思想去解决生活中的实际问题。

学生本节课的学习过程是充满快乐的,学习的情境是孩子们喜闻乐见的;学习的方法不仅能改变枯燥繁琐的计算过程,而且大大提高了学习的效率;学习的意义不仅仅在于数学这门学科,还对今后生活产生积极的影响。数学学习就应该是孩子们自己想学,并能快乐地学!

作者单位:宁波市鄞州区横街镇中心小学

编者点评

作者在本课的教学中,创设了唐僧师徒西天取经的场景,让孙悟空和猪八戒通过不同的计算方式来比赛,让学生认识到乘法结合律的魅力所在。在此基础上,作者让大家把乘法结合律和加法结合律进行对比,培养学生迁移类推的意识。最后,作者又创设情境,让学生学会化难为易的思想解决生活中的难题,体验解决问题带来的快乐。可见,创设学生喜闻乐见的情境,是激发学生学习兴趣,提高学习效率的有效路径。

心育渗透之外语学科

18 聆听自然的声音

林嫣妮

A 渗透缘起

《安妮最好的朋友》(ANNE'S BEST FRIEND)是高一英语课文,摘自《安妮日记》。课文由非日记体部分和日记体部分构成,介绍二战时期一个名叫安妮的犹太少女为了躲避纳粹党的追捕,用日记来记录她躲在阁楼里的生活及抒发她内心对友谊、自由与和平的渴望。

本课教学,旨在让学生通过阅读英文名著,从字里行间了解二战中的犹太少女安妮的所思所想,用心去感受安妮所处极端恶劣的环境,挖掘日记中她的各种复杂的心情,以及战争对犹太人带来的巨大伤害。

本课的心理健康教育渗透点有:1. 理解朋友的重要性;2. 感受二战中犹太少女安妮的所思所想和二战时犹太人的遭遇;3. 培养学生在和平时期珍惜身边的家人和朋友,热爱大自然和保持乐观向上的生活态度。

B 渗透节点

1. 开拓学生的朋友观,了解主人公的遭遇。

师:(课件)呈现出哈利·波特和他的伙伴的图片。最前面的那个男孩是谁?那他们三个是什么关系呢?他们三个是好朋友。

朋友在我们的生活中发挥着不可替代的作用。你对"朋友"这个词是怎么理解的?

但是除了哈利·波特和他的小伙伴,朋友必须是真实的人吗?还有什么可以成为你的朋友?

(T: We know that friends play a significant role in our life. What's your understanding of "friend"?

Besides Harry Potter and his friends, does a friend have to be a person? What else can be your friend?)

(课件)呈现多啦A梦和大雄,八公和他主人的图片。

就像大雄的好朋友是多啦A梦,帕克把八公犬当作他的好朋友,所以有时我们的朋友也不一定是人。动物、植物甚至是虚拟的人物,它们都可以是我们的朋友。而我们今天所读的这篇文章里的主人公安妮,她也有一个特别的好朋友。首先,一起来阅读非日记体部分,回答下面两个问题:谁是安妮?她最好的朋友是谁?

(They are our friends no matter they are animals or animated characters. And today we are going to know a girl called Anne. She also had her best friend. First, read the text except the diary and find "who Anne was" and "who Anne's best friend was".)

安妮是个犹太女孩。她为了躲避追捕而不得已藏身。因此她把她的日记本当作她最好的朋友。

(课件)呈现安妮的真人图片和她的日记本。

为了能更好地了解安妮,首先来了解一下二战时期犹太人的遭遇以及《安妮日记》的作者安妮的遭遇。

(课件)介绍了二战时期一些相关情况以及安妮的遭遇。

在了解一些背景知识后,试想她为什么会选择日记本来当她的好朋友,而不是其他的人或物?现在,再次仔细阅读非日记体部分,并结合相关背景知识,找出安妮对于朋友和日记本有着怎样的感情。

2. 对比主人公前后不同的行为,发现主人公对待自然的态度转变。

师:通过对安妮的了解,我们知道在躲藏期间,她开始用日记来记录她的生活。你认为她最想念的是什么?朋友?自然?现在快速地阅读整篇日记,找出本篇文章的主题句,同时它也能告诉我们安妮最想念的是什么。

她最为之着迷的是有关自然的一切。但是从日记中第一段的最后一句话可以看出,她对自然的态度发生了转变。那具体的变化可以从文中哪些地方体现呢?再次阅读整篇日记,我们来对比一下安妮在"躲藏前"和"躲藏后"对待自然的态度和行为。

可以得出,安妮对待自然的态度是从原来的理所当然到现在的为之疯狂,造成如此巨大改变的原因是什么?对,是因为她失去了自由。

但是她最后表达她再也不想通过窗帘来看自然,原因又是什么呢?因为自然是要亲自去体验的。

3. 分析主人公的内心情感,体会其中深层的意义。

师:通过对日记的研读,我们能从字里行间中感受到安妮复杂的心情。你可以用一些词来形容她那时的感受吗?假如你是生活在二战时期的安妮,你的想法和心情是什么?

再次阅读全文并进行四人小组讨论,找出相关的句子来证明你们的观点,最后写下你们所讨论的结果。

小组发言,并鼓励学生从不同的角度运用不同的词汇进行表达和描述。

4. 学会换位思考,珍惜当下幸福的生活。

虽然我们现在处于和平时期,但是假设你必须像安妮一样和家人躲藏在狭小的空间里生活你会最怀念什么?为什么?你会怎么做呢?

C 渗透感悟

本节课让学生在欣赏英文原著的同时,细细品味字里行间的情感。通过朋友这个熟悉的字眼,本课呈现出学生所熟悉的图片来导入,引发学生对朋友的思考,拓展他们的思维。通过图片的佐证,我们可以得出"好朋友并不一定非得是人",这与本篇课文涉及的话题息息相关。

如今的高中生所生活的时代是电子科技飞速发展的时代,也是和平时代。若不了解二战时期的犹太人的遭遇,他们很难理解安妮所经历的事情。通过分析安妮的所思所想,他们能设身处地地站在安妮的角度来感受她的处境。最后一个假设失去自由的活动,来让学生体会到当前生活的美好,学会珍惜身边的点点滴滴,学会热爱大自然,学会珍惜来之不易的和平。

作者单位:宁波市象山中学

编者点评

作者针对本课的教学内容,以朋友为切入点,先通过学生熟悉的哈利波特和他的伙伴、大雄和多啦A梦,让大家认识到朋友不仅可以是人,也可以是物。在此基础上引出《安妮日记》,在学生了解安妮的处境后,让学生体验安妮在失去自由前后,对自然所持的不同态度,感受自由的价值所在。这样,可以让学生更好地珍惜当下生活的美好,热爱大自然,对学生来说也是一种生命教育。

19 真正的朋友

潘晶晶

A 渗透缘起

《Should friends be different or the same?》是八年级英语课文,课文从三个学生的角度阐述了三种不同的交友观。

本课通过形象、生动的教学活动,对人的个性特征进行描述,引导学生在人际交往中学会尊重和理解别人,学习和分析不同的交友观,帮助学生找到有效的、适合自己的交往方式。

本课的心理健康教育渗透点有:1. 让学生了解同学的心理,对不同气质、性格的同学采取相应的态度;2.引导学生如何去与人相处,教他们学会发现别人身上的闪光点,学会欣赏别人;3.引导学生有意识地内省自己在人际交友中遇到的问题,逐步澄清、渗透并建立起科学的人际交往技巧。

B 渗透节点

1. Free talk

T: Do you have a good friend? How old is your friend? What is your friend like? Why do you choose him/her as your good friend?

S: My best friend is...

T: What should a good friend be like?

S: I think that a good friend should be...

在中学生的人际交往中,友谊占着十分重要和特殊的地位。本课利用Free talk直接导入主题,教师适时归纳出好朋友的一些特质。话题贴近学生生活,启动学生的思维活动,调动他们积极探究的学习兴趣。

2. Reading

(1) Skimming

T: Read the passages quickly and match the person with the right ideas.

S: Jeff Green—Friends are like books—you don't need a lot of them as long as they're good. Huang Lei—It's not necessary to be the same. My best friend is quite different from me. Mary Smith—A true friend reaches for your hand and touches your heart.

T: Read the passages again and choose the following statements true or false.(2c)

通过速读,迅速找到三个人物的朋友及他们的交友观。阅读教学要从整体入手,让学生从整体上感知文章的主题,初步了解和学会表达不同的交友观。

(2) Scanning

T: Read again and fill in the blanks.

Name	Opinions	The same as their best friends	Different from their best friends
Jeff Green			
Huang Lei			
Mary Smith			

T: How do you and your friends compare with the people in the article?(2d)

S: I'm different from Jeff because I'm louder than the other kids in my class. My best friends is similar to Larry because she's less hard-working than me...

教学中利用表格开拓学生思路,帮助学生记忆。教师在教学过程中巧妙地使学生在情景中进一步理解友谊的内涵。同时对文章的重点词组、句型结构、语法等语言现象进行解疑,进一步理解文章,更有助于他们用英语表达自己的观点。

3. Group work

（1）Discussion: Is he a good friend? ① When you fight with others, he helps you to fight.② When you are tired, he does homework for you.③ When you are thirsty, he gives you a glass of water.

（2）Summary: How to be a better friend?

通过Group work引发学生的思考,判断"什么是真正的朋友"。这个环节升华了本课主题,启动学生的发散性思维,调动他们探究课文深层含义的学习意识。通过教师的引导,让学生在人际交往中学会尊重和理解他人,形成健康、积极向上的人生观和价值观。

4. Writing: What's your opinion?

T:Different people have different opinions. What's your opinion? Who is your best friend? Write something between your friends and you.

Students write like this:I like to have friends...My best friend is...He/She is...than me. We both like...

这个环节围绕课文主题,采用"感知——归纳——总结"的教学模式,让学生拓展思维,进行写作训练。这需要学生对新获得的文章信息和新学会的语言知识进行重新组合,表达自己的人际交往观,学生完成写作后课内进行展示。

C 渗透感悟

我国著名心理学家丁瓒教授说:"人类的心理适应,最主要的就是对人际关系的适应。"我把英语教学与人际交往辅导有机地结合起来,创设各种合作学习的交往活动,促使学生互相学习和帮助。

人际关系心理学研究发现,人际吸引存在相似性原则和互补性原则。现在的孩子个性都很强,在上课之前我做了一个调查,发现他们更喜欢结交个性与自己相似的朋友,不接纳与自己不一样性格的人,从而很容易产生一种孤独感。我引导学生要尊重别人的价值观,建立真正互帮互助、和谐的人际关系。

通过与孩子们的思想交流和碰撞,我发现他们还倾向于交同性朋友,对异性存在排斥心理。对这方面的人际交往我没有进行深入研究。相信生活会让孩子们明白什么是真正的朋友,让时间来诠释友谊的真谛!

作者单位:宁波市宁海县桥头胡中学

编者点评

作者在本课教学中,充分发挥了学生的主体参与性。在自由对话中,在学生交流的基础上,教师适时归纳出友谊的特质。然后让学生通过速读,了解课文中三个人物的朋友以及他们的朋友观。之后,让学生进行进一步讨论和写作,教师进行必要的引导。作者在完成知识传授的基础上,让学生对友谊有了更深刻的认识,提高了人际交往水平。正如作者所言,学生异性之间的正常交往也是很有必要的,但学生往往排斥这一点,是需要引导的。

温情Family

陆晓霞

A 渗透缘起

《My family》是小学三年级课文。B Let's talk是其中的一堂对话课,要求学生学会通过句型Is he/she your ...? Yes, he/she is. / No, he/she isn't.询问、介绍家人。

"家"是一个温暖的话题,每一个孩子都对家有着一份天然的眷恋之情。近年来,网络等媒体对"family"这个词有了更多的演绎,比如以单词的每个字母扩充而成的句子"Father and mother, I love you.",又比如CCTV的公益广告,50秒的动画时间描写出一个家庭中各成员的角色演变,体现了家庭成员之间相互依存的关系。这些都给我们启发:抓住"家"这个话题所蕴含的情感因素,将语言教学和心理健康教育有机结合起来,让学生感受亲情、表达亲情、学会感恩,使孩子对家自发、朴素的感情得到升华。

本课的心理健康教育渗透点有:1.唤起学生热爱自己家庭成员的美好情感;2.表达对家庭成员的热爱之情;3.感悟家人尤其是父母对自己的无私奉献,学会感恩。

B 渗透节点

1. 全家福欣赏,感受幸福。

课前,教师收集多张学生的全家福,加上注解"...'s family",制作成幻灯片。上课伊始,伴随轻柔音乐,幻灯片自动播放这些照片。

师生共同观看一幅幅全家福,读注解,感受照片传递的家庭相亲相爱的气息。

师:They're pictures of your family.

带领学生边做动作边吟唱 chant：The man is the father——tall, tall, tall. The woman is the mother —— not so tall. That's the son —— small, small, small. They are a family, one and all. 动作演示出家庭各成员的形象——父亲伟岸、妈妈温柔、孩子生活在父母的羽翼下,弱小而可爱。

2. *猜测家庭成员,品味亲情*。

教师通过"家庭树"明确家庭各成员名称(father, mother, brother, sister...)。

出示几幅班级同学的家人肖像,问"Who's that ...(man/woman/boy/girl)?"学生通过相貌、神态等细节猜测。

教师让被猜到的学生进行确认,"Hi, ... Is he/she your ...(father, mother, brother, sister...)?"

生："Yes, he/she is. / No, he/she isn't."

Pair work,每个学生拿出自备的照片或图画,用以下句型让同桌猜猜展示的是谁:Who's that ...? Is he/she your ...? Yes, he/she is. / No, he/she isn't.

3. *角色扮演,表达亲情*。

阅读、表演警察帮助迷途孩子找父母的故事。

师：Look! The boy is lost. He is crying. A policeman helps him.

出示故事图片和文字,师生共同熟悉对话。

Boy: Where are you, daddy?

Where are you, mummy?

Policeman: Let me help you.

Policeman: Is he your father?

Boy: No, he isn't.

Policeman: Is she your mother?

Boy: Yes, she is.

Boy: Mummy! Mummy....

Boy & mum: Thank you sooooo much.

Policeman: You're welcome!

学生表演故事,教师在动作、语气等方面加以指导。

师：Look! The boy is together with his mother now. He is so happy.

4. *美图美言,学会感恩*。

师：When we are together with mom and dad, we always feel safe and warm. I love my father and mother. They love me, too.

音乐起,幻灯片播放一幅幅亲子相依的图片,配以文字:give us lives(给予我们生命),care about us（关心我们), play with us（与我们一起玩耍), teach us（教导我们),stay with us(陪伴我们)……

师:Let's say together: "Father and mother, I love you."(幻灯片通过"动作路径"功能演绎,句子变成一个词"family"。)

C 渗透感悟

本课教学在语言学习上,采用了任务型的学习方式,通过语言的创编、表演等形式,在理解和运用中学习句型,使学生学得扎实有趣。充分地挖掘了文本所蕴含的"家"这个情感因素,自然糅合到语言学习中,通过照片、音乐等,由始至终铺设浓浓的情感氛围。文本拓展内容契合课本原有的语言点,通过迷途孩子寻找父母的表演唤醒孩子们内心对父母的依恋,自然过渡到感恩,不刻意,不牵强,水到渠成。

语言是思想文化的载体。英语教材的课文内容自然渗透着丰富的人文气息。教师深入钻研教材,就不难挖掘教材潜在的教育因素,人际关系、生活习惯等各方面的。以知识为载体,在教学中渗透心育,必将使自己的教学更加丰满,也更加能走进孩子的内心。

作者单位:宁波市江东区实验小学

编者点评

本课的教学内容与学生的日常生活紧密相关,因此,作者在让学生学习语言的基础上,充分开发了"家庭"这一教育资源。作者通过事先收集学生的全家福,在课堂上让学生感受家的温馨,并通过"家庭树"的方式,让学生习得不同家庭成员的表述方式。另外,教师还通过角色扮演的方式,让学生进行对话练习。最后,教师又以"家"的形式来结束本课教学,让学生在各种场景的体验中感受父母的关爱,激发他们的感恩之情。

21 解读《三个金苹果》

黄益蓓

A 渗透缘起

《The Olympics Games Using Language (listening and reading)》是高中英语必修内容。本单元的话题是奥林匹克运动会。本堂课主要是通过对一个神话故事的解读来让学生运用本单元的语言点。这个神话故事讲述了一个人在爱神的帮助下赢得了和公主的跑步比赛,最后迎娶了这位公主。故事的开头和发展部分是以文本文字的形式呈现,高潮和结局部分是以听力材料的形式呈现,考察学生的阅读和听力能力。

在英语教学中渗透心理健康教育,可以根据学生的心理特点有效地进行教学,激发学生的学习兴趣,延长学生注意的时间,提高学习效率,同时可以培养学生良好的心理素质,完善学生的人格。

本节课的心理健康教育渗透点:1. 运用注意策略,激发学生学习兴趣;2. 运用记忆规律,将文本分段理解,在通篇理解之后让学生复述文本,加以巩固和强化;3. 渗透人格教育,让学生联系实际,表达观点,树立学生的人生价值观,完善学生人格。1、2点是让学生掌握一些心理策略,第3点是完善学生的人格。

B 渗透节点

1. *神话导入,激发兴趣*。

在导入环节,教师采用图片导入的方式,给学生呈现三张图片:嫦娥奔月、牛郎织女和后羿射日,让学生根据图片说出神话故事的名字,从而引出本节课的文本主题:神话故事《三个金苹果》。

2. *解读文本,理清思路*。

按照故事的开头、发展、高潮和结局四个部分进行一一解读。

Beginning

教师要求学生认真阅读故事的开头,完成填空题和问答题。

Atlanta was good at _____, but she was not _____ to run in the Olympic Games. She made a _____ with her father to marry someone who _____.

What would happen to the man who failed(失败) in the competition?

学生根据文本材料完成老师布置的任务。教师反馈学生的完成情况。

Development

教师要求学生阅读故事的发展,并思考以下几个问题。

At first Hippomenes didn't understand why men ran against Atlanta. He thought they are _____. When he saw Atlanta, he _____ his mind.

In order to run faster than Atlanta, what did he do?

给学生充足的思考时间之后,让学生自由地表达自己的观点。教师适当归纳和总结。

Climax(高潮) and Ending

在高潮和结局部分,即听力环节,先让学生预测男女主人公的结局,然后通过听听力材料来验证假设。同时,要求学生根据所听到的内容选出正确的选项。

(1) I don't want this man _____!" (2) So she said to her father, "Tell him to _____."
(3) The race will not _____ today. (4) She will _____ (5) who _____ than her!
(6) _____. —let's run!"

A. runs faster B. Come on C. marry the man
D. be run   E. to die   F. go away

(1) Soon she was in front. At once Hippomenes _____ one of the _____.
(2) Again she stopped to _____, and Hippomenes went _____.
(3) Atlanta could not _____ him because the apples were too heavy.

A. pick it up   B. catch up with C. threw
D. in front   E. golden apples

第二次听听力材料的时候,教师在PPT上呈现与故事高潮和结局场景相关的图片,要求学生把图片排序。教师根据学生给出的答案予以反馈。

3. 复述文本,加深印象。

在学生把握整篇文章脉络之后,要求学生根据图片提示,复述文本材料。教师对学生的表现给以适当的评价,也让其他同学参与评价。

4. 个性分析,升华理解。

在通篇解读文本之后,让学生分析男主人公Hippomenes和女主人公Atlanta的个性特点。学生可以各抒己见,言之有理即可。

接着,教师引导学生对文本进行更深入的解读,让学生站在男女主人公的立场表达看法,男生思考第一个问题,女生思考第二个问题。

(1) If you were Hippomenes, would you run against Atlanta? (question for boys)
(2) If you were Atlanta, would you agree to marry Hippomenes? (question for girls)

教师对学生的看法不进行反驳,只是适当地反馈。

C 渗透感悟

心育在学科中渗透,可以是运用心理学知识教学生一些学习方法,让学生在学中体验和领悟,提高学习效率,也可以是培养学生的良好个性,调整情绪,促进学生健康成长。本堂课主要是运用心理策略,渗透人格教育。在导入环节,运用注意策略,呈现生动形象的图片,激发学生的学习兴趣。在文本解读环节,运用记忆策略,让学生复述故事,加深记忆和理解。

在讨论环节,让学生各抒己见:分析男女主人公的个性,回答开放式的问题。仁者见仁智者见智,有的学生从Hippomenes身上看到了智慧、执著和勇气,有的学生则从Hippomenes身上看到不诚实和欺骗;有的学生从Atlanta身上看到了要求男女平等的强烈愿望,也有的学生从Atlanta身上看到了任性和对生命的轻视。通过讨论,让学生明白生活中很多事情具有两面性,站的立场不同,结果也会完全不同。但无论如何,学生做人做事都应该把握原则,不在多元的世界中迷失自己。将心理教育中的人格教育融入教学之中,在讨论中让学生亲身体验,学会反思,帮助学生完善人格。

作者单位:浙江省温州市平阳县鳌江中学

> **编者点评**
>
> 在本课的教学中,作者注重在教学策略上下功夫,以三个中国神话故事引入,激发学生的学习兴趣。同时,在教学中,运用好记忆规律,让学生更好地掌握所学内容。在让学生通读课文和聆听相关听力材料的基础上,作者引导学生去分析主人公的人格特征,让学生认识到正确的价值观的重要意义,提醒自己不要在多元的世界中迷失自己,走错人生的道路。作者在完成知识教学的基础上,也很好地对学生进行了人格的教育。

寻找幸福

朱咏梅

A 渗透缘起

英语阅读教学过程中,我们应该带领学生畅游文字海洋、帮助学生开启情智之门,把稳情感与智能的双功能船舵,扬帆驶向人生美好的远方。《The Shirt of A Happy Man》改编于意大利作家卡尔维诺的童话故事,内在人物与情节虽有所改动,但主旨依旧围绕"寻找幸福"进而深刻诠释幸福的真谛。它给予了师生对"幸福"人生话题进行心灵互通的好机会。我们就借此用心珍惜教学相长,携手上路去探寻积极正能量的幸福观和人生观。

本课的心理健康教育渗透点有:1.探析故事人物的心理境遇,学会如何在生活中科学分析每件事物的内在本因;2.斟酌故事人物心灵对话,学会如何在生活中正确把握取舍与选择;3.回味自我切身经历,学会如何保持积极阳光的心态从而提高生活幸福指数。

B 渗透节点

1. **故事开端:幸福到底去哪儿了?**

T(老师):Our life is becoming better and better. Many people are living a pretty happy life. But perhaps different people have different ideas. Let's go to the street and have a survey about "what do you think happiness is?"

学生活动:观看视频,街头主题调查"你认幸福是什么?"(What do you think happiness is?),紧扣阅读文本主题词,导入新课。

T(老师): As we can see, it seems that happiness is not so difficult to find, but there was an unhappy prince, he lived a terrible life. Shall we go and see what was wrong with him?

学生阅读第一节:了解那位深感不幸福的王子。

T(老师): According to many people, the prince is supposed to be happy, because he can eat the most delicious food, he can wear the most expensive clothes, he lives in the most beautiful house..., but actually that's not true.(我们发现一个事实:拥有功名利禄的人常常怀抱苦涩忧郁的心灵。)

2. 故事延续:负重的心让幸福远离。

T(老师):The Prime Minister, the banker and the palace singer were all asked to find the shirt of a happy man, finally they came back with nothing. We know that they own different things, but the three different things bring them one thing in common, what is it?

学生阅读(第二、三、四、五节)并思考:拥有了权利、金钱和名誉,他们获得丰裕的物质生活的同时,也带来了他们本不想要的东西,那是什么呢?针对这种现象,你又有怎样的理解?

师生感悟:他们从此为名利所累,他们从此有了一颗负重的心;他们戴上了沉重的心灵枷锁……权力、金钱和名誉都是双刃剑,利弊同在,生活中这样的东西很多,我们一定要慎重权衡,把握好取舍与选择的分寸。

T(老师): The king's top general was told to find a happy man in three days' time. At last, the general found a happy man working in the garden, he even didn't have a shirt, but why was he so happy?(国王特使在葡萄园里发现了一个快乐的小伙子,他需要日复一日辛苦地劳作,甚至连一件衬衫都没有,但他为何可以如此快乐呢?)

学生活动:读完文章后分小组探讨"Why was the young man so happy?(小伙子快乐的源泉是什么?)"

3. 故事结局:简单的心让幸福常伴。

T(老师): What's the difference between the young man and the king, the Prime Minister, the banker and the palace singer?(葡萄园里的小伙子与国王、首相、银行家以及宫廷乐师之间的本质区别是什么?) He owned a free and simple heart, that's the key to happiness. He wanted not so much, he was easy to be pleased, he loved working to get his gain, he also cared about his family and tried to make them live a better and better life. All that he did was not only for himself, but the energy was truly from his heart. That's the origin spring of happiness.(本质区别就在于他拥有一颗自由质朴的心,简单轻负的心态使他拥有满满的幸福。其实幸福就是一颗知足常乐、甘愿付出、关爱家人、乐于助人的心。幸福的动力就是从心底里喷薄而出的涓涓春泉。为家庭、国家和社会做出应有的贡献,体现应有的个人价值。)

4. 晒一晒幸福感受。

(老师):关乎幸福与不幸福,我们了解已经不少了,那么请你结合平时你对幸福的真体验,和同伴们合作编一首《学生的幸福》歌谣吧!如:

Happiness To Students

Happiness is a dish from dear mother,

Happiness is a long talk with father.

...

师生活动:六人小组编写幸福小歌谣,老师随时提供帮助,最后由小组长上台汇报展示。师生共赏韵律歌谣,重温生活幸福瞬间,提升幸福情感体验。

渗透感悟

本课教学根据初三学生的身心发展特点,采用小组合作探究学习模式,挖掘故事文本蕴含的人性思考,引导学生面对生活现象能够形成多方位全面思考的良好习惯,培养学生在面临人生抉择时理智判断的思维取向,尤其鼓励学生积极正能量的生活态度和追求幸福生活的勇敢行动。

一千个读者眼里,就会产生一千个哈姆雷特。对于现在不少衣食、无忧而缺乏理想抱负的学生来说,在解读这个故事的过程中很可能产生一些懒散怠惰、消极避世的负面信息。所以特别要引导学生的是,依靠持久真诚的努力奋斗,最后拥有权利、金钱和名誉是无可厚非的。但如果能站在人生的新高度,充分运用自己拥有的财富和资源,为更多的人、为国家和社会创造更大的价值,成就人类更美好的生活,那才是人生幸福的极致体现。

作者单位:宁波市象山县文峰学校

编者点评

对于本课所涉及的故事,学生在中文的语境下都很熟悉。在本课教学中,作者以街头关于幸福的主题调查的视频引入,让学生感受到这一话题的生活化。在具体的教学环节中,师生对关于幸福的话题进行讨论,教师适时进行引导,让大家感受到幸福的真谛所在。最后,教师把幸福和学生的实际结合起来,探讨如何让学生拥有幸福,以便让学生调整好自己的心态,感受实在的幸福。

直面文本的融合——中小学学科渗透心育101例

23 爱一直在

廖菊红

A 渗透缘起

《He Studies Harder Than He Used to》是九年级英语课文,主要讲述一位来自农村的15岁留守男孩刘文。刘文现在是一位学习非常努力,在校表现优秀的学生。但是很难相信刘文曾经是一位经常旷课甚至打算放弃学业的学生。从曾经的学困生到如今的学优生,刘文的转变体现出教师的关爱,尤其是亲子之间的良好沟通和换位思考对留守儿童的健康成长有着不可估量的作用。

随着我国社会政治经济的快速发展,大批大批的青壮年农民涌入城市工作,在广大农村也随之产生了一个特殊的未成年群体即留守儿童。留守少年儿童正处于成长发育的关键时期,他们无法享受到父母在思想认识及价值观念上的引导和帮助,成长中缺少了父母情感上的关注和呵护,极易产生认识、价值观上的偏离和个性、心理发展的异常,一些人甚至会因此而走上犯罪道路。所以,利用教材的相关话题积极渗透心理健康教育,使英语教学与心育有机交融。

本课的心理健康教育渗透点有:1. 唤起学生们的关爱之心,体会亲情的可贵;2. 理解父母的责任,学会换位思考;3. 学会与他人沟通并能直面生活困难。

B 渗透节点

1. Leading Character.

师:他现在是一位热情开朗、爱好各种文体活动的优秀初中生刘文。但是,你能猜猜曾经的他是一位什么样的学生?曾经的他面临什么样的困难?

Please look at the following pictures and guess what difficulties Liu Wen used to face? What caused these problems?

2. Many Difficulties.

曾经的刘文遭遇了重重困难。首先,他的父母因为经济原因不得不离开家乡到城市寻找工作,而刘文只好由爷爷奶奶来照顾。但是,刘文非常怀念和父母在一起的日子。刘文对父母的过度思念导致他情绪低落。而这种情绪也开始影响他的学业。他先是变得不爱学习,然后开始旷课,继而考试失败。面对此种情况,刘文的父母决定把刘文送到寄宿学校。但是,这并没有让刘文的情况好转。因为性格内向,刘文不能很快在新学校交到朋友。没有朋友和新的学习环境让刘文感觉更孤独。他告诉他的老师他想要离开学校。他的老师联系了他的父母并嘱咐其父母一定要和刘文面谈一次。刘文的父母乘坐了20多小时的火车和汽车赶到学校和刘文进行了一次长长的谈话。

If you were Liu Wen, how will you solve these problems? Do you think the conversation between Liu Wen and his parents will help Liu Wen? Why?

3. Hearty Talk.

刘文的父母千里迢迢赶到刘文的学校，与刘文进行了一次长长的谈话。刘文说这是他最需要的。这次谈话让刘文感受到父母对他的爱。这次对话让刘文明白无论父母多么繁忙，父母仍然时常想到他。

What did Liu Wen's parents tell him? What did Liu Wen want to tell his parents most? Make a dialogue according to your understanding and role-play the dialogue between you and your group members.

4. Big Surprise.

与刘文谈话后，刘文的父母认识到他们要经常跟儿子联络。刘文也发生了很大变化，刘文变得开朗起来，在学校也交了很多朋友。他加入了学校的篮球队，同时也积极参加学校的其他活动，刘文比以前更努力地学习，最重要的是刘文认识到他与父母的爱一直都在。是爱让他再次成为父母的骄傲。

Discussion: What brings Liu Wen such a big change?

师：不知道是谁说过"在最无助的人生路上，亲情是最持久的动力，给予我们无私的帮助和依靠；在最寂寞的情感路上，亲情是最真诚的陪伴，让我们感受到无比的温馨和安慰；在最无奈的十字路口，亲情是最清晰的路标，指引我们成功到达目标。"刘文在他学习生活的低谷，是他的老师关心着他，是他的父母无私地支持着他，帮他走出学习的低谷。最难得的是刘文最后能从与父母的交谈中体会到父母的难处，去感知父母即使在忙碌的工作中仍然默默地支持和深爱着自己的儿子。是真诚的沟通唤醒了一直深藏在心中的爱。

同学们，当我们在生活或学习中遇到困难时，我们应记得我们身边有默默支持我们的父母，有热情支持我们的师长，有携手帮助我们的朋友。让我们学会沟通，学会相互理解，我们会发现原来爱一直在我们身边。

Remember "Where there is love, there is miracle."

C 渗透感悟

本课在教学中基本落实了心理健康教育的三个渗透点。首先，通过观看有关留守儿童的图片，唤起学生对留守儿童生活现状的关注，引导学生的关爱之心。同时通过标题让学生猜测即将阅读的故事内容，培养学生的猜测能力和引导学生的同理心。其次，通过阅读让学生了解刘文所面对的困难，引导学生直面学习困难并寻求解决困难的途径和方法。再次，通过小组活动即角色扮演，让学生体验换位思考。

在角色扮演中培养学生的合作学习和主动学习精神。

从这节课的现实效果来看,渗透点2和3的效果比较好,可能是这两个节点更能引起学生的共鸣。因为刘文在学习生活中面临的很多问题也是我们一些同学面临的问题。如何解决这些问题,同学们也是各抒己见。另外,青春期的学生也不知道如何与父母进行有效沟通。所以,如何把教学内容跟学生的现实问题有机结合,也是以后需要努力的方向。

作者单位:宁波市象山县外国语学校

❤ 编者点评

本课的教学内容涉及我国的一大特殊群体——留守儿童,他们长期与父母分离,内心渴望父母的关爱。课文中主人公的转变就是因为原先自己认为缺乏父母的关爱,后来父母专程从工作地到学校与他进行了一次长谈,让他感受到了父母的关爱和自己应该承担的责任。本课的教学,可以让学生关注留守儿童这一群体,并切实感受到父母对孩子的关爱,认识到自己应该主动跟父母沟通,让亲子关系更加和谐。

24 金钱真的万能吗

汪焕杰

A 渗透缘起

《百万英镑》是高中英语的教学内容。它是马克·吐温的著名讽刺小说代表作。小说讲述了两个年老富有的兄弟突发奇想打赌的故事:假如一位聪明、诚实的外地人落难伦敦,他举目无亲,除了一张百万英镑的大钞以外一无所有,而且他还无法证明这张大钞就是他的,那么这样的一个人会有怎么样的命运呢?故事重点描述了这位暴富穷人从免费吃饭、免费买衣服,到免费住宿,此外还赢得了一位漂亮小姐的爱情和一份体面的工作,最后过上了幸福的生活的戏剧化人生际遇。

本文不仅要求学生把握英语戏剧的元素,如时间、地点、人物、戏剧冲突、戏剧语言等,更重要的是从戏剧三个特性中把握心育的渗透:在时空的集中性中感悟人物心理的微妙变化;在矛盾的冲突性中无情地揭露资本主义金钱至上的残酷现实;

在台词的个性化中启迪学生对人物性格的分析及对人物言行的评价,从而树立正确的价值观。

本课的心理健康教育渗透点有:1.用想象、假设启发学生对金钱问题的思考;2.用理性推断分析人性本质;3.用讨论、批判探讨正确的人生观、价值观。

B 渗透节点

师:著名的戏剧家莎士比亚说:"金钱是个好兵士,有了它可以使人勇气百倍。"的确,有了钱,我们可以衣食无忧,过好生活。但是美国著名作家马克·吐温却说:"巨大的财富具有充分的诱惑力,足以稳稳当当地起致命的作用,把那些道德基础并不牢固的人引入歧途。"既然金钱是把双刃剑,那么我们对它的认识是否全面?

1. 设想:从身无分文到突然暴富。

阅读之前要求学生展开想象,假设自己突然得到一大笔钱会怎么做?课堂上,每个小组都会从教师手里抽到一张给定巨额面值的"支票"。

师:想象是推动知识进步的源泉,请大家设想在我们的生活情境中得到此类面额支票的几种可能?另外,你觉得你能接受的可能是什么?请你给出自己的理由?

由学生讨论,小组总结,最后展示的结论可以概括为:天上掉馅饼的"好运"甚至是违背道德、丧尽天良的"冒险"行为。

师:如果你懂得使用,金钱是一个好奴仆,如果你不懂得使用,它就变成你的主人。关键在于我们对钱的看法,还有就是周围人对待我们是否有钱的反应。

2. 推断:从暴富穷人到社会上层。

(1)人物锁定:什么样的人才值得拥有这样的财富。

师:金钱并不是唯一支配我们生活的因素,事实上,人的品行才是起到支配作用的关键。

让学生通过交流、讨论、描述故事的开端:为什么年老富有的两个兄弟打赌,赌在了一个身无分文在大街上游荡的年轻人身上?

师:在询问过程中的人性体现恰好让两个兄弟认识到是否可以让这笔财富在他身上体现最大化价值;或者从作者角度而言,更能体现打赌的戏剧性所在。

(2)情景再现:对拥有此笔财富的具体反应。

师:紧跟故事情境的发展脉络,思考这张"百万英镑"在这个社会情境中的影响以及主人公身上体现出来的人性特点,从中我们能否感悟到资本主义社会拜金主义者的丑陋嘴脸?

情境1:衣衫褴褛的流浪汉亨利·亚当斯到餐馆用餐先遭冷遇,而后由于拿出一张百万英镑的大钞又备受关照。

情境2:亨利拿着百万英镑大钞回去寻找给他钱的两个兄弟。

(3)通过言行的推导,感悟人物的品质。

师：根据"It is my first trip here.""Well, to be honest, I have none."（no money）"Well, I can't say that I have any plans."可推断出亨利是个诚实的人，根据"I earned my passage（船费）by working as an unpaid（无酬劳的）hand.""Could you offer me some kind of work here？""I don't want your charity（施舍）. I just want an honest job."可以推断出亨利勤劳的品质，再根据"Well, it may seem lucky to you but not to me.""If this is your idea of some kind of joke, I don't think it's very funny.""Now, if you'll excuse me, I think I'll be on my way."可以推断出亨利是一个非常直率的人。相反，从 She felt very impatient and looked down upon Henry because of his poor appearance. "Why, look at him, he eats like a wolf."从这些言行中我们不难看出餐厅女服务员的势利态度。

3. 探讨：靠（凭）什么可以过上幸福生活？

这位贫穷的年轻人最终走向了幸福的生活。创设问题情境：美国著名经济学家提出的"幸福方程式"，即幸福=效用/欲望，即幸福与效用成正比，与欲望成反比。让学生自主探究如下问题：你的幸福的方程式是什么？你能用什么样的方式创造幸福？你理解的幸福是什么？

学生活动：(1)寻找、列举幸福的基本元素，得出幸福公式；(2)探讨实现幸福价值的几条重要途径；(3)勾勒出你理解的几种理想的幸福变式（状态）；(4)思考金钱与幸福的关系。

最后，通过小组展示幸福公式，列举实现途径，描绘理想的幸福状态，探讨金钱和幸福两者之间的关系，挖掘学生的认知水平，调动学生思维的积极性，让学生充分理解金钱与幸福之间的关系是什么，幸福的内涵是什么。

4. 选择：从0到1或者从1到0。

师：在印度影片《贫民窟的百万富翁》中，贫民窟长大的街头青年杰马勒参加了2006年电视节目《谁想成为百万富翁》，他的目的并不是诱人的金钱，而是找回失踪的女友拉媞卡。其实我们可以感受到这份奇迹和幸运带给任何一个人的力量和改变。一个人从富人变成身无分文的穷人的时候，必须要学会面对"千金散去"的无奈，更要思考"明天到底在哪里"的残酷现实。我们所处的社会实际上也一直在上演着从无到有的幸事和从有到无的悲剧。面对这样突如其来的命运转折，也将给这些人的生活和生命带来根本性的改变，在某种程度上，这与他们的性格密不可分。同学们想一想如何面对这样人生突如其来的命运转变？小组讨论，代表发言。

C 渗透感悟

本课教学能围绕戏剧的几大元素来充分挖掘对生命教育的看法，在故事的情境中感悟人物心理的微妙变化；在矛盾的冲突性中无情地揭露出资本主义金钱至上的残酷现实；在台词的个性化中启迪学生对人物性格的分析及对人物言行的评价，从而树立正确的价值观。重点围绕"百万英镑"这一切入点，探讨了幸福的本质问题、幸福与金钱关系问题和人生面对转变的选择问题,让学生在想象、推断、探讨、分析和选择中融入文本学习,调动了学生对金钱观、人生观的思考和认识。

今天的社会,充斥着一些拜金主义、享乐主义等扭曲的价值观,无形中使有些人产生一种盲目攀比和炫富心理,不顾自身条件,不顾家庭经济困难,"打肿脸充胖子",盲目与别人比穿戴、比吃喝、比享乐等,借此来展示或提高自己的"身价",满足自己的"虚荣心"。与此相反的是,当我们面对一贫如洗或其他人生挫败的时候,一些人意志消沉,萎靡不振,消极地对待自己的人生,甚至选择死亡。人们对于幸福和财富关系存在一些错误的认识和观念。因此,这堂课的德育切入点就是让学生牢记正确面对金钱及人生选择之观念,明白幸福之内涵。

作者单位:宁波市鄞州区五乡中学

❤ 编者点评

> 本课的故事虽然发生在一百多年前,但关于"金钱价值"的拷问,在今天依然是一个现实问题。本课教学中,作者充分发挥学生的想象力,去感受"百万英镑"可能给一个一文不值的人带来的巨大变化。如何树立科学的金钱观,是人生观和价值观的重要内涵,作者还列举了近期印度影片的相关事例,让学生感受到金钱也能办好有益的事。在学会面对金钱的得与失方面,作者也给学生上了很好的一课。

25 罗宾的建议

史晓琼

A 渗透缘起

《Robin's Advice》是五年级的教学内容。根据教材特点及编者意图,设定此课型为阅读教学课。本课以任务为驱动,运用头脑风暴激活孩子们的阅读兴趣;通过设计层层递进的问题引领学生理解课文,学习核心语言。教师通过引导学生对文本进行观察和推理,培养学生的思维能力,引导学生理解文本的内涵,进而促使学生提高形成良好生活作息习惯的意识。

教师应该在原有教学的基础上,挖掘深层次的情感,碰撞出交流的火花,更好地培养学生良好的心理素质,让他们有一个快乐、阳光、勇于面对困难的心态。

本课的心理健康教育渗透点有:1.引导学生提高合理安排作息,加强体育锻炼的意识;2.在课堂上及时鼓励,增强学生的自信心,找出学生学习的积极因素;3.利用机器人特有的语音语调,培养学生的语感心理。

B 渗透节点

1. 激发兴趣,建立融洽的师生关系。

在Pre-reading阶段,教师与学生进行日常问候,并通过吟唱《Friday, my favourite day》引导学生讨论他们的课程安排及课后活动。在轻松愉快的学习氛围中,激发学生相关的知识储备。

Friday, my favourite day

Monday, Monday, maths on Mondays.

Tuesday, Tuesday, art on Tuesdays.

Wednesday, Wednesday, computer on Wednesdays.

Thursday, Thursday, PE on Thursdays.

Friday, Friday, my favourite day.

然后在游戏中复习核心词汇并借助图片预测主题,激活图示思维,为下文做铺垫。通过游戏的方式问答,切入本单元及本课话题,导入新课。即调动学生的学习积极性,激发学习兴趣,又唤醒学生已有的知识经验。

心理学家研究表明,师生关系的好坏直接影响学生的学习情绪。老师的品德或威信甚至能决定学生学与不学、喜欢与讨厌某一学科,这是一种感情迁移现象。因此沟通师生情感、达成师生间的双向理解十分重要。教师要一开始上课就以亲切、友好、大方的教态及幽默风趣的语言使学生进入最佳的学习心理状态。对于学生的关注和关心越多,师生关系越融洽。

2. 趣味模仿,培养成熟的语感心理。

有人认为,在小学阶段还谈不上培养语感。其实不然,因为语感就是对语言的一种直觉,语感心理是影响阅读能力的根本。就是说阅读能力的高低,实质上是学生语感心理对语言把握的强弱。因此,培养小学生的语感心理,从而提高他们的阅读能力,是当前在英语学科教学中的当务之急。

比如:学生都知道在英语语法规则中,一般现在时主语是第三人称单数谓语动词加"s",但运用起来语感不同的人表现就不一样了。语感强的学生会脱口而出"He works hard."而有的学生经过老师提醒,才会加"s"。这就是语感心理成熟度差异所造成的。

培养成熟的语感心理,使英语阅读教学走出"纯语法"的教学误区,要从平时的模仿、朗读抓起。自从教材中出现了Robin这个人物后,学生就喜欢模仿机器人的语调,教师应抓住机会在培养学生语感心理方面加大教学力度,是提高小学生英语学习质量的一条素质教育改革之路。

3. 大胆尝试,运用合理的中介心理。

小学生在学习英语过程中,汉语做为一种中介心理的现象始终存在。无论是老师教还是学生学,都应有意识地运用汉语的中介心理,提高英语的学习效率。

英语单词的概念与其物质外壳的关系,与汉语现象有一致的地方,也有不一致的地方。如"一把尺子"译成"a ruler",这是典型的两种语言现象一致的地方,学生学这类词组无多大困难。但在两种语言现象的概念与外壳关系不一致时,如"一袋大米",学生容易犯a bag rice这样的错误,这就是一种汉语中介心理的障碍现象。

在句子结构上,英汉现象一致的英汉翻译干扰不大,但在不一致时,这种中介心理干扰就大了。英语中的介词比汉语复杂很多,如本课的重点句型What do you have on Fridays? What do you often do on the weekends? 学生常犯要么落下介词,要么用错介词的错误。这说明小学生习惯了汉语概念的语言模式,容易对学习英语产生负迁移,急需英语教师的点示和启发。从科研的角度看,学习英语实质上,是使英语材料在头脑中与汉语系统接通,进而才能建立新的联系系统的心理过程。

◉ 渗透感悟

近些年来,心理学在全社会受到越来越多的重视,它在教育教学中的运用也显得越来越举足轻重。在英语教学工作中,处处体现了教师对学生学习心理的了解程度,能直接影响教师课堂智慧和与学生的情感交流。

因此作为一名一线的教师,我们在注重专业知识的同时更应注重对心理教育学的学习和钻研,更应该在平时的教育中关注学生的心理健康问题,恰当合理地运用心理学知识为教学服务,使师生关系、教学效果、学习效果等更融洽,更优化。

作者单位:宁波市江北区中心小学

♥ 编者点评

作者结合本课为阅读教学课的实际情况,以吟唱的方式热身,激发学生的学习热情。作者借助教材中出现机器人罗宾这个人物后,学生喜欢模仿罗宾的语调的现实,鼓励学生多朗读,在朗读中培养学生的预演。因此,作者在本课的教学中以罗宾的建议为切入点,提醒学生要合理安排时间,增强体育锻炼的意识,并鼓励学生在模仿中训练语感。从本课的教学来看,作者一直在激发学生的学习热情,强化学生的自信,让学生用饱满的热情参与课堂教学,在课堂学习中体验快乐。

心育渗透之
政治学科

让别人喜欢你

王雍斌

A 渗透缘起

《我国外交政策的基本目标和宗旨》是高中教学内容,宏观上,教材已经静态介绍了当代国际社会的基本问题,从发展的角度讨论了当代国际社会怎么样的问题,在此基础上,还要提出中国怎么办的问题。微观上,本框介绍了我国实行独立自主的和平外交政策的原因、基本内容、谱写我国外交的新篇章等前后相互关联的内容。苏霍姆林斯基说:"教育者应当深刻了解正在成长的人的心灵只有在自己整个教育生涯中不断地研究学生的心理,加深自己的心理学知识,才能够成为教育工作的真正的能手。"高中学生思想很活跃而多变,但是可塑性强。

心理健康教育渗透点:1.通过学习外交政策基本内容培养学生理性分析人际关系冲突,提升理性精神;2.通过对相关时事材料的分析和讨论,培养学生处理人际关系的方法,增强交际能力。

B 渗透节点

1. "踏破青山人未老,风景这边独好"——体验感性,领悟理性。

活动:播放视频,带领学生参观中国外交部主办的外交成就展。

师:请思考我国取得辉煌外交成就的原因?

学生总结:我国取得辉煌外交成就有很多原因,经济发展、综合国力增强是内部原因;当今时代主题是和平与发展是外交成就的良好外部条件、外交领导人的努力与魅力;我们坚持独立自主的和平外交政策。

教育家叶芝说:"教育不是注满一桶水,而且点燃一把火。"在学生感受泱泱大国的外交风范的时候,让学生明白,一个国家和一个人的成功是多方面原因的,不能在成功的时候沾沾自喜,认为都是自己赢得的,戒骄戒躁,高调做事、低调做人是赢得良好人际关系的前提。

2. "沧海月明珠有泪,蓝田日暖玉生烟"——创设情境,角色扮演。

活动:阅读文字材料,日本对钓鱼岛咄咄逼人的做法。

师:面对日本挑衅,你作为外交部长召开记者会,你会说些什么?

学生总结:我们应该坚定不移地坚持独立自主的和平外交政策,坚定不移地走和平发展道路,但这并不意味着放弃使用武力,在不得已的情况下,我们将以战争制止战争。

角色扮演活动,学生仿佛亲临我国外交一线,直面中国外交遭遇国际霸权主义巨大挑衅,学生产生疑问一味坚持和平是否意味着懦弱与退缩。有学生提出应该以武力作为回应,也有同学认为武力解决弊大于利,不可妄言武力。叶圣陶说:"疑问是学习的起点。"学生碰撞出思维的火花,通过小组讨论,探究问题、解决问题,引导学生知道人生道路上,当遭遇人际关系危机的时候,应及时冷静下来分析双方存在的共同利益与利益冲突,积极寻找解决的办法。

3. 曾经沧海难为水,除却巫山不是云——情以物迁,辞以情发。

讨论会:微博上有网友发表对钓鱼岛问题的看法,观点一:开战吧,政府应该站出来了。观点二:让日本在太平洋上消失,国防部可以动用核武器,直捣黄龙。观点三:我家边上就有日本在华企业,政府可以直接关闭在华的日企,打经济牌。

师:我们可以为坚持独立自主的和平外交政策做些什么?

学生:无论身处何时何地,无论是人生的哪个阶段,我们都可以为我们国家的外交做出自己的努力和贡献,中国外交的新篇章、新辉煌等着我们去抒写,中国外交的未来等着我们去创造!

通过对各种观点的梳理、对比、分析,进一步提高学生在面对、处理人际关系的能力,选择正确的方式解决人际关系冲突,一时冲动是不能解决问题的,不能轻言暴力,而应该通过合理合法的方式,实事求是地解决问题提升人际交往的方法,打击报复对方是害人害己,有百害而无一利,通过友好协商、平等交流、共同讨论、寻求第三方帮助等方式,达到"各美其美、美人之美、美美与共、天下大同"。

C 渗透感悟

本课教学基本落实了心理健康教育三个渗透点,通过现场模拟、视频播放、现场讨论等丰富多彩的活动形式来呈现教学,学生能够领略充分预设下思想政治课环环相扣的逻辑魅力并乐在其中,把握师生灵感碰撞所生成的课堂结论并爱在其中。从渗透实践结果看,外交政策离生活较远,教师本人要想精准表达一些概念会有些困难。此外,学生平时课堂负担重,部分学生对时事知识知之甚少,教师准备的时事材料较难引起部分学生的热情与兴趣。

课堂德育渗透应该尊重学生,通过引导学生思考,预设结合生成、感性结合理性、过程结合结果,多维度展开,提高学生的学科核心素养,引导学生成长,达到理想德育心育效果。

作者单位:宁波市镇海中学

编者点评

本节课的内容涉及外交政策这样的国家大政方针,作者在教学中把处理国与国的关系和处理人与人之间的关系结合起来,拉近了"高大上"的内容和学生的心理距离,激发了学生的参与热情。在具体教学中,作者注重场景的设置,让学生感受我国外交取得的成就,在此基础上让学生去看待"钓鱼岛争端",并让学生设想解决方式。本课的教学有助于学生学会理性地思考问题,更好地面对自己的人际冲突,提高化解人际冲突水平,增强人际交往能力。

探寻发展之旅

滑 华

A 渗透缘起

《用发展的观点看问题》是高中的教学内容。本节课的关键知识点有两个:1.事物发展的前途是光明的,道路是曲折的;2.做好量变的准备,促成事物的质变。

青学生大都有远大理想,但涉世浅、经验少,很容易遭受挫折。而他们的感情又较脆弱,耐力差,遭受挫折后很容易产生激烈的心理冲突而不能自制和自拔。因此,怎样对待逆境、应对挫折,对于每个人来说都是一次严峻的考验。通过这一课的学习,可以帮助学生以积极的心态来应对人生道路上的挫折与考验,踏实稳妥地走好每一步人生路,做好充分的积累,实现人生的飞跃与发展。

本节课的心理健康教育渗透点有:1.掌握事物发展是前进性和曲折性的统一,培养学生乐观、积极向上的态度,引导学生正确对待人生道路上的挫折与困难;2.理解事物发展是量变和质变的统一,引导学生正确处理埋头苦干和远大理想的关系,注重积累。

B 渗透节点

1. 理解发展,磨砺人生。

教师课堂播放《星星之火,可以燎原》的视频,请学生结合已有的知识进行讨论:从"星星之火"到"喷薄而出的红日",为什么中国共产党能不断发展、壮大?

学生充分讨论后总结:中国共产党作为新事物,其发展的前途是光明的。而在中国共产党的成长过程中,又遭遇了很多挫折。说明新事物的成长并不是一帆风顺的,要经历艰难曲折的过程,事物发展的道路是曲折的。

师:新事物发展的前途是光明的,但是道路是曲折的。那么,这对于我们认识人生有什么启示呢?

引导学生进行一个2分钟的演讲比赛，并结合自身的实际生活和学习体会，谈谈自己遇到困难时是如何做的。

学生发言后提出：我们要对未来充满信心，热情支持和悉心保护新事物，促使其成长、壮大。同时我们还要做好充分的思想准备，不断克服前进道路上的困难，勇敢地面对挫折与考验。我们要做到不逃避，不放弃，要始终相信"只要精神不滑坡，办法总比困难多"。

我们每一个青年学生都要经历磨炼才能成长。我们应该珍惜自己学习成长的机会，积极上进，在遇到逆境的时候不要放弃希望，要不怕困难和挫折，逆流而上，努力前行，为未来的人生打下坚实的基础。

2. 注重积累，促成飞跃。

1927年10月，毛泽东率领不足千人的队伍登上井冈山，提出"星星之火，可以燎原"，革命队伍现在虽然只有一点小小的力量，但是它的发展会是很快的。最终，革命的洪流势不可挡。

师：这体现了什么哲学道理？

生：事物的发展是从量变开始，量变是质变的必要准备，质变是量变的必然结果。因此，需要我们积极做好量的积累，为实现事物的质变创造条件；同时还要抓住时机，促成质变，实现事物的飞跃和发展。

在我们的生活中，有很多成语和谚语富含哲学智慧。比如"滴水石穿"，就告诉我们量变积累到一定程度必然引起质变。请大家一起来收集这些成语与谚语，并来说说从中获得的感悟。

学生举例如：冰冻三尺，非一日之寒、集腋成裘、聚沙成塔、积叶成书等。提出"勿以善小而不为"，小恶不除必为大患，所以要防微杜渐，防患于未然；"勿以善小而不为"，从一点一滴的小事中培养一个人助人为乐、关心他人、讲究文明的高尚品格。

师：千里之行，始于足下；万涓滴水，汇聚成河。做事要从一点一滴中做起，才能够取得成功。人生万里，必须一步一步地走，绝不可期望一步登天。一个人从弱到强、从薄到厚，需要积累。积累是做人、立事、立德的本分。我们的人生，要学会积累。积累知识、积累能力，只有一点一滴地积累，才能为自己打下成功的基础。

 渗透感悟

本节课根据高中学生的学习生活实际及其心理发展特点来进行心理健康教育的渗透。面对高考的压力以及学习中出现的困难，部分学生缺乏良好的心态，一旦在现实中遇到挫折，他们就会情绪低落，甚至一蹶不振。因此需要引导学生能够正确对待人生道路上的挫折与困难，对学生进行耐挫折教育，提高应对挫折的能力。同时，部分学生好高骛远，欠缺平日学习的积累，引导学生理解事物发展是量变和质变的统一，引导学生正确处理埋头苦干和远大理想的关系，学会积累。

真正的课堂要立足于学生发展的需要，这样的课堂教学不仅能吸引学生的兴趣，而且能够帮助学生成长。在教学中潜移默化渗透心理健康教育，积极引导学生，使他们学业进步的同时，心理得到良好发展。

作者单位：浙江省台州市三门中学

编者点评

> 本课的教学内容是哲学知识，如何让学生能更好地了解抽象的哲学知识并更好地用以指导自身的行动，这是本课教学取得成功的关键。作者把"共产党从弱小到强大"和"星星之火，可以燎原"，跟"新事物的发展前途是光明的，道路是曲折的"、"量变到质变"结合起来，让学生对这两个典型的哲学观点有清晰的了解。进而，作者让学生用哲学道理分析自己的学习旅程，使学生认识到美好前途需要面对挑战，日常积累换来长足发展，让学生以更加积极的心态投入到日常的学习中。

28 男生　女生

李　晶

A 渗透缘起

《男生 女生》是八年级教学内容。第一目介绍了异性同学间积极交往的意义和怎样进行正常、健康的交往。第二目从男女生交往的特殊方面来谈，包括如何正确认识异性同学之间的情感、交往与友谊；如何在异性情感交往中做出负责任的选择，并学习辨别这些情感；以及在与异性交往中学会如何保护自己。

进入中学后，由于学生的性生理和性心理迅速发育，正面引导青春期学生学会接受、辨别和调控，从而做出负责任的选择，进行正常的男女生之间的交往，既是思想品德的育人目标之一，也是中学心理健康教育的重要内容。

本课的心育渗透点有：1. 了解男女生各自的优势特点，认识到异性同学间正常交往的积极意义；2. 能够运用理智调控与异性同学交往中的情感问题，学会有分寸地与异性交往；3. 在与异性交往中学会保护自己。

B 渗透节点

1. 青春剧场。

视频《家有儿女》片断:男主角中学生林凡喜欢上了伶牙俐齿的小雪,举了个标语在她家楼下表白自己的爱意。

思考:林凡为什么欣赏夏雪? 林凡的行为方式妥当吗?

2. 活动:大家都来夸一夸

请:男生,来夸夸咱们班的女生……

女生,来夸夸咱们班的男生……

师:同学们都找到了彼此很多的优点,也感受到对方很多优势。我们如果不仅与同性同学交往,还能主动与异性同学交往,那么,我们的交往范围会不断扩大,交往能力也会大大提高。请大家总结一下异性同学之间交往有什么重要意义。

(1)增进了解,学习长处,完善个性;

(2)扩大交往范围,锻炼交往能力;

(3)增进性别意识。

3. 交往有方法。

用开启三个宝箱的方式让学生领悟男女生交往的原则。

宝箱1——案例:某班的女生、男生彼此喜欢用"那帮男生"、"那帮女生"来称呼对方,有什么活动也从不邀请对方,有的同学甚至给异性同学起绰号,嘲笑对方。

提问:你觉得哪里做得不妥当? ——交往仅局限于男生之间和女生之间,男生女生之间产生隔阂,不利于异性之间的正常交往。

感悟?——既要开放自己,又要互相尊重。

宝箱2——小游戏:听指令,做动作。

指令一:同性之间面对面,握手、拍肩、问好、说句悄悄话。

指令二:与异性同学面对面,握手、拍肩、问好、说句悄悄话。

提问:作为旁观者,你有什么感悟吗? ——交往有度,掌握分寸。

宝箱3——微博一则:

郁闷的梅同学:我和云轩不仅是同桌,还是邻居,从小学起每天放学我们都会一起回家,到了初一也一样,周末有时还一起去书城。时间久了,同学们渐渐说我俩是"一对儿",说他是我"老公"……可我们之间真的没什么……我该怎么办?

请大家围绕"交往方式"和"被误解的困扰",给小梅留言支招。

小组讨论,代表发言。——注意交往的方式、场合、时间和频率。

4. 学会与异性同学交往有着非常重要的意义。

如果我们不仅与同性同学交往,还能在遵循三大原则的基础上不断探索,那么,我们的交往能力也会大大提高。

小结:交往有原则——
(1)既需要相互尊重,又要自重自爱。
(2)既要开放自己,又要掌握分寸。
(3)既要主动热情,又要注意交往的方式、场合、时间和频率。

5. 青春期恋爱的误区。

从跨入青春期开始,我们就有了比较强烈的与异性交往的愿望,甚至会朦胧而羞涩地萌发一种渴望与异性在一起的微妙感觉。这些对异性的好感或爱慕之情都是正常而美好的,但这一时期的感情可以进一步发展吗?说说你的理由?

(学生回答。)

师:有时候,也可能因为以下原因让我们误入了"早恋"的误区。

简介青春期恋爱的误区:误解型、寻求替代满足型、寻求地位型、冲动或报复型。

小结:当我们还分不清楚什么是友情,什么是爱情的时候;当我们稚嫩的双肩还承受不住爱情重量的时候,我们唯有等待。学会选择,学会承担责任,学会把宝贵的青春用在自我的不断提升上。

6. 案例分析。

校园里的异性交往相对单纯,走入社会我们可能面临一些更为复杂的情况。

社会广角:呈现"杭州初中女生公交车上遭遇大叔咸猪手"等新闻。

思考回答:这些新闻说明了什么呢?

感悟三:异性相处时,学会保护自己。

C 渗透感悟

本课较好落实了心理健康教育三个渗透点。从渗透实践看,视频导入对于课堂气氛的调动具有积极作用,渗透点1需要辅导老师的鼓励和引导;渗透点2给了学生多样的机会去体验,因此感悟比较深刻;基于时间关系,渗透点3只是简单介绍了一下,以后可以另开一课具体探讨。总体来看学生的心理体验还是非常积极的。

作者单位:宁波市惠贞书院

编者点评

在本课教学中,作者结合教材的具体内容,找准了青春期"异性同学间的正常交往具有积极意义""异性同学交往需要把握的三个原则""学会在异性交往中保护自己"这三个心理健康教育的渗透点,并针对青春期异性交往中可能发生的情感问题引导学生进行深入思考和真诚探讨,形成了较为一致观点,整节课贴合实际又卓有成效。第二个渗透点运用了三种不同形式,触发了学生的真实反应和丰富的课堂生成。如教师抓住契机充分挖掘这些素材,并对呈现问题的学生有针对性的现场反馈,或许有助于最大程度发挥本堂课的效能。

感悟最可爱的人

吕 帅

A 渗透缘起

《价值的创造与实现》是高中教学内容,该课分为三个部分,论述践行价值的路径:第一部分阐述实现人生价值的根本途径是在劳动和奉献中创造价值;第二部分通过论证个人与社会的辩证关系指出实现人生价值的客观条件在个人与社会的统一中;第三部分指出实现人生价值的主观条件即在砥砺自我中走向成功。

高中生通过马克思主义历史唯物主义的学习确立了群众观点和群众路线,可是生活中仍存在理论和实践相脱节的现象。根据埃里克森个体自我意识发展八阶段理论,高中生这一阶段需要认清自我和周围事物的关系从而获得同一感。本课能很好地帮助学生认清自我价值和自我与社会的辩证关系,从而促进学生更好地认知自我,服务社会。

本课心理健康教育的渗透节点有:1. 培育学生积极劳动,乐于奉献,树立以热爱劳动为荣的思想;2. 让学生在思辨个人和社会关系中,树立集体荣誉感;3. 培养学生顽强拼搏、自强不息的精神,树立正确价值观,勇于提高自身素质。

B 渗透节点

1. *心理游戏,价值拍卖和选择。*

师:(PPT给出可竞拍的东西价格表)班级每个同学手中假定有5000元,它代表一个人一生的时间和精力。每个人可以根据自己对人生的理解随意竞拍表中的东西。每样东西都有低价,每次出价都以500元为单位,价高者得到东西。

生:通过价格拍卖,认识到自身对价值的需求大部分是物质方面的,期待自身拥有外在的物质来赢得别人的尊重和认可,这是不对的。实现自身的人生价值需要自己去创造。

2. *背后故事,感悟劳动和奉献。*

游戏结束后,给学生播放《抗日战争70周年阅军庆典》视频,紧接着教师给出若干张题为"最可爱的人"图片,请同学来描述上述图片并指出这些人的价值体现。

生:图片是阅兵当天的凌晨时,数名保洁人员在辛勤劳动。有些人拿着扫把或抹布,对观众席进行最后清洁,每个人都快速有效地配合着,认真而细致。他们在劳动中实现自身的价值。

生:图片是等着儿子回家的重病老母亲、翘首以盼等着新婚丈夫回家的新娘,还有刚学会喊"爸爸"的稚子,而他们的亲人都在训练营接受阅兵的训练。辛苦训练的军人他们的价值在奉献中体现。

师:在和平年代,这些可爱的人,他们的价值就是凝聚在普通岗位上的劳动和奉献。

3.小组合作,辩证集体与个人。

把学生分成8个小组,每组5个人,在小组合作下,完成该部分教学任务。教师给出"唯一少将领队方队"材料,小组讨论。

生:在与同方队成员年龄相差30岁的情况下,少将张海清仍然与同伴"共患难",每天都绑着4公斤绑腿练军姿,练步幅,练体能,丝毫不因为自己的特殊身份和年龄而享有特权,甚至在战士休息的同时,还在刻苦训练。张少将说:"我就怕自己脱了集体的后退,丢了我们狼牙山五壮士英模方队的脸"。这体现了张少将把自己融入到集体中去实现自我价值。

生:在平时的训练中,张少将也会结合自身训练的经验,指出训练中存在的问题,并和战士们一起讨论,提出更有效的训练方法,这些经验后来也成为阅兵方队的宝贵财富。这是张少将为集体贡献自己的才能和智慧,促进个人和集体的共同成长。

师:张少将的精神值得每一个人学习,他的事迹是正确处理个人和集体关系的典范。由此总结,集体为个人价值的实现提供基础,个人也为集体荣誉贡献力量,二者是辩证统一的。

4. 砥砺自我,坚定意志和信念。

给出抗战老兵和阅兵战士的对比图,请学生讨论需要学习的地方。

生:(图片)这是阅兵中最感人的一幕:数位白发苍苍的老抗日战士出现在方队中,正是他们坚定的抗日信念,才有了我们今天的和平。

生:(图片)在炎热的环境下,阅兵战士克服种种困难,不断练习军姿和体能。这种顽强拼搏、自强不息的精神值得我们学习。

师:通过抗日战士和阅兵战士的对比,实现我们的人生价值既要具备坚定的理想信念,还需顽强拼搏、自强不息的精神。

C 渗透感悟

苏格拉底说"未经审视的生活是不值得过的"。本节课设计较好的结合了心理学知识,将枯燥的哲学道理和德育说教变成学生日常生活体验,让学生去感悟价值的创造与实现。

本节课不足之处在于,由于仅仅是学生去感悟别人的生活,没有自己亲身的实践过程,所以教育效果缺乏持久性。因此,针对本节课,如果时间充裕,可以让学生通过自己生活体验去感悟价值的实现和创造,提高自我认知能力。

作者单位:宁波市第三中学

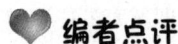

> **编者点评**
> 　　在价值多元化的时代,人生价值是一个很抽象而且很难说得清的概念。作者在教学中围绕"纪念反法西斯战争胜利七十年"活动的契机,通过对不同群体人物的分析,让学生感受到在和平年代,人生价值是凝聚在普通岗位上的劳动和奉献;个人和集体的发展是辩证统一的;人生价值的实现需要把坚定的理想信念,顽强拼搏、自强不息的精神结合起来。本课的教学,避免了说教,让学生在不同人物的具体故事中得到了人生智慧,更好地认识到人生的价值。

30　矛盾之镜　折射人生

张晴红

A 渗透缘起

　　《矛盾观点与人生动力》是职高教材的内容。本课的关键知识点有以下几个:1. 矛盾是事物发展的源泉和动力,也是人生发展的动力。2. 学会一分为二和全面地看问题,在人生发展中正确处理主观努力与外部条件的关系,立足于自身的主观努力,不断提高自身素质,使心智不断走向成熟。

　　在哲学课中,辩证思维一直贯穿始终,让学生学会全面正确地认识问题、并找到适当解决问题的方法。从认知"ABC"理论的角度出发,通过领悟哲学中的精髓思想,可以有效改变"B"认知,然后对遇到的人与事作出合适的反应。《矛盾观点与人生动力》一课能很好地帮助学生以健康心态来面对生活中的挫折并摆正主观努力与外部条件的关系,让学生更好地成长与发展。

　　本课的心理健康教育渗透点有:1. 世界处处有矛盾,矛盾推动着世界的进步。由此,引导学生能以正视、不回避的态度面对矛盾;2. 矛盾双方是可以相互转化的,只要努力可以推动不尽如人意的现状向相反的方向发展;3. 事物发展的根本原因是内因,因此,在个人的发展中个人努力是第一位的,其他条件要在个人努力的基础上才能发挥作用。

　　通过这些知识点的学习,学生能更好地抵抗挫折、正确归因,并提高心理素质、生活质量。

B 渗透节点

1. 漫画教学，揭示矛盾。

向学生展示《名人的烦恼》《职场故事》《花季雨季》三组漫画，并讨论。

师：请大家谈谈看完三组漫画之后的想法。

学生充分讨论后总结：(1)名人的生活是很让人羡慕的，但是所有令人羡慕的方面都会给他们带来不为人知的烦恼。所以，矛盾处处都有，不会绕道而过，我们需要勇敢面对。(2)职场中亦会遇到很多矛盾，只有去面对与解决，事业才会发展。(3)青春期是灿烂美好与成长之痛并存的时期，只有正视这个时期的自身发展与成人及同龄人沟通中存在的矛盾，才能去面对和解决，获得发展的契机。

在我们的生活中处处存在矛盾，遇到矛盾是一种正常现象。遇到矛盾后正确的应对原则应该是：看清楚、勤解决、不逃避、不回避。

2. 成语谚语，漫谈矛盾。

这一环节将通过成语、谚语进一步让学生来感受和理解矛盾发展的轨迹。

师：在我们中华民族的语言中，有很多成语和谚语富含哲学智慧。比如"塞翁失马"，就告诉我们生活中的矛盾双方是可以相互转化的，请大家一起来收集一下这些成语与谚语，并来说说从中获得的感悟。

学生讨论后总结：大家找到了很多成语与谚语，有的体现了好事会变坏事，比如：乐极生悲、弄巧成拙、水至清则无鱼。也有体现坏事变好事的，比如：苦尽甘来、浪子回头金不换、柳暗花明又一村。

由此可见，在我们的生活中，遇到顺境时，不能怠惰松懈，要稳定心态保持优势；在遇到逆境的时候不要放弃希望，要逆流而上，努力前行，转劣为优。

3. 影视教学，审视矛盾。

请学生观看残疾人歌手陈州参加央视《青年中国说》的视频剪辑，请学生讨论：人生中的矛盾转劣为优的根本原因是什么？是内因，还是外因？

看完后让学生讨论并总结：促进人发展的原因有很多，有内因、有外因。但内因与外因在人生发展中的地位是完全不同的，内因起着决定作用，而外因只能起到影响作用。同时，所有的外因只有通过内因才会发挥作用。因此，当我们遇到困难的时候，不要怨天尤人，把原因推给老师、家长、机遇、运气，而更应该找一找我们自身的不足。

并且，如果我们尽了自己最大的努力，却由于外因条件的不成熟导致了我们暂时的不成功，也不需要气馁。也要学会去看到，在这一次努力中，虽然没有得到预期的效果，但是，由于全心的投入，个人的能力与心智都得到了发展，也不失为一次好的锻炼，为未来打下好的基础。

最后，推荐大家回去观看电影《当幸福来敲门》《阿甘正传》等影片，更多地去感受如何去面对人生的各种际遇,让自己生活得更快乐、内心更强大。

C 渗透感悟

本课教学采用了学生喜闻乐见的漫画、成语、谚语、影视作品为导体,引发学生对人生矛盾的揭示、理解、思考,让学生有勇气正视矛盾,有能力分析矛盾,有方法面对矛盾。

在教学完成以后,细细回想,觉得在心育渗透上做得不够好的有两个细节:第一个细节是在漫画教学中,可以增加一个环节,让学生以"人生与矛盾"为题说说,在自己的经历中有没有可以画成漫画的事件。第二个细节是在影视教学中可以找一个残疾中学生自强不息的视频,这样更贴近学生实际。

总之,在教学过程中应该紧扣学生实际,深挖教材内容,寻找心育亮点,促进学生心理素质提高。

作者单位:宁波市职教中心学校

编者点评

本课教学最大的特点就是把哲学观念生活化、可视化,让哲学观念不再那么"高冷",而是贴地。在具体教学中,作者通过分析三幅漫画,让学生感受到矛盾是无处不在的;通过成语和谚语的讨论,让学生感受到矛盾是可以转换的;通过观看残疾歌手成功的视频,让学生认识到内因是成功的关键因素。通过本课教学,可以让学生更好地认识矛盾、了解矛盾,并有直面矛盾的勇气和转化矛盾的智慧。正如作者所言,如果本课教学所选事例更加贴近学生实际情况的话,那么效果会更好。

31 吾知吾心吾成长

谢 旺

A 渗透缘起

《让生命之花绽放》是七年级教学内容。本课着重于让学生懂得生命的可贵学会珍爱自己和他人的生命,自己试着去思索生命存在的意义,肯定自己的价值,树立积极的人生观、价值观。

这节课是关于生命意义的教育，与心理课教学内容极为相似，但是毕竟是政治思品课，与心理课注重心理体验的教学是不同的。思品课堂注重对学生正确的价值观导向，但是也可以渗透很多心理教育点。

本课的心理健康教育渗透的点有：1.肯定自己，欣赏自己，让学生自己发现自己的价值；2.学会尊重他人，无论是正常人还是身患残疾的人；3.学会关爱生命、珍爱生命，永不放弃自己的生命；4.克服困难，直面生活中的挫折。

B 渗透节点

1. 石头值不值？

PPT展示一个故事。让学生阅读并且思考体会，说说自己的感想。

师：一块普普通通的石头，在不同的地方，它的价值竟然完全不一样。生命的价值就像这块石头一样，在不同的环境下就会有不同的意义。一块不起眼的石头，由于你的珍惜而提升了它的价值，被说成稀世珍宝。你不就像这石头一样吗？只要自己看重自己，自我珍惜，生命就有价值，生命就有意义。

2. 天生我，必有"值"。

组织小组活动，从正反面发现自己的价值。

（1）你能为他人带来哪些帮助和欢乐？（让学生从中体会自己对他人的价值）

（2）如果一个孩子走了……（情境续接，从反面体会自己的价值）

（3）上述活动说明什么道理？答：我们每一个人都可以给他人带来帮助和快乐。

师：人的生命只有一次，每个人的生命都是有价值的，我们要肯定自己的生命，肯定自己存在的价值。

3. 这样的生命更值得尊重。

播放视频，《世界没有不可能，尼克·武伊契奇》，让学生谈谈自己的想法和体会。

师：我们深刻认识到自己的价值，然而我们生活中还有一群人，他们的身体并不完整或者身患各种疾病，他们同样热爱生命，热爱生活，同样发现他们存在的价值，这样的人们，难道不值得我们去尊重吗？我们又有什么理由去排斥、苛责他们呢？

师：有些事他们可能无法做到跟我们常人一样，但是无论如何，他们都在努力地去尝试，去证明他们的价值，并深深触动了我们的心灵。反观部分同学，面对学习，总是不停抱怨，遇到小小挫折便打退堂鼓，甚至有人轻易放弃自己的生命。我们不该好好反思吗？是做个懦夫逡巡不前还是做个强者勇于面对，这还需要考虑吗？

4. 我命由我不由天。

小组活动：请同学们发挥自己的聪明才智，假如是你，在危急时刻该怎样求生呢？

师:我们要肯定、尊重、悦纳、珍爱自己的生命,同时也应尊重他人的生命、善待他人的生命。当自己的生命受到威胁时不轻言放弃,不丧失生的希望;当他人的生命遭遇困境需要帮助时,尽自己所能伸出援助之手。

5.我该如何存在?
播放汪峰的歌曲《存在》,展示歌词,思考:
(1)为什么有的人活着,却如同死去?而为什么有的人死了,他还活着?
(2)什么样的生命存在最有价值呢?怎样才能使生命存在价值得以提升呢?

生命的意义不在长短,而在于对社会的贡献。珍爱生命,追求生命的质量,实现人生的意义,让有限的生命焕发光彩,并为之不懈努力,不断提升生命的价值。就像歌词所说的,勇敢前进,挣脱牢笼,保持愤怒。

C 渗透感悟

思品课是对学生德育的主渠道。但受传统教育的影响,思品课侧重于对青少年的思想政治教育而忽视对其心理素质的培养。于是,在思品课上渗透心理健康教育,就显得尤为重要了。本课的教学内容正好切合很多心理教育的内容,因而可以进一步渗透关于生命、人生价值的教育。于是在这一节课上,我做了充分准备,课堂上尽量让学生自己去感受生命,自己谈感想。效果一如我所想,在课堂上,学生被视频内容深深吸引,同时也反思了自己,肯定了自己的存在价值。我欣喜地看到,好几个成绩偏下的学生也积极表达了自己的感想。他们表示自己虽然成绩不理想,但是可以为家人为同学甚至是为社会做一些事。更多的学生被视频中的主人公所感动,有些学生眼角泛出泪花,这也是我所希望看到的,他们的心灵被触动。

有所想,有所得,有所动。这就是我们所希望看到的思品课堂,也是渗透心理教育的课堂。

作者单位:宁波市春晓中学

编者点评

作者在本课的教学中,围绕生命这个关键词,通过不同的事例,让学生认识到生命的价值首先是自爱,这样才能更好地珍爱生命。同时,在珍爱自己生命的同时,也要珍爱他人的生命。即便身体有残缺,生命也同样宝贵。因此,不管碰到什么挫折,都要坚持生命第一的原则,积极去面对挫折,克服挫折带来的消极影响,去拥抱怒放的生命。对于当前一些学生不珍爱生命而导致悲剧的现象,本课的教学非常有价值。

做个理性的消费者

徐蓉蓉

A 渗透缘起

《树立正确的消费观》是高中的教学内容,是继学习了消费及其类型等方面的基本知识之后的现实升华。本节课秉承新课标教学理念,以学生为主体,立足于学生已有的知识和生活实际进行教学。通过对实际生活情境中人物的消费行为进行分析,让学生在合作探究中理解四种不同的消费心理,明白其利害,并从自身出发,以不同角度思考自己应如何树立正确的消费观,从而指导自己的消费行为,养成勤俭节约的消费习惯。

本节课的心理健康教育渗透点有:1.创设问题情境,培养学生善思敢疑;2.培养学生的创新意识、探索精神和合作意识;3.遵循学生身心发展规律,体验感知,让学生在生活情境中养成良好品德。

B 渗透节点

怎么花钱,是一门大学问,花钱的过程也体现了学生一定的消费心理。而各种各样的消费心理又总是在自觉或不自觉地影响着我们的消费行为。因此,了解有哪些常见的消费观,并掌握正确的消费观,就显得尤为重要了。

1. 发现自己的消费类型。

本节课先由心理小测试入手,让学生了解自己是什么类型的消费者,引起学生的共鸣和好奇。

师:关于压岁钱的使用,大家会怎么做呢? 有三种选择。

学生测试后总结:我们都希望自己是一个理智型的消费者,然而在现实生活中往往事与愿违,存在着大手大脚的奢侈型消费者、吝啬鬼型的消费者。我们要做一个理智的消费者,就必须首先了解各种各样的消费心理,自觉克服不良的消费心理,把握正确的消费原则,树立良好的消费观。

2. 感受消费心理面面观。

创设问题情境,请同学加以探讨分析,并进行评价。

师:老师有一个朋友小A,最近特别烦恼,原因是他们家要买一辆小汽车,却有四种截然不同的意见:

A爸说买一辆二手的面包车,实用又便宜;A妈说买辆广州本田,因为左邻右舍买的都是本田;A哥说买辆敞篷车,很酷又很有个性;A弟说要买辆宝马,因为他们班同学家里买的都是宝马,自己家不买太没面子了。

学生讨论后总结:A爸所持的是求实心理,这是一种理智的消费心理,他所提的方案也是比较可行的;A妈持的是从众心理,这种心理多少带有一点盲目性,不过她所提的方案仍然值得讨论;A哥持的是求异心理,这是一种标新立异的消费心理,然而过分标新立异,代价是很高的;A弟持的是攀比心理,这是一种虚荣炫耀性的心理,我们不提倡这样的消费心理,因为它是不健康的,对个人生活不利。经过分析,我们可以很明显地得出A爸的方案是最合理的一个。

我们可以看到,人们的消费心理是复杂而多样的,既有正确的消费心理,也有不健康的消费心理。我们应该纠正不良的消费心理,做一个理智的消费者。

3. *争做理智的消费者*。

创设问题情境,让学生进行自主探究。

师:"月光族"与"守财奴"都是不合理的消费,一个过度超前消费,一个过于节俭。正确的消费形式应该是量入为出,适度消费。请学生模拟当家人,对3000元的家庭收入进行计划分配,列出清单,并说明分配的理由。

学生讨论后总结:做一个理智的消费者,在消费过程中应注意"三个避免"——避免跟风随大流(盲目从众);避免情绪化消费;避免只重物质消费,忽视精神消费。

以艰苦奋斗为荣、以骄奢淫逸为耻,是社会主义荣辱观的体现。从传统美德看,勤俭节约、艰苦奋斗是中华民族的优良传统,是中国人民的传家宝;从本国国情看,这是民族自立自强的支撑,是社会主义现代化建设的需要;从个人成长看,有利于锤炼青少年的意志,战胜困难,成就事业。

C 渗透感悟

政治课教材中蕴涵着许多心理健康教育的内容,消费观就是其中之一。本课教学通过生活情境的创设,积极思考,善于发现问题,找出解决问题的关键;通过模拟当家人的活动,更加了解消费在一个家庭中的重要性,在实践中进行创新和探索,同时也让学生学会了合作学习,在合作探究中,调动每个学生的主观能动性和学习的热情;整个教学过程,引导学生站在理性的高度看待纷繁复杂的消费世界,做一个理智的消费者,树立正确的消费观,培养良好的品德。

高一段的中学生,其消费的实践行为已经比较充分,并已形成自己一定的消费观,但良莠不齐。部分学生甚至过早地把自己放在享受消费、娱乐消费的人群中,在日常生活中缺少艰苦朴素的精神,而他们自己往往没有觉察。因此,要注意培养正确的消费观,以科学求实的态度对待消费,做一个理性的消费者;坚持正确的消费原则,发扬勤俭节约、艰苦奋斗的精神。

作者单位:宁波市慈湖中学

♥ **编者点评**

作者在本课教学中,积极创设情境,让学生在合作探究中对消费观有深刻的认识。作者首先使用心理小测试,让大家对各类消费观有初步的了解。在此基础上,作者以买车这一生活化的事例,让学生切实感受到不同的消费观会导致不同的消费行为。不过有一点值得注意,如何做个理性的消费者,也是需要根据各自家庭的不同经济实力,做出合理的选择。

蓬生麻中　不扶自直

乐　军

A 渗透缘起

《矛盾是事物发展的源泉与动力》为职高政治教学内容,本课的教学目标是让学生学会运用矛盾的观点认识和解决生活中的实际问题。

心理健康教育渗透点:1.在矛盾原理中渗透生命教育,以案例为载体,让学生在生命的探讨中懂得尊重生命、理解生命的意义;2.在与他人的相处中,学到积极、健康的生活态度;3.调动学生正能量,通过合作,学会用智慧去化解生命中呈现出的矛盾和困惑;4.修通学生身心和谐的通道,播下健康人格的种子,让学生健康成长。

B 渗透节点

1. 生命的困惑,一石激起千层浪。

以生活情境为暗线,让学生感悟身边的矛盾,以生命故事为明线引人入胜。

生命叙事:小楠,来自单亲家庭,性格内向,对寝室生活不适应,睡眠出问题,上课效率不高,作业也没有及时完成,被老师多次批评。同学在背后嘲笑她。她感觉很孤立,变得自责,并怀疑自己的能力,感觉人生没有乐趣,有割腕现象。

通过生生、师生互动体验,共同探讨案例所呈现的矛盾对立面,探讨内心想法和现实的矛盾,正面情绪与负面情绪、积极人格与消极人格的矛盾对立……

2. 分享转化的通道,唤起生命成长意识。

用头脑风暴法,让学生在共情中为小楠积极寻找矛盾转化的成长通道。

生命分享:"让老师多开导他,然后把成绩提上去";"与父母多沟通,让父母多关心";"多和同学沟通交流";"小楠要接受考试失利的事实,敢于面对";"要抓好学习,也要搞好人际关系";"小楠的个性要改变,同学对小楠也要理解";"不开心的时候需要发泄"……

生命提升:生命成长是个充满矛盾的过程,只有不断地冲破,才会获得真正意义的成长。成长需要"社会支持系统",在探讨中看到社会系统里纳入了老师、父母、同学等这些转化矛盾的外部条件。但矛盾的转化更需要小楠自我认知的改变,因为内因才是事物发展动力,只有转化动力,才能真正意义上改变自己,获得成长的内驱力。

3. 人生的多元剧,生命的禅悟。

以心理剧进行角色演绎,深入共情,感悟生命关怀。

生命分享:"要奋发向上,让同学们看到不一样的自己";"通过运动、听音乐等方式发泄";"向同学、朋友倾诉,而不是一再憋在心里";"遇事不能想着逃避,要看到积极的一面";"心胸要开阔,借鉴别人的经验"……

生命提升:从当事人角度,懂得情绪需要宣泄出来;要转变观念,"接受人生的不完美";面对现实,接纳不同阶段的自己;用转移法、升华法,重塑自己。从旁观者角度,每个人的生命成长都需要扶持,人都会有脆弱的阶段,及时伸出援手给予帮助,推动她走出来,这是"助人自助",也是生命意识的境界。

4. 剧情的延续,生命意识的伸展。

生命叙事:有同学帮她向心理老师求助,心理咨询师介入后,用焦点解决短期疗法,挖掘她生活中的成功先例,增强其自我效能感,提升对生命意义的看法。

通过合作探究,发现"成功先例",学会简单的快乐。

生命感悟:当人在消极情绪状态下,容易因为认知的窄化导致对负面信息的聚焦,甚至存在以偏概全的思维方式,倾向于将不好的事情过分放大,以及过低的自我评价。利用成功"例外",能调动起贮存在脑海中的积极信息,当积极信息加工越多,负面情绪进入意识层面,会自发带动情绪的好转。

5. 关怀的传递,走出生命的疼点。

师生调动起更多的社会支持系统,学会更多的生命关怀技能,理解生命的意义是给予,通过微小的努力,给予自己,给予别人,达成生命间的和谐。

故事尾声:小楠发现身边多了默默的关心……她被点滴的关怀温暖,也懂得了自我调节,渐渐地脸上重新拥有了笑容,用内心发现并感恩生命的美好。

生命升华:心理学家萨提亚认为,人性本善,生命是非常可贵美好的,就如同一粒种子,它内蕴了全部成长的潜在资源,但需要外界适当的条件帮助它,才能更好地成长。长久的压力会导致更多的负面情感,影响个体主观幸福感水平,引发更多的心理问题。如果你学会对自己、对他人生命的尊重,才能真正意义上提升自己的心理弹性和主观幸福感。

渗透感悟

在初期的探讨中,学生缺少共情能力,不知道如何对他人生命进行关怀。围绕案例衍生出的问题,用层层递进的手段,使哲学思辨性慢慢渗透进课堂,渐渐汇成共识的思维。随着对生命探讨不断深入,故事中人物的生命与学生的生命进行生动的连结。通过合作探究分享化解矛盾的多种方法,使学生能从生命意识上达成处理自己与他人问题的能力。从教学效果看,犹若"蓬生麻中,不扶自直",学生们基本达成了修通生命通道,获得更多共情的能力,懂得敬畏人的生命与尊重生命的教学目的。

作者单位:宁波外事学校

编者点评

在本课的教学中,作者通过一个案例贯穿整堂课的始终。在教学伊始,作者呈现了一个悲观失望的同龄人小楠的形象,让学生结合矛盾的概念去分析。在此基础上,作者让学生来为小楠如何走出困境献计献策,并通过心理剧表演的方式,让大家进一步学会生命关怀和解决问题。在本课中,作者也抓住了"生命"这个关键词,最后通过小楠的生命成长为本课画上圆满的句号。本课的教学,其实也是让学生切实体验到人际支持系统在自身成长中的积极意义。

心育渗透之
历史学科

34 巨龙,你怎么了?

项晶晶

A 渗透缘起

《列强入侵与民族危机》是高中教学内容,本课由"国门洞开"和"瓜分狂潮"两部分构成,阐述了近代中国在西方列强的入侵中逐渐从主权独立的国家沦为半殖民地半封建国家;而列强在中国掀起的瓜分狂潮,一度使中华民族陷入了生死存亡的危机。

高中历史是一门基于高考又高于高考的社会科学,以学生为主体的师生共同体的构建需要教师在教学过程中更关注学生的心理认知变化,把握好学生历史思维能力的发展特征。注重心育教育,可以帮助学生在情感的触动中、价值观的碰撞中形成健全的人格,促进个性的健康发展。

本课的心理健康教育渗透点有:1. 感知列强入侵给中国带来的深重灾难,及中国军民为捍卫民族尊严的英勇无畏;2. 探寻历史真相,"悲伤"中理性分析这一段屈辱历史的形成原因;3. 运用文明史观辩证评价历史,形成理性的历史观。

B 渗透节点

1840,一个极其普通的数字,却是中国百年屈辱记忆的开始。

1. *战争之殇*。

1840年,英国人来了,他们带来了什么呢?——鸦片!一场中国人"闻所未闻"的近代战争!那一次战争,中国先后调动了十多万军队,数十名高级将领牺牲,以及数千名士兵死于战争,还有不计其数的老百姓;而英方,战死不足百人!此时的你作何感想?

1894年,日本人来了,他们又带来了什么呢?——一场惨绝人寰的大屠杀,偌大的旅顺城从两万余人骤减至三十余人;列强的铁骑从沿海踏至内陆,商品的倾销已不能满足他的虎狼野心,宝岛台湾也落入了它饥渴已久的腹中。一个是泱泱大国,一个是海上蕞尔小国,面对此情此景,你又有何感想呢?

你能够想象1900年的北京城又是怎样一片"狼藉"么?

列强究竟给中国带来了什么?

2. *战争之思*。

近代中国是一部以战争为行迹,以不平等条约为内容的记录史篇。那么,近代中国又如何会经历这样一段屈辱的历史呢?

抗英主帅林则徐曾这样回忆鸦片战争,"器不良、技不熟、武器之落后是我军战败之主原",而"彼此不见面而接仗者,未之前闻"。在当事人看来,中国战败的原因是什么?——军备落后。这个真有这么重要么?

据考证,黄海海战前中国海军实力世界第八,日本第十一;双方都从欧洲购置了军舰,中国拥有当时远东吨位最大、火力最强的舰只。然而,海战期间中国的"远东巨舰"上仅配备了三颗弹药,其他战舰频频出现子弹巨细与火炮口径不符的状况,还有些是哑弹或沙弹。更有论者说,慈禧太后每年从军费中挪用30万两准备自己的寿辰,其耗费总计约1400万~2000万两白银,可购买10艘"定远"型铁甲舰、20艘"致远"型战舰;同一时期,日本天皇则每年从皇室费用中拿出30万元补充军费,更以"并三餐为一餐"的决心支持军队建设、支持战争。

此时还是因为军备落后么?

面对这样的事实,你又有何感想?——悲伤?愤怒?难过?抑或无奈?

3. 战争之再回首。

从1840年到1900年,中国从一个主权独立的国家沦为半殖民地半封建国家,这种被侵略的民族屈辱是难以消除的,但也成为衡量近代中国的一个新尺度。

革新思想的萌发一次次冲击着国人的世界观、价值观,世界地理著作《四洲志》《海国图志》陆续出版;以自强为口号的洋务运动催生了一个新的经济体系——民族资本主义;京师同文馆开启了中国近代意义上的教育事业。两千多年的专制主义中央集权制度在康、梁等人的变革中开始动摇,君主立宪、民主共和的洪流猛烈冲击着帝国的根基。

我们该如何评价这一段"屈辱史"?——灾难、恶魔?还是近代化的催化剂?

资本主义的发展把一切民族甚至最野蛮的民族都卷入了近代化的文明漩涡,这是个永不消逝的噩梦,却实实在在打破了闭关自守的枷锁,代之而起的是各个民族之间的相互依赖,物质的生产如此,精神的生产也是如此。

中国,是受害者,在客观上又何尝不是受益者呢?历史没有绝对的好与坏、对与错之分,生活亦是如此。

C 渗透感悟

本课教学基本落实了心理健康教育的3个渗透点:通过图文情景体验,感受列强侵略带给中国的深重灾难,激发民族认同感和爱国主义情感;通过史料对比,理解中国落后的事实,思考战败的原因;从近代史观视角,辩证分析列强入侵带来的"历史沉沦"和"历史进步",形成辩证理性的历史观、生活观。

从渗透实践看,渗透点1和2的效果较好,直观的感性冲击和认知冲击,容易触动学生的内心,激发学生对历史现象的思考,而要形成辩证理性的历史思维方式,依然任重道远。

作者单位:宁波市浙江省象山中学

编者点评

本课的教学涉及我国近代社会被列强瓜分的历史和原因分析。从心理健康教育的渗透点上来看,作者主要是从感知列强入侵给中国带来的深重灾难和理性分析这一屈辱历史形成的原因,让大家去客观看待晚清政府腐败无能带给中国的"屈辱史"。正如作者所言,引导学生用辩证思维去看待这些历史现象比较难,但可以让学生明白祖国的强大需要每个人的努力。我们过去因为落后而挨打,今天,我们正以新的面貌出现在世界面前,我们要且行且珍惜,且行且努力。

谁来拯救美国

戴杨林

A 渗透缘起

《罗斯福新政》是九年级教学内容,分三个部分论述罗斯福政府在严重的经济危机面前,实施新政的史实。第一部分,介绍了危机爆发时,胡佛政府反危机措施的失败;第二部分交代罗斯福上台的背景和就职演说;第三部分讲述罗斯福政府在不同领域的新政措施及其影响。

由于教材知识点多,所以在以往的教学中,教师往往追求知识与能力、过程与方法这两个目标的落实,在新课改中,我们应该贯彻三维目标,挖掘教材中有利于渗透心理健康教育的点,让历史教学与心育有机结合。

本课的心理健康教育渗透点有:1. 培养学生直面困难,乐观豁达,积极进取的精神;2. 让学生体验和感受罗斯福的平易近人,给予别人温暖和真诚;3. 培养学生的创新意识、探索精神和合作意识。

B 渗透节点

1. 华丽登场。

师:他是一位杰出的美国总统,他是唯一一位坐在轮椅上的美国总统,他是唯一一位连任四届的美国总统,他是继林肯后最受美国和世界公众欢迎的美国总统。一位美国记者对他的评价:"他推翻的先例比任何人都多,他砸烂的古老结构比任何人都多,他对美国整个面貌的改变比任何人都要迅猛而激烈。"你们知道他是谁吗?对了,他就是我们这节课的主人公——富兰克林·罗斯福。

2. 就职演说。

罗斯福在1932年美国总统大选中,以绝对的优势击败胡佛总统,当选美国第32任总统。

学生观看罗斯福演讲的片段,更好地体会罗斯福战胜危机的决心。

1933年3月,罗斯福在就职演讲中激励人们:"我们不必畏缩,不必躲闪,我们要敢于正视国家今天的现实……我们唯一应当恐惧的就是'恐惧'本身……我们的困难都只是物质方面的……这个国家需要行动,立刻开始行动。"

你是如何理解罗斯福所说的"恐惧"本身?想象一下,如果你生活在那个时代的美国,你能从罗斯福的演讲中感受到一种怎样的力量。

3. 炉边谈话。

罗斯福借助广播这个当时最先进且最普及的传媒工具,以围坐在壁炉边与家人、朋友聊天的形式发表谈话。总统说,这样讲话亲切些,免去官场那一套排场,就像坐在自己的家里,双方随意交谈。这一"拉家常"的方式,以亲切诚挚的声调、质朴实用的语句,对全国人民的问题进行了耐心的解释、劝告和教育,解释政府的措施及需要人民怎样的支持。

炉边谈话带给大家怎样的内心感受?展示了罗斯福怎样的人格风采?

4. 化解危机。

罗斯福之所以取得了令人瞩目的成就,重要的原因就在于他拥有一个美国历史上独一无二的"智囊团",并能充分地发挥它的作用。他的智囊团里有大学教授、社会工作者、工人活动家、律师、金融家等,这批智囊人物成为罗斯福作出决策时的主要思想来源。

请在座的同学们扮演罗斯福"智囊团"成员的角色,一起对如何应付"烂摊子"出谋划策。

根据危机情况,我们把罗斯福"新政"智囊团分成四个分团,分别是:金融监管分团、振兴工业分团、复兴农业分团和社会保障分团。先请各分团的"智囊"们(各组组员)谈谈你们医治经济危机的措施及效果,然后由其他组的同学点评,最后再由教师统筹大家的意见进行简短的小结。

罗斯福的智囊团为了克服经济危机进行了积极的探索,与以前的政策相比,新政到底新在哪里?

面对危机,罗斯福总统率领智囊团在实践中探索创新,对我们同学来说,对于即将到来的人生第一次重大挑战——中考,又有怎样的启发呢?

5. 感悟历史。

师:罗斯福,一位出身高贵的总统,一位腿部残疾的总统,一位空前绝后的总统,一位最终成就了伟业的总统,他的成功得益于他的优秀品质。因其善于审时度势,见机行事,既能迂回前进,又敢于大胆突破,被喻为"狮子"和"狐狸"。你觉得他的哪些优秀品质支撑起他的成功?或许这正是我们实现梦想所需要的。

当我们在困境中寻找希望的时候,当我们在低谷中仰望山顶的时候,我们可以用罗斯福的一句话共勉:我们唯一恐惧的就是恐惧本身!

◎ 渗透感悟

本课教学基本落实了心理健康教育3个渗透点:通过观看罗斯福就职演讲的精彩片段,感受和体验了罗斯福在绝望中寻求希望、直面危机、乐观豁达、积极进取的精神;通过阅读卡"炉边谈话"让学生体会总统的平易近人,给予民众的温暖和力量;学生通过扮演智囊团的活动,更加了解罗斯福政府在实践中进行创新和探索,同时也让学生学会了合作学习,在合作探究中,调动每个学生的主观能动性和学习的热情,并通过对伟人的历史回顾,让学生联系自己,感悟实现梦想需要哪些品质。

从渗透实践看,渗透点1和3的效果较好,学生的感悟比较深,可能这两点带给学生内心的震撼比较强烈。其实,罗斯福个人经历中也有很多可以渗透心理健康教育的点,但是怎样将他的个人经历与本课的教学内容有机结合起来,从而达到春风化雨、润物无声的效果,是接下来努力的方向。

作者单位:宁波慈溪市崇寿初级中学

♥ 编者点评

> 在本课教学中,作者结合教材的具体内容,找准了"不畏艰难的意志品质"、"平易近人的人格魅力"、"善于借力的合作精神"这三个心理健康教育的渗透点,是切实可行的。在第二个渗透点上,其实就是一个人际吸引力和人际影响力的问题。在这个问题上,可以进一步引发学生思考,若想让别人更好地接受自己的观点和主张,关键是需要让别人认同自己,悦纳自己,这样,自己就需要修炼一项处世的本领——人际交往。

36 听那过去的故事

丁岑维

A 渗透缘起

《生活的代际差异》是七年级的教学内容,主要向学生们介绍了代际差异的定义,代际差异对我们日常生活的影响,以及如何合理全面地理解代际差异。

代际差异其实就是我们日常所说的"代沟",这是一个离学生又远又近的词语,在日常生活中代沟一词的出现往往有一定的贬义成分,希望通过挖掘心理健康教育的点,让学生能够更加全面地看待这一生活中的常见现象。

本课的心理健康教育渗透点有:1. 培养学生自主探索知识的兴趣和能力;2. 创设机会让学生与不同年龄的长辈沟通交流;3. 让学生合理看待代沟现象,理解并尊重长辈们对自己的关心和爱护。

B 渗透节点

1. 笑评漫画。

PPT呈现漫画:孙女出门必打车,奶奶看了分外心疼钱,就唠叨自己的孙女:"小莉,你这样过,不成家立业买房子了?"小莉头也不回地回应道:"奶奶,您放心,我可以去银行贷款。"

所谓代际差异,是由于社会生活经验的不同,不同时代的人在思想意识、价值观念、兴趣爱好、行为习惯等方面存在着明显的差异。

师:小莉和奶奶,她们俩各自的想法有错吗?为什么他们的想法会有如此大的差异呢?这个差异就是我们今天教学的关键词"代际差异",俗称"代沟"。

2. 回看照片。

PPT依次呈现不同年代人的嫁妆的照片,及其他生活方面的对比照片。照片内容涉及发型、房屋结构、服装款式和颜色、交通工具、文化娱乐,等等。通过这一系列对比照片的呈现,让学生们能够直观且全面地了解这些年来生活中方方面面的巨大变化,产生内心的冲击。

师:同学们,想一想,这些年,我们的生活在衣、食、住、行各个方面发生了哪些变化?为什么我们的生活会有如此翻天覆地的变化?

3. 听老故事。

师:课前,我给大家布置了作业,希望每一位同学能去了解一下长辈们以前的生活状态。你们都尝试了哪些好方法去收集资料呢?今天的课堂,让我们一起来分享一下同学们收集到的那些过去的故事。

听过去的故事其实是在帮助我们了解过去。但是要真正理解并正确把握生活的变化需要借助历史的眼光。历史犹如一条奔腾不息的长河,沟通了过去、现在和未来。追寻悠久漫长的文明历程,洞察社会变迁的内在奥秘,审视千年的坎坷与辉煌,感受百年的悲怆与欢歌,了解各时代和各名族对真善美、假恶丑的不同解释,由此我们更清楚地知道我们正在做什么,以及我们应该做什么。

4. 理解万岁。

师:看了老照片,听了老故事,大家不难发现,我们的生活、父母、爷爷奶奶们的生活已经有了翻天覆地的变化,回想一下,父母及祖辈们的言行,你是否对于他们的勤俭、唠叨和过分担忧有了新的理解和感悟?

PPT呈现亲子之矛盾案例:母亲劝说正在念初三的儿子少打电话,多花点心思在学习上,就引发儿子勃然大怒。

师:请同学们以四人小组为单位,互相说一说你对于母亲和儿子各自的做法的理解和感悟。

也许他们和我们之间的代际差异并不是他们故意设置的矛盾,不管是他们还是我们的言行,其实都是时代的烙印和产物,具有不同时代的典型特征。当我们了解了他们曾经的生活,是不是更能理解他们对我们的关心和爱护呢?

C 渗透感悟

本课教学基本落实了三个心理教育渗透点,通过让学生课前探索过去生活变化的痕迹培养学生自主探索知识的兴趣和能力,通过布置弹性作业创设学生与长辈们的有效沟通机会,通过课堂辨析讨论让学生合理看待代沟,理解并尊重长辈对自己的关心和爱护。

从渗透效果看,渗透点1和3还需要在今后的课堂上进一步加深和巩固,毕竟学生的学习兴趣和能力是需要一段时间的培养和巩固,但是通过相关课程内容的渗透,给学生的心里埋下这样一颗积极、善意的种子是非常合适的。心理健康教育的学科渗透应该是润物无声的滋养,是潜移默化的熏陶!

作者单位:宁波市新城第一实验学校

编者点评

本课教学涉及"代际差异"即代沟这一现实问题,正是因为代沟的客观存在,导致学生跟长辈有这样那样的矛盾。因此,作者在本课的教学中,通过生活中的具体事例,让学生来认识代沟。在此基础上,作者还通过呈现不同年代的人的发型、服装款式和颜色、房屋结构、交通工具等的差异,让学生切实感受到不同的时代有不同的烙印,让学生能更好地理解自己的长辈跟自己存在代沟的缘由。作者还有意识地让学生跟自己的长辈去沟通,以更好地尊重自己的长辈。不过,作者也应有意识地引导学生认识自己某些观点的不足。

37 建国那些事儿

李 其

A 渗透缘起

《新中国的诞生》是九年级教学内容,论述了在新民民主主义革命末期,中国共产党带领中国人民及时调整方针政策,进行艰苦卓绝的斗争,最终建立新中国进入历史新纪元的史实。

习近平总书记说:历史虽然是过去发生的事情,但总会以这样那样的方式出现在当今人们的生活之中,中国的今天是从中国的昨天和前天发展而来的。历史连结现在,历史照亮未来,但历史不等于现在,也不等于未来。对待历史,用delete和ctrl+c都是不切实际的,我们要从国家、民族发展历程来看待历史,也要从历史的伟大进程来认识国家、民族。在实际教学中,教师不但要让学生了解史实,更要让学生在史实中学会成长,学会感悟,这样才能前事不忘,后事之师。

本课的心理健康教育渗透点有:1.培养学生正确认识环境,积极适应环境,主动参与社会生活的态度;2.使学生增强自信心,有直面困难与挫折的勇气;3.培养学生树立自立自强、不骄不躁的人生态度。

B 渗透节点

1. 回顾巨变。

呈现2000年江泽民报告中关于20世纪中国人民在前进道路上经历的三次巨变所产生的三位领袖,以及他们贡献的材料。师提问:为什么说孙中山领导我们苏醒了?又为什么说毛泽东领导我们站起来了?

2. 决策猜想。

师呈现有关1949年中国人民生活贫困和经济发展状况图片和两则文字资料,根据资料让学生思考:当时中国的经济状况怎样?当时中国在军事上又是怎样的?生回答后,师展示三大战役胜利的结果及国共两党管辖的区域。在了解经济和军事情况后,师生一起回顾"乡村包围城市"的发展道路的形成历程。面对新的环境形势,要建立新中国,请试着猜想一下:如果你是共产党领导人,你会做哪些决策?而到了初三,面对中考,你的学习与生活又会做出怎样的调整?

3. 渡江战役。

国民党代总统李宗仁说:"军事上发展到今天这步田地,需要守江,把我们的命运寄托在长江天险之上,虽已属下策,但是我们毕竟还有强大的空军和数十艘军舰,这些是我们的长处,如果我们善加利用,共军未必可以飞渡长江。"

共产党渡江的战船是由民船改造的,战士们用砖粉、白灰、污泥混合成"伪装色",涂抹在船身和船帆上,使"船水一色",在船上增橹加桨,把湿棉被钉在船舷上,每艘船还准备了棉花、桐油、钉子、木板等修补器材。

对比上述两段材料,你有什么感受?从毛泽东的《七律·人民解放军占领南京》诗词及百万雄师过大江的油画中,我们又能学到怎样的精神?

4. 学做主人。

1949年9月,中国人民政治协商会议第一次全体会议在北平隆重举行。出席会议的代表有662人,分别代表着中国共产党和各民主党派、各人民团体、各民族及军队、华侨、其他爱国人士等。在会上,民革中央名誉主席宋庆龄说,这是一个历史的跃进;民盟中央主席张澜说,从这天起,中国人民真正做了自己的主人。

大到国家,小至个人,我们都得学会做自己的主人。那么,你觉得自己怎样做,才会觉得真正做了自己的主人?

5. 开国大典。

播放1949年10月1日开国大典的盛况视频。师:共产党从1921年建党时的50多人,经过了井冈山上的号角,长征路上的足迹,天安门城楼的欢呼,用了28年的时间,最终成为了中华人民共和国的执政党,结束了近代中国被侵略、被奴役的屈辱历史。你觉得是什么样的力量支持着共产党人?

播放2015年9月3日阅兵仪式的盛况视频。比较两次阅兵式,你从中有何感悟?

每个人都会面对各种各样的成功与挫折,但是一定要牢记我们的理想,百胜而志不骄,百败而志不折。

C 渗透感悟

本课教学基本落实了心理健康教育的3个渗透点有:通过让学生猜想面临新形势,共产党的方针政策该如何作出调整,过渡到每个人在不同的时期都会面临不同的形势,那么到了初三,面临中考,自己又该如何作出调整,通过这一问题的探讨,培养学生正确认识环境,积极适应环境的态度;通过比较国民党与共产党的装备以及毛泽东的诗词,让学生体会到面对困难要树立信心,鼓起勇气去战胜它的一种精神;通过在第一届中国人民政治协商会议上宋庆龄和张澜的话,让学生探讨如何自主管理,最后通过开国大典和2015年的阅兵式比较,培养学生自立自强、戒骄戒躁的人生态度。

从渗透实践看,渗透点1稍显突兀,渗透点2和3效果较好,学生会有一定的感悟,尤其是通过各种多媒体素材,能让学生体会更强烈。其实,人这一生的经历就像党的经历一样,从小到大,必然经历各种各样的磨难,只有不断适应、积极进取才能变得更强大。到了初三,让学生学会树立信心、积极进取、努力拼搏,这是心理健康教育对其他学科的最好支持。

作者单位:宁波市鄞州区姜山镇中学

♥ 编者点评

本课教学的内容围绕新中国建立前后进行,涉及1949年中国社会的总体面貌、渡江战役、政协第一次全体会议、开国大典等。此外,在具体教学中,作者让学生回顾了中国共产党自建党以来走过的路,并用2015年9月3日阅兵仪式的盛况与开国大典的阅兵式进行对比。作者让学生认识到,个人的发展同党和国家的发展一样,是从弱小到强大的一个过程,需要用自信来照亮自己前行的道路。作者通过本课教学,可以让学生以更好的精神面貌来应对初三的挑战。

38 坚持的力量

黄 涛

A 渗透缘起

《中国传统文化主流思想的演变》这一专题主要分四个部分,论述了中国传统文化主流思想即儒学的演变过程。第一部分《百家争鸣》,主要介绍春秋战国时期各种学派诞生,儒家也应运而生,但他只是众多学派中的一家;第二部分《汉代儒学》,主要讲述秦朝焚书坑儒后,儒家式微,但在吸收了道家、法家和阴阳家等学派思想后却焕发了生机,得到了汉武帝的重用,从而确立了正统地位;第三部分《宋明理学》,主要讲述魏晋南北朝时儒学又受到了佛教和道教的冲击,但是在吸收佛教道教精华后又焕发出了新的生机,形成了宋明理学,实现了儒学的新发展;第四部分《明末清初的思想活跃局面》,主要讲述明清之际儒学正统地位再次受到冲击,但是经过批判继承以后又构筑了具有时代特色的儒学新体系。

在讲述历史史实的过程中,我发现儒学的发展过程其实是一个很励志的故事,而且历史教学本来就应该帮助学生树立正确的世界观和人生观,于是我就尝试让历史教学与心育有机结合。

本课的心理健康教育渗透点有:1.让学生明白没有人可以随随便便成功,每个人成功的背后都是无数的挫折和坚持不懈的努力;2.海纳百川,有容乃大,只有不断学习他人的优点,我们才会不断茁壮成长;3.要与时俱进,要根据时代的要求不断改变才能得到长远的发展。

B 渗透节点

1. **应运而生**。

春秋战国时期,社会出现了大变革,诸侯争霸,百家争鸣,儒家也应运而生,但他只是众多学派中的一家,而且还是不受重视的一家,孔子为宣传他的思想周游列国,但还是没有受到诸侯的重视。

2. **焚书坑儒**。

秦国在法家的帮助下统一了天下,建立了中国历史上第一个统一的王朝——秦朝。在秦朝建立专制主义政治体制的过程中,一些儒生和游士引用儒家经典,借用古代圣贤的言论批评时政,因而惹怒了秦始皇,致使秦始皇"焚书坑儒",使本处劣势的儒家遭受巨大打击。

3. **罢黜百家、独尊儒术**。

俗话说坚持就是胜利,儒家没有被打垮,反而愈挫愈勇,他们在董仲舒的帮助下,吸收道家、法家和阴阳家的理论,形成了"君权神授""天人感应""大一统""三纲五常"等理论,顺应了时代的需要,得到了汉武帝的重用,从而确立了儒家的正统地位,从此儒家成为我国古代传统文化的主流思想。

儒家起于微末之中,在汉代却确立了正统地位,他的这段历程给同学们什么人生启示呢?

学生的回答可以归纳为:1.没有人可以随随便便成功,每个人成功的背后都是无数的挫折和坚持不懈的努力;2.海纳百川,有容乃大,只有不断学习他人的优点,我们才会不断茁壮成长。

4. **佛道盛行**。

"人有祸兮旦福,月有阴晴圆缺。"在魏晋南北朝时期儒家又遇到了佛教和道教的冲击。佛教和道教的广泛传播,直接冲击着儒家思想作为核心价值观念的地位,其权威性被严重削弱。

5. **宋明理学**。

带着一颗学习的心,我们就永远不会落伍。儒家面对如此严峻的挑战并没有退缩,而是迎难而上,认真学习佛教、道教的思想,最终吸收佛道哲学精华并结合自身仁礼精华形成了全新的"宋明理学",使儒学自身得到了一个新的发展。

6. **明清新儒学**。

明清之际,专制主义中央集权逐渐达到顶峰,资本主义萌芽缓慢发展,儒学再次遭遇挑战,儒学与时俱进,不断吸收先进思想,摒弃落后思想,不断地完善自身的理念,最终形成了具有时代特色的新思想体系。

儒学确立正统地位后的历程是不是一帆风顺的呢?这段历程告诉我们哪些做人的道理?

学生:"人不可以得意忘形""要与时俱进""要百折不挠"。

C 渗透感悟

本课教学基本落实了心理健康教育3个渗透点:1. 通过对儒家 "应运而生""焚书坑儒""佛道冲击""明清之际的冲击"的描述,学生们明白了,不管是人还是思想都不可能一蹴而就的,都是要经历千锤百炼才能成"钢",所以在遇到困难和挫折后不应该消极面对,而应该迎难而上,用自己的毅力克服困难,让困难成为我们成长的阶梯;2. 通过对儒家吸收阴阳家、法家、佛教、道教等思想地描述,学生明白了,学习是成长最快的方式,学习对手的精华才能更好地赶超对手,在平时生活中要学会学习别人的优点;3. 通过对儒家每次应对危局的措施的描述,学生们明白了要想不被时代所淘汰就得与时俱进,不断地更新自己的思想,让自己的思想更先进。

在渗透的过程中,由于儒学只是一种学说,并不是具体的人,所以学生的代入感并不是很强,所以在如何增强学生的代入感方面还得多加努力。

作者单位:浙江省丽水市松阳县第一中学

编者点评

本课教学的内容是儒学这一中国传统文化主流思想的演变历史。作者巧妙地利用儒学在不同发展阶段的地位,以及自身积极的应对,使之成为一种励志教育资源。从春秋战国时期的"小学派",到秦代遭遇"焚书坑儒"的致命打击,再到"罢黜百家、独尊儒术"的辉煌,又遭遇"佛道盛行"的挑战,后积极吸收儒道哲学精华以及其他先进思想,与时俱进地从"宋明理学"发展到了"明清新儒学"。客观地说,今天的学生对传统文化知之甚少,要让学生对此感兴趣,需要结合典型代表人物的分析。

39 血的教训

丁勇江

A 渗透缘起

《世界反法西斯战争胜利的影响》是高中教学内容,论述了第二次世界大战给人类带来的深重灾难、经验教训及重大影响。

历史学科作为特殊的人文社会学科,在心育渗透方面,具有其他学科无法比拟的优势。在历史新课程目标体系中,虽没有单独的心育目标,却已充分体现在三维目标中。可以说,心育功能是历史教育的基本功能之一。

本课心理健康教育渗透点有:1. 培养学生反对战争、维护和平、伸张正义的社会责任感;2. 培养学生不畏艰难、乐观向上、坚忍不拔的良好意志品质和与时俱进的创新精神;3. 培养学生关注人类生存和发展面临的共同问题,为人类发展贡献才智的使命感、全球意识和基于互尊、共赢的团队合作精神。

B 渗透节点

1. 空前的浩劫。

学生阅读下列材料(PPT显示):

第二次世界大战直接涉及四大洲、四大洋,战火遍及61个国家和地区,占世界人口80%的17亿人饱受战争折磨;双方动员军事力量约1.1亿,按不完全统计,战争中军民共伤亡9000余万(其中中国3500万),死亡者达5500万,其中一半是无辜的平民;直接军费开支1.1万亿美元,参战国总损失价值4万亿美元;珍贵的人类历史文化遗产遭到严重破坏,损失无法估量。

学生观看反映二战残酷战争场面、平民悲惨生活的纪录片剪辑。

师:结合材料和视频短片,谈谈你的感想与启示?

生:战争非常残酷,给人类带来了深重的灾难;为了战胜法西斯,世界人民付出了惨重的代价,和平来之不易。我们要反对战争、珍惜和平。

2. 正义的审判。

1945年11月、1946年5月,欧洲、远东国际军事法庭分别在纽伦堡、东京对德、日法西斯战犯和犯罪组织进行了审判。戈林、东条英机等19人被判处绞刑,19人被判处无期徒刑,6人判处有期徒刑。德国纳粹党的领导机构、秘密警察和党卫军等被判定为犯罪组织。

学生观看反映奥斯威辛集中营、南京大屠杀、日本"731"细菌部队等德、日法西斯罪行的纪录片片段。

师：结合视频短片，纽伦堡和东京审判带给我们怎样的启示呢？

生：德、日法西斯挑起战争，给人类带来了深重的灾难，造成了无法估量的物质损失和巨大的精神创伤，他们的罪行罄竹难书。国际军事法庭对他们的审判，伸张了正义，法西斯战犯罪有应得。

师：对。我们要反对和震慑一切威胁人类和平与生存的邪恶势力，伸张正义，维护和平。

3. 前事不忘，后事之师。

在二战中，世界反法西斯国家为了战胜人类公敌德、意、日法西斯，卓有成效地运用军事、政治、经济、外交、舆论宣传等各种形式，在极其尖锐复杂的斗争中经受了严峻的考验，积累了丰富的经验，也取得了深刻的教训。这是极其宝贵的历史遗产，至今仍有现实意义。

PPT展示下列问题组：

问1：对比分析20世纪30年代未能阻止法西斯国家的局部侵略战争演变为全面战争和40年代反法西斯战争取得胜利的经验教训，并谈谈你的认识和感想。

问2：二战中，波兰、法国等国的迅速沦亡给世人以怎样的教训与启示？

问3：以中国人民取得抗战胜利的艰难历程为例，说说有哪些可贵的精神品质值得我们学习？

学生分组（前后排8位学生为1组）讨论，教师巡回指导，各组选代表回答。

教师小结：20世纪三四十年代法西斯侵略战争演变及世界反法西斯战争胜利的历史经验教训告诫我们，面对事关人类生存和发展的共同问题，世界各国只有同心协力，共同谋划与应对，问题才能妥善解决。波兰、法国等国家在二战中的亡国遭遇告诉我们，墨守成规，死守教条，不积极创新、与时俱进，在残酷的历史竞争中，必将付出惨重的代价。在这场关系人类前途和命运的战争中，包括中国人民在内的世界人民，凭着不畏强暴、同仇敌忾、乐观进取、坚毅顽强的精神，靠着自身的理智、智慧和正义的力量，赢得了和平与进步，永远值得我们敬仰和学习。

C 渗透感悟

本节课教学基本落实了心育的三个渗透点：1. 通过了解二战对人类造成的空前灾难、平民悲惨生活和法西斯罪行的纪录片剪辑，激发了学生的正义感，增强了学生反对战争、维护和平的社会责任感；2. 通过分析二战中波兰、法国迅速沦亡的教训，感受世界人民战胜法西斯的精神伟力，让学生深刻体悟到了创新精神、不畏艰难、乐观向上、坚忍不拔等良好意志品质的强大力量；3. 通过分组讨论、合作探究20世纪三四十时年代法西斯侵略战争演变和世界反法西斯战争胜利的历史经验教训，促使学生产生关注人类生存和发展面临的共同问题、为人类进步事业贡献才智的使命感和全球意识,并养成基于互尊、共赢的团队合作精神。

从渗透实践看,渗透点1的效果最佳,学生情感真挚外露,内心震撼强烈,感悟深刻。历史学科有丰富的心育素材,在历史教学过程培养学生健全的心理素质,有效落实历史教育的心育功能,不能指望"毕其功于一课",贵在持之以恒,"春风化雨"。

作者单位:宁波市大榭中学

♥ 编者点评

忘记过去,就意味着背叛。作者在教学过程中采用翔实的资料和形象的视频短片,让学生感受到战争的残酷和罪恶,深刻认识法西斯的罪行。作者通过对反法西斯战争胜利的分析,让学生认识到不畏艰难、坚忍不拔的意志的重要意义。作者也有意识引导学生去关注人类生存和发展面临的共同问题,拥有全球意识,为人类发展贡献自己的聪明才智。如果作者能让学生从做和平的捍卫者的角度进行思考,则更有现实意义。

那一缕曙光

骆 奇

A 渗透缘起

《结识近代中国最早"开眼看世界"的人》是八年级教学内容,这一课以魏源、容闳、郭嵩焘为例,介绍了先进思想家、早期留学生以及外交使节探索中华民族复兴的艰辛历程,探讨他们提出的各种主张以及他们的命运。

由于教材知识点较多,在以往的教学中,教师过分追求知识点的落实,在新课程中,教师应充分挖掘历史学科的潜能,用丰富的史实、优秀的历史人物事迹,培养学生健康的心理品质,让历史教学与心育有机结合。

本课的心理健康教育渗透点有:1.感受乐观豁达与积极进取的精神;2.体会乐于交往与取长补短的道理;3.培养学生的责任意识与探索精神。

B 渗透节点

1."天朝上国"与"世界工厂"。

师:一方是依然沉醉在"天朝上国"迷梦中的大清帝国,另一方则是刚刚完成工业革命的大英帝国,二者在战场上交锋,谁胜谁败,一目了然。面对中国数千年未有的大变局,一些有识之士陷入了深深的困惑之中,我们该何去何从?(生:向西方学习)他们开始抛弃旧有的"华夷观念",重新认识外部世界,作出向西方学习的历史抉择。你们知道他们中的代表有谁?(展示魏源、容闳、郭嵩焘等人的图片)让我们一起去结识近代中国最早"开眼看世界"的人吧!

2."师夷长技"与"开创先河"。

人物一:魏源

魏源在鸦片战争中亲眼看到英军的"坚船利炮",深受震撼。为了唤醒国人了解世界,挽救危局,魏源写成《海国图志》,全面介绍世界各国的地理、历史、政治、经济、军事和科技等各种情况,并提出"师夷长技以制夷"的主张。但该书在当时的中国没有引起太大的反响,只印了1000册左右,有人甚至主张将其付之一炬。然而,就在美军军舰打开日本国门的1853年,日本人开始翻印此书,一共印刷了15版之多。

为什么《海国图志》当时在中国受冷落,而在日本却受欢迎? 由此可见,近代思想家在当时会面临怎样的遭遇呢?

人物二:容闳

鸦片战争后,一些中国学子开始负笈海外,对西方社会有了更近距离的观察,容闳便是其中之一。1847年,他漂洋过海,来到美国,开始了留学生涯。1854年,他学成回国,促请清政府派遣官费留学生。直到1872年,清政府才开始遣幼童留美。然而,一些顽固派不断干扰,破坏留美学生的教育计划。1881年,清政府下令留美学生一律调回国内,使容闳为之奔走多年、苦心经营的教育计划毁于一旦。诗人黄遵宪在《罢美国留学生感赋》中写道:"牵牛罚太重,亡羊补恐迟,蹉跎一失足,再遣终无期。目送海舟返、万感心伤悲。"

容闳的计划推行了不到10年就夭折了,你如何评价这一计划? 面对"中华创始之举,古今未有之事",为什么黄遵宪对朝廷下令调回留学生那么痛心疾首?

人物三:郭嵩焘

1876年,年近六旬的郭嵩焘冲破重重阻力,出任驻英公使,成为近代中国首任驻外使臣。消息传开之后,来自守旧势力的谩骂之声不绝于耳。在他的湖南故乡,竟有人出于"义愤",要毁坏他的宅子。

到达伦敦后,郭嵩焘将他在途中的日记以《使西纪程》为名刊行。有人竟直接弹劾郭嵩焘"有二心于英国,欲中国臣事之"。结果,郭嵩焘遭到朝廷申斥,《使西纪程》也被毁版,禁止流传。郭嵩焘后来被迫回国,当他回到家乡时,不但当地官员十分轻慢他,就连普通士绅也对他表达了各种形式的鄙视。去世前,郭嵩焘写下这样的诗句:"流传百代千秋后,定识人间有此人。"他自信历史与后人会给他一个公正的评价。

为什么郭嵩焘在当时蒙受骂名? 他的个人悲剧是如何造成的? 近代中国最早

"开眼看世界"的人们有什么共同的追求和特点?

3. "一声叹息"与"以史为鉴"。

师:国人的不理解、清政府的愚昧无知,时刻羁绊着"开眼看世界"的仁人志士追寻中国梦的脚步。纵使艰难困苦,中国人仍在风雨无阻,继续前行。那么肩负追寻中国梦重任的我们,该以怎样的姿态继续前行呢?

C 渗透感悟

本课教学基本落实了心理健康教育3个渗透点:通过"天朝上国"与"世界工厂"这一板块,突出学习的重要性,只有不断学习,不断进取,才能适应社会需要;通过"师夷长技"与"开创先河"这一板块,突出乐于交往,在与他人的交往过程中取长补短,促进自身的全面发展;通过"一声叹息"与"以史为鉴"这一板块,突出面对挫折时害怕和逃避都不是办法,应以积极的态度对待挫折,成为使自己奋发向上的动力。

我任教的是初二年级的学生,这个年龄段的学生正处于青春期,一部分意志薄弱者,因承受不了心理压力而自暴自弃。通过引导学生以历史人物为榜样,积极面对困难和挫折,培养坚强的意志和持之以恒的精神,能让学生更好地面对学习,面对生活。

作者单位:宁波市四眼碶中学

♥ 编者点评

> 作者在本课教学中,结合历史学科的特点和具体的教学内容,突出了"善于学习""乐于交往""战胜挫折"这三个心理健康教育渗透点,并通过历史史实的呈现,引导学生勇于探索,克服困难。如果作者在本课教学中适当地延伸,让学生结合自身,渗透心育,畅谈想法,或许是个不错的尝试。

 从历史中寻找德育的机会

王丽娜

A 渗透缘起

《中华民族到了最危险的时候》是八年级教学内容,这一课时以20世纪30年代"中华民族到了最危险的时候"为主题,叙述日本帝国主义制造的侵华事件:九一八

事变、七七事变、南京大屠杀、731部队、"三光"政策等史实。教材揭露了日本侵略者令人发指的野蛮行径,揭示了日本侵略者发动侵华战争是早有预谋的。

本课的心育渗透点有:1.以历史史实为依据,引导学生感受国破家亡的苦难与中国人民决不屈服的精神,激发学生的民族感情与反抗精神,弘扬以爱国主义为核心的民族精神。2.联系当前日本右翼势力抬头的现实,收集相关历史资料,运用历史知识驳斥日本军国主义的谬论,培养学生正确认识和对待错误的心理品质;3.牢记历史,以史为鉴,反对战争,爱好和平,进一步明确学习历史的重要性。

B 渗透节点

1. 历史的真相。

师:(PPT显示:1931年9月18日,1937年7月7日)同学们能告诉我这两张旧日历,曾发生了什么重大历史事件?

学生阅读思考,回答九一八事变和七七事变。

学生结合史料思考20世纪30年代日本为什么对中国发动这两个事变?

师:通过对日本侵华事件的学习,认识到日本发动战争是蓄谋已久的。

2. 历史的控诉。

师:日本帝国主义发动侵华战争,在我国犯下了罄竹难书的罪行。

学生阅读课文和阅读卡,出示图片:南京大屠杀、731部队、轰炸城市和"三光"政策。PPT播放《南京大屠杀》的音像。(创设情景让学生直接达到情感的冲击和感悟)

师:你看到了什么?有什么感想?

学生:讨论、发言。(让学生知道日本侵略者的野蛮行径,认清日本侵略者的残暴本性。引导学生感受国破家亡的苦难与中国人民决不屈服的精神,激发学生的民族感情与反抗精神,弘扬以爱国主义为核心的民族精神。同时,历史也深刻警示我们——落后就要挨打)

3. 历史的反思。

师:谁该为这段历史反思?面对错误,首先是敢于承认,然后是勇于改正;逃避错误,无视错误,都是心胸狭窄、目光短浅的表现。时至今日,日本还不能正确对待历史问题,却竭力美化和掩盖自己的侵略罪行,一再伤害受害国家人民的感情。(PPT出示日本右翼势力不顾受害国的强烈抗议,多次参拜靖国神社的事实)同学们,看了这些事,你有何感想?(引导学生认清日本右翼势力的本质,培养民族危机意识和爱国情感)

PPT出示:同样是法西斯国家,德国人为日本树立了一个榜样。1970年2月7日是一个令全世界犹太人难忘的日子,这一天,正在华沙访问的联邦德国总理勃兰特来到犹太人殉难者纪念碑前献花圈。当勃兰特伫立凝视一幅幅受难者浮雕时,突然下跪,并发出祈祷:"上帝饶恕我们吧,愿苦难的灵魂得到安息。"

师:对于德国认错的态度,你有什么感想?

师:一个极力回避错误、否认错误;另一个主动承担错误,对错误进行忏悔和致歉。同学们,哪一种态度更令我们钦佩?

师:人无完人,每个人都可能犯错,关键是事后面对错误的态度,同学们能说说当你犯了错是怎么面对的吗?(引导学生敢于承担错误、学会正确对待错误)

师(总结):当年,日本军国主义犯下的侵略罪行不容掩盖,历史真相不容歪曲。对任何企图歪曲美化日本军国主义侵略历史的言行,中国人民和亚洲受害国人民不答应,前事不忘,后事之师。我们要牢记历史,振兴中华;不忘战争,维护和平。

◎ 渗透感悟

本课教学基本落实了心育3个渗透点:通过"历史的真相"这一板块,让学生获得历史基本知识,科学地了解这场战争爆发的背景,学会理性看待事物,树立唯物辩证的历史观;通过"历史的控诉"这一板块,让学生回归历史情景,体会人们在日本帝国主义侵略下,痛失家园、背井离乡的凄惨境遇,积极引导学生以历史人物为榜样,积极面对困难和挫折,懂得更加珍惜当下的和平生活,更加珍惜这来之不易的学习机会,感悟和谐社会的美好;通过"历史的反思"这一板块,要培养学生正确认识和对待错误的心理品质,牢记历史,以史为鉴,反对战争,爱好和平,进一步明确学习历史的重要性。

作者单位:宁波市江北区洪塘中学

♥ 编者点评

本课主要教学内容是日本的侵华战争给中国带来的巨大灾难。在本课的教学中,作者引导学生客观认识这场战争发生的缘由,并深切感受这场战争对中国人民犯下的罄竹难书的罪行。在基于史实的学习中,激发学生的爱国主义情愫。此外,作者还结合近期日本右翼势力抬头的现象,以及德国对二战的反思精神,让大家认识到,无论是国家还是个人,应坦然面对自己曾经的过错,这样才是有担当的表现。

心育渗透 之
地理学科

42 美丽乡村怎么了？

徐 俊

A 渗透缘起

泥石流是我国常见的自然灾害，特别是近年来，发生频率明显上升，并且造成了严重的危害。《泥石流》是七年级教学内容，是学生在学习火山地震后对地质灾害的又一次深入的认识。教材内容由3部分组成，泥石流的形成原因、泥石流的危害、泥石流的防御措施。

通过本节内容的学习，旨在让学生了解地质灾害的种类及提高防灾抗灾意识，在地理教学过程中逐步渗透心理健康教育，培养学生正确的人生观和价值观。

本课的心理健康教育渗透点有：1. 体会地质灾害种类多、危害大，增强学生的忧患意识和灾害意识；2. 培养用模型联系的方法分析并解决问题，养成求真求是的科学态度；3. 体会地理知识在促进人与自然和谐发展中的重大意义，从而增强防灾、抗灾意识，提醒学生珍惜现有的一切。

B 渗透节点

1. 强烈对比，视觉冲击。

师：清澈的小溪，葱郁的田野，泥墙青瓦，袅袅炊烟……走进丽水雅溪镇里东村，一条条道路干净整洁、一幢幢房屋粉刷一新、一排排绿化带错落有致、一盏盏路灯格外漂亮、一条条瓯江彩鲤游来游去……里东村成为莲都区重点打造的美丽乡村示范村之一。（展示里东村的美丽图片）2015年11月13日22时50分许，一场灾难降临里东村。瞬间，有十多户民房被埋，16人遇难，21人失联。（展示里东村受灾后的图片。）究竟发生了什么？

学生迅速发现发生的地质灾害种类——泥石流。随后，学生以小组为单位讨论泥石流的危害。

2. 模拟实验，亲身体会。

学生阅读课本后了解到：泥石流是山区因为暴雨或其他原因引发的携带有大量泥沙以及石块的特殊洪流。随后小组讨论泥石流的形成原因。

师：我们不可能亲临现场观察，但我们一样可以认识泥石流的形成原因——通过模型。

学生分组在土质山谷模型的坡面进行六个模拟实验：

实验一：在坡面上洒水，观察坡面底部发生的现象。

实验二：在坡面上放一些碎屑物，加大洒水量，观察坡面底部发生的现象。

通过实验一、二对比，进一步明确泥石流的概念。

实验三：在坡面上洒水，同时用硬物敲击震动模拟地震，在地震的情况下山石就会松懈，观察坡面底部发生的现象。

实验四：改变坡面的坡度，增加坡度或降低坡度，再洒水，观察坡面底部发生的现象。

通过实验三、四对比，学生分析得到泥石流形成的自然条件，总共有三个：山区陡坡、碎屑物和暴雨。同时，提供资料11月13日前丽水地区的天气状况及我国西北内陆地区，积雪融化也易引发泥石流——增加了流水量。结合汶川地震后引发泥石流事件说明地震过后，坡面上的碎屑物受震动而变松动，易形成泥石流——改变了坡面物质的性质。

实验五：在山谷处设立障碍，阻碍水流，然后在上面洒水，到一定程度再往下放，观察水下流的强度与原来相比有什么变化。

实验六：在土坡面上覆盖植被，再向坡面洒较大的水流，观察上面沉积的泥沙和没有植被相比有什么变化。

通过实验五、六对比，分析归纳密集的建筑物和植被的破坏是人类活动对泥石流发生的另一个重要原因。

3. 积极应对，珍惜现在。

师：泥石流的危害是巨大的，我们学习科学，是为了更好地利用科学，保护自己。泥石流发生前有何征兆，我们应该采取哪些应急措施？

学生阅读相关资料——里东村发生泥石流前的一些特殊现象。提取信息，归纳泥石流爆发前的征兆。

师：当泥石流发生时，我们该如何正确选择逃生路线呢？

学生自主发言，相互评价，归纳正确的逃生方法。

师：根据泥石流的形成原因，有哪些方法可以减少泥石流的发生？

学生阅读相关材料后发言。

最后，展示里东村灾后2周时间的变化，人民群众积极乐观的心态。

C 渗透感悟

本节课所设计的3个心理健康教育的渗透点在课堂上基本得到了落实：通过里东村受灾前后面貌对比，给予一定的视觉冲击，使学生体会到泥石流的巨大危害，增强忧患意识和灾害意识。通过体验六个模拟实验，培养用模型联系的方法分析并解决实际问题，养成求真求是的科学态度。通过感受如何积极应对泥石流，体会科学知识在促进人与自然和谐发展中的重大意义，从而增强防灾、抗灾意识。通过灾后重建体现人们生生不息的生命力和积极应对生活的态度，引出"活着，还有很多事要做",提醒学生珍惜感恩,珍惜现有的一切。

从教学效果看,这些从未经历泥石流灾害的孩子有了很好的体验。从原本觉得泥石流和自己的生活毫不相干,进而认识到自己的行为可能对自然环境造成巨大影响,认识到我们学习科学文化知识,是为了更好地利用科学,协调人与自然和谐发展。

作者单位:浙江省杭州市朝晖中学

编者点评

近年来,从各类媒体的报道来看,泥石流的确呈多发趋势。对于学生来说,他们从课本上学到的灾难往往离自己很远,缺乏内心的触动。在教学中,作者通过例举发生在近期浙江省内的一次泥石流给一个美丽村庄带来毁灭性的灾难的事例,让学生切实感受到泥石流的危害。在此基础上,作者利用模型让学生探究泥石流发生的原因,让大家对泥石流有了科学的认识。在此基础上,作者让学生探讨应对的方法,进一步让学生体会到每一个人在环境保护中的责任,以及掌握地理知识的重要意义。

43 威尼斯,路在何方?

杨桂花

A 渗透缘起

《水上都市》是七年级教学内容,说的是威尼斯,她有"百岛城""漂浮之都""桥城""水城"之称,可见其与水结缘之深。威尼斯的美是外显而又深邃的,独特的水城风光,恢宏而精湛的历史建筑,浓郁浪漫的艺术气息,无不让我们感叹自然的奇妙与人类创造力的伟大。水赐予这座城市以灵动的生命力,而人类则将这份生命延续和饱满。威尼斯,走向何方?唤起的是我们全人类的责任意识——关爱环境,人地和谐。

本节课的心理健康教育的渗透点有:1. 小组合作活动中培养学生合作精神;2. 感悟地域活动中人的精神与伟大的创造力;3. 从威尼斯的"因水而忧",迁移到宁波本土,关注生活,发现问题,解决问题,树立环保意识和可持续发展的观念,增强社会责任感。

B 渗透节点

1. 初识威尼斯，激发欲望。

一分半的简短视频《水城威尼斯》，以最直观的水城之美给学生送上"不够解馋"的视觉与听觉诱惑，激起他们探究的欲望。

再以两个问题（①视频给你最大的感受是什么？②知道这是哪个城市？）与学生进行简短互动问答，引入主题。

2. 走进威尼斯，感知自然与人力。

首先借助书本图片让学生定位威尼斯，并由其地理位置回忆、分析出这里的气候类型和气候特征，再分别从威尼斯的"生""兴""美"三方面逐层展开。

（1）"因水而生"中钦服人的创造力。

【出示材料】

材料一："威尼斯城上面是石头，下面是森林"……

（结合教材的文字和图片）

材料二：452年，威尼斯人为躲避匈奴王入侵而来到泻湖的岛屿上（威尼斯的前身）……

材料三：威尼斯人从事渔业和制盐业……

学生通过分析材料、阅读书本充分了解了威尼斯的由来，也从威尼斯的兴建中体会到威尼斯人的智慧和威尼斯城建筑的奇妙。

（2）"因水而兴"中感受商业魅力。

老师简单介绍威尼斯的商业贸易发展状况。

【出示材料】结合阅读卡内容

材料一：长期的战乱使西欧的社会经济严重倒退……

材料二：为确保海外贸易安全、有序，当时威尼斯政府建立特别的司法制度……

【学生探究】威尼斯为什么能够发展成为海上贸易重城（活动略，教师点评）

学生发现威尼斯人依靠当时优越的海上地理位置优势，又发挥自己的聪明才智，制定得力的海上贸易规则等，才一步步让威尼斯成为绽放于地中海甚至欧洲的一朵商业奇葩。

老师适当补充随着新航路的开辟，威尼斯由原来的商业贸易重城逐步转型为世界旅游胜地。

（3）"因水而美"中培养发现美的眼睛。

【出示图片】配以柔和的背景音乐《水都威尼斯》

威尼斯日出、威尼斯古建筑、威尼斯夜景、威尼斯巷道、威尼斯交通工具船、威尼斯旅游等，每一张图片都与水紧紧相连。

本环节设计了一个简单易行的游戏：好词赞美威尼斯——快速抢说。充分调动学生参与课堂的积极性和热情,并展示学生的语言表达能力和快速反应能力,也有意识地培养学生发现美、欣赏美的能力。

3. 拯救威尼斯,奇思妙想。

【播放视频】《威尼斯的葬礼》

【设问】人们为什么要给如此之美的威尼斯举办葬礼呢?(原来威尼斯也会"因水而忧"——海水倒灌、水位上涨,地下水过度开采导致城体下沉,等等)

【合作探究】针对威尼斯的忧患,学生尽情发挥自己的想象,分组合作,共同探究解决办法。(略)

老师简单介绍目前最被认可的三种解决威尼斯忧患的办法:液体贮入法、迪斯尼托管法、建造浮动水闸。

4. 感悟威尼斯,迁移本土。

由威尼斯的"因水而忧"联系到我们宁波,让学生畅谈我们身边类似的困扰,最后老师简介"五水共治",并请同学们为我市的"五水共治"行动设计一条公益广告。

C 渗透感悟

我的这些00后学生,多为"非常6+1"的独生子女,生活在物欲横流的年代,身上问题不少——以自我中心、节约意识差、吃不了苦、青春叛逆、信仰缺失,他们的兴趣聚焦于动漫、娱乐新闻等,很少关注生活、思考生活,亟须正确的呵护和引导。

本节课在力求达成知识目标的同时,培养这些孩子的合作精神、创新意识、可持续发展理念和社会责任心等。从这堂课来讲,无论是"形"还是"神"都接近预期,但是我深知课是结束了,心育的任务却永远没有完成;理想的心育效果不是老师的"灌输",而是学生由内而外的"自发",为了这个理想,我会一直走下去!

作者单位:宁波市大榭中学

编者点评

学生在小学就学过水上城市——威尼斯的故事。作者在本课教学中,采取了小组合作探究的方式,让学生去感悟威尼斯城市建设中体现出来的人类的伟大创造力。同时,针对威尼斯面对的忧患,引导学生理性看待人类如何与环境相处的问题。本课教学中,很大的一个特点,就是引导学生关注本地的实际,让学生关注本地的"五水共治",并通过让大家设计公益广告的形式,强化学生的环保意识和提高他们的环保行动力。

44 梦里水乡

王 科

A 渗透缘起

《水乡孕育的城镇》是七年级教学内容,围绕水乡太湖流域分三个部分展开,让学生初步了解水与城镇、水与人们生活的关系。第一部分,介绍了太湖流域河湖众多,气候适宜等优越的自然条件;第二部分,讲述水对太湖流域城镇的"孕育"作用,水乡城镇因水而生;第三部分,说明了水在江南地区人们生活中的重要地位,如交通、节日、特产等。

本课的心理健康教育渗透点有:1.通过欣赏江南水乡优美的风景图片和描写江南水乡的诗句,培养热爱大自然的态度,增强对家乡的归属感;2.通过了解江南名人的事迹,学习他们与人为善、刚正不阿的品格;3.学会勇敢展示自己,学会与人合作;4.针对快速城市化带来的污染问题提出自己的建议,树立积极向上、勇于社会实践的人生观。

B 渗透节点

在本课教学中,可以把学生分为"自然条件组""江南特产组""水乡城镇组""环境问题组"等小组,课下收集资料,课中进行探究和成果展示。

1. 水乡因水而美。

播放《太湖美》的MTV配一组风景图片来导入新课。教师提问:①太湖美,美在哪里? ②你所知道的描写江南水乡的歌曲、诗词还有哪些?

生:水赋予江南灵秀的气质,江南因水而美。我们以生长在钟灵毓秀的江南水乡为荣。

在欣赏水乡之美基础上进行拓展,一方水土养一方人,江南自古出才子,比如南宋英雄陆秀夫、风流文人唐伯虎,还有极具个性的"扬州八怪"等等,他们品格如玉壶冰心,恰似这一方水土的温润。从而增强学生对家乡的热爱和归属感,让他们学习这些江南祖辈身上与人为善、刚正不阿的品格。

2. 水乡因水而沃。

从明代起,就流传着一句谚语——"太湖熟,天下足",充分说明了太湖流域"鱼米之乡"的特色。①找一下太湖流域大约有多少条河流,多少个湖泊?②江南地区跟水有关的特产是什么?"自然条件组""江南特产组"的同学根据自己的生活体验,以及课前收集的资料和图片,在课堂中到讲台上来介绍。

生:有大闸蟹、白鱼、银鱼、白虾以及其他水产品等等。

通过收集整理资料培养学生的团体协作的精神,激发他们展示自我的勇气和信心。学生在上台介绍过程中,学生的逻辑思维、语言表达能力也得到了提高。

3. 水乡因水而兴。

过渡:水在江南地区既然对农业有那么大的影响,那么对工商业呢? 教师指导学生读太湖流域图(①找一下整个太湖流域大约有多少个城镇?②城镇分布的特点是什么? 为什么?)这一环节主要由"水乡城镇组"的同学在课堂上来进行汇报。

生:多余的农产品,加上水路交通便利,人们汇集到水路交汇的码头进行贸易,形成了街道、店铺和手工作坊,逐渐形成了城镇,因此我们说,水孕育了城镇。

这一部分内容是本课的难点,学生需要抽丝剥茧的层层探究才能完成,在这个过程中,培养了他们的探索精神与合作意识,以及在合作过程中对自己角色的定位,为他们完成社会化过渡进行心理上的奠基。

4. 水乡因水而忧。

多媒体展示"环境问题组"收集的太湖实景,镜头中出现太湖湖面被一层绿油油的油漆似的东西覆盖,图片中反映了什么问题? 这些问题产生的原因是什么?

生:现在的太湖很多的湖面都被蓝藻所覆盖,严重损害了太湖的旅游形象,过去的生命之水、造福之水现在却变为了致命之水。

请同学一起为江南水乡的环境问题寻找对策,鼓励学生积极参与公共事业,以天下为己任,最后教师总结:愿生命之水长流、愿水之故乡长青、愿人水之情天长地久。

渗透感悟

本课教学基本实现了文章一开始提出的心理健康教育四个渗透点,心理健康教育的目的之一是使学生形成向美、向善、向真的倾向。江南水乡优美的风景和描写江南的诗句,使学生沉醉其中,这属于向美;学生对家乡的热爱和归属感,以及对家乡环境恶化积极提出解决措施,这属于向善;学生勇敢地展示自己,学会了与人合作进行疑难问题的探究,这属于向真。

很多人说现在的中学生比较冷漠,对环境、公益等问题漠不关心,但是从本课的渗透实践来看,尽管并不是十分成熟,学生还是很积极地提出了各种治理环境污染的措施,另外,与他人进行合作,不仅是一种意识,还是一种能力,如何解决小组内成员分工问题,还有待进一步探讨。

作者单位:浙江省杭州市明珠实验学校

编者点评

在本课教学中,作者主要抓住"江南水乡美,增强归属感""江南祖辈品格正,值得去学习""在小组合作中展示自己,与他们合作""针对现实忧患,为水乡更美好献计策"这四个心理健康教育渗透点开展教学。不过,从本课的具体实际来看,江南祖辈的品格问题,与本课关系不大,以这个点来渗透心理健康教育有点牵强。针对现实情况,可在如何强化优患意识,让江南水乡变得更美好上多下点工夫。

45 沙漠绿洲

周 力

A 渗透缘起

《沙漠绿洲》是七年级教学内容,着重介绍了以色列的绿洲农业。虽然以色列气候炎热,沙漠广布,耕地面积有限,但是以色列人运用他们的智慧,把洼地变成良田,在南部沙漠建起了众多绿洲,在极其恶劣的自然条件下,创造了绿色农业奇迹,跻身农业发达国家行列。

本课教学,旨在落实知识与能力、过程与方法这两个目标的基础上,挖掘地理课中能够进行心育渗透的有关内容,培养学生积极向上的价值观和人生观,使地理教学与心理健康教育结合起来,真正落实三维目标,贯彻新课改的要求。

本课的心理健康教育渗透点有:1. 塑造学生尊重科学、崇尚科学的精神,树立用科学改变世界的理想;2. 开拓学生锐意进取、敢于探索,勇于创新的思维;3. 培养学生不畏艰难、乐观开朗、积极向上的心理品质。

B 渗透节点

1. 恶劣的环境。

展现三张图片:以色列地理位置图、以色列气候分布图、以色列水系图。

师:今天我们来认识一个国家,它处于亚州西部、地中海东岸,南部为热带沙漠气候,终年炎热干燥,北部为地中海气候,降水北多南少,整个国家只有一条河——约旦河。你们知道它是哪个国家吗?(学生通过预习,回答出是以色列)

师:面对这样的自然环境以色列人怎么办?

生:没饭吃、活不下去、逃离等一些较为消极的回答。

师:我们来看一下,以色列人的做法。

2. 先进的农业。

（展示以色列农场和花园的图片和农产品出口统计图）农产品占据欧洲市场的40%，欧洲第二大花卉供应国，被称为欧洲人的"大花园""大菜园"。西红柿每公顷最高年产500吨；柑橘每公顷最高年产80吨；奶牛年均产奶量1万千克；温室大棚每公顷每季度生产300万支玫瑰（学生不由自主地感叹道：真是奇迹。并且学生感到十分好奇，不禁发问：是什么原因使得以色列人能够克服恶劣的环境，取得这些成就？）

师：恶劣的环境不仅没有使以色列人丧失生活的勇气，反而激发了他们的智慧与创造力，创造出农业的奇迹。以色列人是如何创造农业奇迹的呢？小组合作探究：以色列人民是如何克服恶劣环境在沙漠中建起片片绿洲的？（学生自行阅读课本、查阅资料，然后进行小组讨论。兴建国家输水工程，北水南调；使用高科技灌溉技术——喷灌滴灌；节约用水，提高水资源循环利用；发展海水淡化技术；科技兴农）

师：农业奇迹的创造，是以色列人因地制宜调整农业生产结构，使用先进的科学技术和完善的管理制度，直面困难、积极进取而取得的。刚刚进入初中的你们在学习和生活中遇到的主要困难是什么？

生：课程多、难度大、作业多等一些学习、生活上的困难。

师：面对困难你们是怎样克服的呢？以色列人的做法给你哪些启示？

学生讨论，此时学生已经能够有较为积极的回答，懂得"迎难而上"，而不是课堂一开始回答的"知难而退"。

老师小结：面对学习上的困难，不畏惧、不气馁，要像以色列人那样，直面困难调整好心态，用自己的智慧去战胜一道道难题。

3. 带来的启示。

师：以色列人面对的是一个水资源缺乏，土地十分贫瘠的国家。但是以色列人并没有自暴自弃，他们凭借着智慧，在沙漠中建立起了一片片绿洲，先进的滴灌技术、完善而庞大的输水系统、数量众多的高科技公司和工程，都展现出了以色列人面对困难时所爆发出来的创造力。当我们在学习、生活中会遇到困难和挫折时，想想勇敢智慧的以色列人，你还怕困难吗？

C 渗透感悟

我所面对的学生是一群00后的独生子，他们的心理抗压能力很差，遇到困难躲着走；没有良好的学习习惯，成绩不理想；上课不认真听讲，不善于思考，课后作业不认真完成，厌学的情绪较突出。本次教学活动，通过分析以色列人在沙漠中发展绿洲农业的典型事例，联系学生遇到的学习困难，培养他们迎难而上，毫不畏惧的心理品质，进而形成热爱生活、热爱学习的生活态度，成为一个拥有健康心理的阳光少年。

本课贯彻了三维目标,心育渗透环节十分顺畅,学生也能够说出以色列绿洲农业给他们的生活和学习上所带来的启示。但是"骐骥一跃,不能十步;驽马十驾,功在不舍",心理健康教育非一时之功,还需要在日后的课程中多加以贯彻,在以后的教学中可以将以色列恶劣的环境和他们成为"欧洲大花园"的成就在课堂一开始就进行呈现,通过展现这种矛盾冲突,对学生形成巨大的心理冲击,从而进一步培养他们面对困难,勇于创新、敢于创新、善于创新的心理品质。

作者单位:宁波市江北区洪塘中学

● 编者点评

在本课教学中,作者特意把以色列恶劣的生存环境和取得的农业成就形成鲜明的对比,让学生切实感受到科技的力量。此外,作者还有意识地引导学生去分析以色列人为什么能如此创造奇迹,让大家认识到锐意进取、勇于探索、勇于创新的积极意义。在此基础上,作者让学生分析自己面对的困难和以色列人面对的困境进行对比,让学生在对比中调整心态,明确努力的方向,培养自己迎难而上、毫不畏惧的心理品质。

46 尼迈耶与他的乌托邦

吴雨峰

A 渗透缘起

《城市规划设计的典范——巴西利亚》是七年级教学内容,是学生首次接触到地理学核心思想的课程,本堂课教学重点是在让学生了解到城市规划相关知识,同时让学生了解地理学的核心思想。七年级学生刚接触到地理这个学科,对这门学科有陌生感,随着课程的深入学习部分学生会觉得课程难度较大。这是因为地理学科具备综合性与区域性的特点,使得学科大中见小、小中有大,知识体系庞杂且跨度较大。教师应在原有的知识基础上挖掘出深层次的情感,使得地理教学不但要注重知识的积累也要培养学生勇于探索、开拓创新的精神,破除学生学习地理的障碍。梦想来源于生活并且作用于生活,教育学生心中始终有一个梦想并且始终为之努力,持之以恒,敢于挑战,勇于创造。

本节课的心理健康教育的渗透点有:1.培养学生认识城市,了解城市建设的完整性与合理性,理解人与自然和谐相处的思想,树立正确的世界观;2.培养学生探索城市背后人的精神与伟大的创造力,要充满梦想,坚持梦想,敢于挑战,勇于创造;3.通过巧妙的教学设计,破除知识上的障碍,激发学生学习地理的兴趣。

B 渗透节点

师:"巴西利亚从一开始就是一座建筑师的城市,而不是一座规划师的城市。"巴西利亚的诞生与其说是一个国家首都的变迁,不如说是一个人对于梦想的执著的实现。

1. 城市来源于梦想,梦想照进现实。

师:巴西利亚的总建筑师奥斯卡·尼迈耶常挂在嘴边的一句话:"建筑需要的就是梦想,否则什么都不会。"如果说城市规划为城市勾勒轮廓,那么建筑设计就使得城市赋有生命力色彩。尼迈耶把他导师卢西奥·科斯塔天马行空般的设计用乌托邦式的建筑思想来投入到城市建设中,为全人类留下一个艺术的瑰宝。

(分小组讨论,提出问题)

师:巴西利亚众多建筑都有一定的寓意。(展示参众议院会议厅图片)

(讨论后)众议院碗口向上的建筑形态象征广泛听取民意,体现民主、自由和开发,参议院碗口下覆的建筑形态象征着重大问题要集中,体现统一的精神。而议会的"H"型建筑灵感来自于葡萄牙语"Homem(人类)"的首写字母。

师:"现实是此岸,理想是彼岸,中间隔着湍急的河流,行动则是架在河上的桥梁。"尼迈耶的建筑风格特色是采用自由式曲线来表达现代建筑的美感,巴西利亚的规划与建设体现了人积极进取的精神与创造力,规划师与设计师的梦想通过巴西利亚的建设得到了完美的实现。

2. 城市是国家的寄托,理想终究实现。

1956年,当土生土长的巴西建筑师奥斯卡·尼迈耶拿到他导师卢西奥·科斯塔的设计蓝本后陷入了短暂的沉思:"我的祖国独立一百年来也不曾脱离对于欧洲人的依赖,我该建一座怎样的城市来唤醒国民……"

(1)现代化与自然化的共存。

师:巴西利亚城市规划具有高度的完整性,城市规划者刻意保留了当地疏林草地的乡土景观,利用地形拦坝截水,打造了一个纯自然生态的绿地城市,同时人工湖旱季补充水源雨季调蓄洪水,在打造美的同时注重了城市规划的实用性。体现了因地制宜和人与自然和谐相处的思想。

(2)城市管理的高瞻远瞩。

师:巴西利亚是全国政治中心,在城市整体框架不变的情况下,修建便捷的公共交通来联系周围的卫星城。市区内去污染化,打造科技、服务、旅游之都,市郊则大力发展生态农业与养殖业,使得城市布局完整且不失灵动。

(3)国家寄托。

师:整个城市没有围墙,既拓展了公共空间与视野,又体现了巴西政府公正开放的决心,同时,当时巴西总统库比契克破除了巴西人的殖民地心理与对海外的心理依赖,迫使巴西人借由修建新首都开发自己国家的巨大潜力,体现了巴西人民对过去的摒弃与对未来的憧憬。新首都独立自主的设计修建完成是开启巴西现代化进程开始的最大标志。

(4)对于理想的执著与创造。

师:城市总规划师卢西奥·科斯塔与总设计师奥斯卡·尼迈耶这对师徒把建设理想社会理念融入到一个城市的规划和建设中,梦想照进了现实,走出了拓荒者该走的路,对于理想的执著使得他们联手打造了人类建筑史的一个闪耀夺目的奇迹。

C 渗透感悟

本节课学习相关知识的同时更是对知识所反映的地理学核心思想的展示,课程难度较大且表达含义深刻,巧妙运用背景人物的生平能够让现阶段的学生产生共鸣。尼迈耶饱满的人物气质能够让学生通过人物生平来感受城市规划的思想与建筑设计的巧妙性,旨在让学生能够从地理事物的宏观特性中分析其微观的具体事物,同时了解到尼迈耶是如何通过精巧的建筑与设计来抒发自己的情感,帮助祖国破除对外心理依赖,通过实现国家理想来达到个人理想的升华。

在地理学科中渗透心育让学生心生千般梦、胸中有丘壑,不惧艰难困苦破除心理障碍,通过学习创造自我,实现自己的人生梦想。

作者单位:浙江省杭州市大成实验学校

编者点评

作者在本课教学中,抓住了两条线:即巴西利亚的城市规划和这所城市的总建筑师尼迈耶的追梦故事。作者通过教学,让学生认识到城市建设中人与自然和谐相处的重要性。在此基础上,作者引导学生去探索城市背后人的积极性、创造性和挑战精神。在具体的教学中,作者展现了梦想对人的成功的重要意义,而这一点,对今天的学生来说尤为重要。学生应心中有梦,有梦可追,在追梦中让自己的人生定位更加精准。

47 别样的"生计"

陈智锋

A 渗透缘起

《垂直的生计》是七年级教学内容,主要分为两部分。第一部分,对秘鲁境内安第斯山脉的东坡自然景观的垂直分布进行了介绍。第二部分,着重讲述了当地的印第安人利用安第斯山脉垂直的自然景观变化的这种环境特点,形成的山上山下不同的生活生产景观。

根据"小组合作"课改理论,本课在展开教学过程中大量使用小组合作探究的学习方法。培养学生思维能力、合作精神。对"生计"一词的深入挖掘,让学生感受到了当地人们生活的艰辛,改变了以往对此类课只讲表象,让学生错误地认为任何环境、任何生活都是"美好、惬意"这样的一种观点,更多的体现了一种人文的关怀。以自然环境的特殊来分析当地生产生活的特殊,则体现了一种人地的和谐,这也是本课的主旨所在。

基于这样的认识,本课的心育渗透点有:1. 通过小组合作探究,培养学生正确面对不同意见,学会包容、聆听、合作;2. 感受生活的艰辛,体会生活的苦涩,提高学生的抗挫能力;3. 通过特殊环境下的特别生产生活的分析,体会人与自然和谐相处的重要性。

B 渗透节点

1. "安第斯山脉在哪里?"

师:如何描述安第斯山脉呢?大家可以从位置、海拔、形状、走向等角度进行合作探究。请大家利用书本和图册中的合适地图进行描述。请大家在合作过程中注意不同意见的整合,并做好记录。

2. 一山有四季,十里不同天。

师:老师手中有四张秘鲁境内的安第斯山脉地区,大家能否按照从山麓到山顶的顺序进行排列,并说说理由。

合作探究及展示本组观点的规则:请注意倾听小组内其他成员的见解,达成共识,有专人及时进行记录。在小组展示过程中,当发现其他组的观点和本组不同时,请学会尊重他人,在他人回答完以后再说说自己的观点。

3. 那别样的"生计"。

展示江南地区种植水稻的图片,印第安人的生产生活与之相比,是更加优越还是更加恶劣？请说说理由。

根据学生的回答，我们深切地感受到在安第斯山脉地区的生产生活是当地的人们在恶劣的自然环境之下的一种劳作。土地的贫瘠、山区的崎岖、高海拔的缺氧、寒冷、交通的不便处处制约着人们的生产生活的开展。世世代代生活在当地的人们，不断克服各种困难，顽强地生活，艰难地求生，创造出了属于他们的生活。这是一种在困境中讨生活的状态。

4. 人与自然的和谐美。

师：世世代代生活在这里的印第安人是怎样利用秘鲁安第斯山脉山区的环境特点来发展他们的生产生活的呢？我们可以从衣食住行这些方面进行研究。

（1）衣：师：穿什么？生：穿羊驼的毛和皮。师：为什么？生：养羊驼，御寒。师：养在哪里？生：高海拔的草原地区，那里主要开展的是畜牧业，而且天气寒冷。

（2）食：师：吃什么？生：羊驼、骆马肉，还有乳，还有米饭、土豆和玉米。师：水稻、土豆和玉米种在哪里？生：低海拔的山谷和山坡上。师：水稻种的海拔更低，还是土豆和玉米更低？生：水稻更低。师：为什么？生：水稻需要更多的水分和热量。而土豆和玉米是旱地作物。

（3）住：师：用什么做建筑材料？生：就地取材，用木材和石块和泥土。师：展示石头、泥土垒砌的房屋。为什么不用木材。生：保护环境。

（4）行：师：用什么工具出行？生：骆马。师：为什么？生：山区崎岖，骆马小巧，适合走山路。

教师总结：我们发现印第安人的吃穿住行和这里的自然环境有着密切的关系。无论是吃穿住行的哪一方面，都是人们长期以来适应自然、与自然和谐相处的结果。

C 渗透感悟

在本课中，对心育的三个渗透点分别进行了落实。通过小组合作探究活动的开展，制订小组规则。让学生在探究过程中不断学会倾听、包容、取长补短，并且能够做到尊重他人，欣赏他人。在"江南水稻种植和安第斯山脉人们劳作"的对比教学中，体会到当地印第安人生产生活的艰辛和苦涩，提升自身的抗挫能力。在衣食住行方面，师生之间通过一问一答，层层剖析，让学生深切感受到自然环境对人们生产生活的影响，明白人与自然的和谐相处的意义所在。

本课大量使用了合作探究的方法，虽然告知了学生如何开展合作探究，如何学会包容，尊重他人。但是作为七年级的学生，特别是"小组加分"这种奖励机制的存在，学生还是容易为了加分而忘记规则。所以在这个心育的渗透点上，需要长期的坚持，反复的规范。随着习惯的逐渐养成，这方面的心育教育也就自然水到渠成了。

作者单位：宁波东海实验学校

编者点评

在本课教学方式上,作者采用了小组合作的方式,培养学生的合作精神;在教学中聚焦"生计",让学生体验当地人民的艰辛,并让学生认识到人类生活和所处环境和谐发展的重要性。在本课教学中,作者有意识采用对比的方式,让学生对当地人民生活的不容易有了更客观的认识,也让学生感受到面对挫折和不幸时,如何采用积极的方式来应对。即便身处不利的条件,在与自然和谐相处的情况下,也能有生存之道,这也是本课带给学生的一个重要启示。

48 带着地图去旅行

毕蓓蓓

A 渗透缘起

《带着地图去旅行》是七年级教学内容,主要是教学生从不同类型的地图上获取所需要的信息以解决实际问题,设计个性化的出行路线,从而提高学生独立解决问题的能力。

本课要求学生课前预习,查阅资料,了解有关于厦门的信息,并进行小组讨论。上课时用厦门风光视频导入,激发学生兴趣。接着以小组为单位,组成自由行团队,根据书本的提示,开始设计厦门自由行攻略。最后教师根据位置—交通—线路来梳理,在这个过程中小组展示自己的成果。

本课的心理健康教育渗透点有:1. 当遇到困难时,克服畏难心理,积极投入并寻找身边的资源,就会有收获;2. 在团队中,遇到矛盾与分歧并不可怕,只要努力沟通和交流就能达成团队共识;3. 学会尊重他人的不同需求与意见。

B 渗透节点

1. 厦门在哪里?

当我们出行去一个陌生的地方时,首先应该了解这个地方的位置。所以请用本单元学过的知识来说明一下厦门的地理位置。你是通过哪些地图来获取信息的?然后学生加以回答。在这个过程中,比较书本1-35、1-36两幅地图,说明比例尺大小与范围、详细程度之间的关系。利用比例尺算出杭州到厦门的实际距离。通过提问来落实知识点。

关于这个地理位置的梳理,大多数小组代表都非常积极踊跃的举手回答。教师积极关注:当我们遇到任务或者困难,只要积极投入,就会有收获!

2. 怎么样到达厦门?

小组汇报到达厦门所采用的交通方式。有的小组说坐飞机,时间很短很快就能到,这样可以节省更多时间用来游玩;有的小组说坐高铁,因为价格比较便宜,又可以欣赏沿途的风景;有的小组内部还在为此争执,未达成共识;有的小组说坐汽车,最大限度地降低成本。这时马上有学生反驳,杭州到厦门火车票比汽车票要便宜,而且又舒服。反对乘坐高铁的同学说,坐铁路要6个多小时,太累了!整个课堂像炸开了锅。

教师引导:其实每种交通工具都有它的优缺点,今天大家有这样的不同意见甚至是争执,只是因为我们每个人的需求不同,并不是谁对谁错。重要的是,我们同行的人能够相互尊重,努力沟通和交流,最终达成共识。

3. 怎样找到既定的地点?

教师提问:我们采用符合自己需求的交通方式到达厦门后,怎样到达宾馆呢?有的学生说通过百度地图导航走过去或者公交车过去,也可以直接坐出租车,或者咨询铁路服务台的工作人员;有的学生说,一般火车站都有当地的交通图和旅游图,可以买两张;有位同学站起来说,我一姐姐在厦门大学读书,我叫她来接我就行了!全班大笑。

教师引导:嗯,这位同学真幸运在厦门有亲戚朋友可以带着你旅行。这当然是捷径。但是世界那么大,不可能每个地方有熟人,即使有,可能也未必有时间带着我们旅行,所以我们还是要依靠自己的力量去寻找各种资源。其实在网上除了电子地图,还有一些手机APP例如携程旅行,还有一些驴友网站上也有攻略。

4. 怎样的旅游路线最好?

小组汇报中,大多数小组按照书本中的几个景点,设计出了环形不重复的路线。比如:有1个小组因为聚集几个"吃货",他们设计出了一条含有著名景点的"美食之旅";还有1个小组自由延长时间,改成7日深度游,中间以"臭美"拍照为主题,深受同学们的喜爱……

教师引导:每个小组按照自己团队喜欢的方式最大限度地设计出了个性化的路线。我看到了很多同学很有团队合作精神,能够照顾大多数人的意愿,相信这样的团队出去旅行,一定会非常融洽和愉快!

C 渗透感悟

本课模拟厦门旅行,以生活化的情境教材激发学生的学习热情。在自主探究信息、获取新知识的过程中,学生难免会觉得有些困难。教师引导学生克服这种畏难心理,积极投入,并寻找身边的资源,就能够解决问题。在团队讨论中,遇到矛盾和分歧,学生往往带有情绪。教师引导学生学会尊重他人的不同需求与想法,通过沟通和交流才能促进问题的解决。

教育是引领个体成长的学科。只要每个老师有一个心育理念,心理健康教育就会无处不在。本课以小组合作的形式,完全将课堂还给学生,教师只要在旁边观察学生们进行小组讨论、提出异议甚至反对争吵。当大多数意见都呈现出来的时候,教师做一个客观的引导,引发学生思考,这样就可以渗透各种心理健康教育理念。

作者单位:浙江省杭州市临平职业高级中学

 编者点评

在本课教学中,作者围绕"厦门模拟游",从"厦门在哪里""怎样到达厦门""怎样找到既定的地点""这样的旅游路线最好",让学生通过小组讨论得出结论,并通过全班性的交流达成初步共识。本课教学,是小组合作学习方式的一次成功典范,让学生在互动中习得怎样寻找自己的资源,怎样达到团队的共识等。本课教学也是把课堂还给学生的具体体现,教师只是起了必要的引导作用。

建模,让思维从"平面"到"立体"

洪忠明

 渗透缘起

《地球表面的地形》是五年级教学内容,主要让学生了解什么是地形,懂得平原、山脉等常见地形的特点。通过观察地形图,让学生了解中国及世界地形的大致情况,激发学生对本单元内容的学习兴趣。

各种地形的特点是比较抽象的概念,如果只是通过观看图片、视频等常规学习方式,学生很难与自然中实际的地形联系起来,学习难度大,积极性不高。笔者运用"建模"教学,通过建立地形模型,在教学中渗透心理健康教育,让抽象的宏观的地形概念具体化,可视化,学生在思维建构中,激发学生的学习兴趣,让学生变"要我学"为"我要学",适时把握心育机会,培养学生积极思维、积极行为,塑造积极品质。

本课的心理健康教育渗透点有:1.游戏建模,激发学生"我要学"积极学习动机;2."造""拼"建模,肯定学生作品,鼓励积极行为;3.建模方式,发展学生想象及

思维能力,培养学生的创新意识、探索精神和合作意识,塑造积极品质。

B 渗透节点

1. 游戏建模,学生主动"走"入地形课堂。

在上课前,安排小游戏:出示两支大号铅笔,用毛巾遮住尾端,只露出长短不同的前端,然后请学生猜测哪一支铅笔长。通过游戏学生感悟到不能只看露在地上的部分,产生质疑:"起平线"在哪里呢?学生的主动走进"地形"的学习,产生了学习动机。此时学生的积极的学习情绪,是学生学习活动中最现实、最积极的心理成分,是学习动机的最重要组成部分,是推动学生努力学习的强大动力,激发了学生的学习兴趣,让学生变"要我学"为"我要学"。

2. 简图建模,学生积极合作与探究。

出示山地地形(江西三清山)的图片,请学生仔细观察,并描述图片中山地地形的特点,教师归纳并根据同学们所描述的特点用简图的方式展现。接着出示平原地形的图片,请学生仔细观察并描述平原地形的特点,然后请一位学生根据同学描述的平原地形特点用简图的方式展现,一起讨论并修正简图。另外三种地形(盆地、丘陵、高原)开展小组讨论中得出特点,并用简图来展现,然后全班讨论交流,修正简图。

在这一过程中,学生通过小组的合作和探究,并将这些特点在头脑中建立地形平面模型,然后用简图表示,通过思维建模来建构学生的地形初步概念。这个多层次的思维活动,渗透了合作意识,逐步培养了积极探究的品质。

3. "造""拼"建模,发展想象及思维能力。

学生根据所学的不同地形的特点,用橡皮泥和模板造出中国大陆的三大平原、四大高原、四大盆地的地形模型。学生上台交流各组所造的是什么地形、这一地形的特点是什么,全班同学共同评判各组所造的地形是否符合其特点。

模型是实际地形的微缩,学生动手造地形,不仅仅是学生从"平面"的地形简图到"立体"的地形模型的高层次思维活动过程,更是学生细心观察、团队合作的创造过程。将各组学生所创作的地形模型拼成立体的中国地形图,并从中分析中国地形的特点,是更深层次地建构了各种地形的概念,展示地形的整体性,展现了中国版图的雄姿,激发了学生对祖国的热爱,是对学生的作品的肯定,给学生以莫大的激励,给学生以莫大的自信。

C 渗透感悟

1. 设计体验环节,让学生产生愉快的学习情绪,增强学习动机。

游戏是心育的重要载体之一。在学科教学中设计游戏体验环节,让学生亲自动手操作和实验。从观察分析地形的特点,到提炼不同地形的特征,到动手制作地形模型,这一动手动脑"做中学"的科学探究过程,让学生主动思考,亲自动手,自主构建地形概念,产生积极的学习情绪、愉快的学习体验,从而增强学习动机。

2. **培养学生的创新意识、探索精神和合作意识,塑造积极品质。**

建模教学在关注学生空间想象及思维能力的发展的同时,始终关注学生创新意识、探索精神和合作意识的发展。游戏建模,掌握对比地势高低的方法;图像、简图建模让学生观察、分析地形特点;动手建模让学生手脑合一;对比建模让学生思维中的地形"立体"化。整堂课中,始终引导学生在探究中一步步深入,塑造积极的学习品质。

3. **肯定及鼓励学生的积极行为,为后续的地形学习产生积极动力。**

学生在头脑中构建了立体、形象的地形概念,有能力分析所学的各种地形,并开始关注身边的地形特点,此时教师创设的氛围,积极肯定、鼓励学生的作品及行为,让其对地形知识产生浓厚的兴趣,促进学生知识和能力的提升以及学习动机的增强,为后续的地形学习产生积极动力,促进学生的学习发展。

作者单位:宁波市北仑区梅山学校

♥ 编者点评

在本课教学中,作者充分体现了"让学生做中学"的教学思想,通过立体图形的呈现,让学生对盆地、丘陵和高原这三种地形有了更直观的认识。在整堂课教学中,作者注重让学生参与、动手实践,并通过学生之间的相互合作和交流,培养学生积极探究的品质。在教学中,作者还有意识地采用积极评价的方式鼓励学生,进一步激发学生的学习热情,也为今后的学习奠定基础。

心育渗透 之
物理学科

和伽利略一起寻美

胡岳建

A 渗透缘起

《伽利略对自由落体运动的研究》是高中教学内容，是在学生已经学过"自由落体运动"之后又特别安排的一节课。专辟一节不仅能使学生对科学发现有身历其境之感，从中领悟前辈大师的科学精神、物理思想、研究方法，得其精髓，也是秉承新课程的理念，重视过程与方法、情感态度与价值观这两方面教育目标的体现。

因本节内容从科学发展史的角度进行阐述，教师应挖掘教材中有利于渗透心理健康教育的点，让物理教学与心育有机融合，引导学生一步步体会伽利略严谨的科学态度、不畏强权的探索精神和解决问题的艰辛，从而树立正确的科学观。通过实践让学生感受伽利略科学探究的发现之美，不断提升对物理科学之美的认识。

本节课的心理健康教育渗透点有：1. 利用归谬法，让学生感悟逻辑论证的"缜密"之美；2. 通过伽利略对美学原理的坚信，让学生感悟科学秉承与信奉的"简洁"之美；3. 体会伽利略结论外推的勇气，让学生感悟思维方式的"升华"之美。

B 渗透节点

罗丹有一句名言："生活中并不缺少美，而是缺少发现美的眼睛。"生活中是这样，学习物理的过程也是这样。美是自然属性，审美是人类的天性，我们不应只是关注物理学中各个公式的物理含义，更应该从中发现物理之美。

1. 逻辑论证的"缜密"之美。

首先是引领学生"穿越时空"，到位于地中海的古希腊拜见伟大的学者亚里士多德，聆听他的论断："物体下落的速度是由它们的重量决定的"。感受两千多年前人们对自然的认识，虽然不正确，但无须嘲笑，时光不会削弱亚里士多德的光辉。再飞越千年，在意大利的比萨大学，青年学者伽利略用他的睿智，通过简单的逻辑推理推翻了亚氏的论断，其勇气彪炳史册。

师：伽利略是怎样论证亚里士多德观点是错误的？

生：把一块大石头跟一块小石头捆在一起落下。按亚里士多德的说法，原来落得快的大石头要被落得慢的小石头拖累，下落速度就要变慢；原来落得慢的小石头被落得快的大石头拉着，下落速度就要变快。因此两块石头捆在一起下落的速度应介于大石头和小石头原来的速度之间。可是，两块石头捆在一起不是变得更重了吗？应该比单独一块大石头或单独一块小石头落得更快些啊！

通过简单事物的逻辑推理引导学生感知这一厚重的"归谬法",深刻领会伽利略通过逻辑论证的方式,以其矛攻其之盾的策略,演绎推理,最终使得亚里士多德的结论不攻自破,自然归谬。"逻辑的力量"足以见证伽利略"归谬法"的伟大。他以其缜密的逻辑论证让所有人都能信服。这是扫除统治两千多年惯性思维的关键。正是这种思维方式,才能保证实验的完美和科学。

2. *科学秉承与信奉的"简洁"之美。*

伟大的伽利略并没有就此止步。他不仅仅停留在理论论证这一方式上,还通过实验来证明这一结论的正确性。为此他为实验而进行的创举掀开了物理学方法论的序幕。自此,物理学的发展进入一个空前的发展时期。

师:伽利略做了怎样的猜想?猜想的依据是什么?

生:伽利略坚信"自然界的规律是简洁明了的"。他猜想自由落体运动一定是一种最简单的变速运动,即它的速度应该是均匀变化的。在没有建立匀变速直线运动这一理想物理过程模型的时候,人们不知道速度均匀变化是指单位时间内速度的变化量恒定。伽利略只能基于现象,即速度与时间的关系、速度与位移间隔的关系来衡量"均匀变化",从而猜测:一种是速度的变化对时间来说是均匀的,即 $v \propto t$;另一种是速度的变化对位移来说是均匀的即 $v \propto x$。

伽利略从对规律简洁美的坚信,到创新性提出速度均匀变化,再到速度遵循怎样的变化,逐层递进,向事物的本质特征逐渐趋近。这就是伽利略基于求证的命题,实施猜想的逻辑过程;也正是这种逻辑的论证才引领他走向实验探究的成功。

3. *思维方式的"升华"之美。*

师:伽利略用斜面实验验证了 $x \propto t^2$ 的关系后,怎样用这个结果来说明落体运动也符合这个规律呢?

生:在当时的条件下,实验已经无能为力了,伽利略只好借助于理论推导。他凭借敏锐的物理直觉,采用了"合理外推",把斜面实验的结果推广到竖直的情况,使自己的思维方式得到了"升华"。他认为 x/t^2 的数值随着倾角的增大而增加,当倾角等于90°,即物体竖直下落时,这个关系也应该成立,并且此时 x/t^2 的数值最大。

至此,他验证了原先的猜想,不仅彻底否定了亚里士多德关于落体运动的错误论断,而且得到了落体运动的规律,成功地完成了对落体运动的研究。

经历了伽利略的探究之路,我们可以发现,伽利略对落体运动的研究思路是在解决困难中孕育产生的,可概括如下:问题→猜想→数学推理→实验验证→合理外推→得出结论。他的研究思路就是一套对科学发展极为有益的科学方法。

C 渗透感悟

杨振宁说:高不可攀的物理与处处存在的"美"息息相关,而物理就是去发掘这些美。本节课是科学方法探究课,根据高中生的心理发展特点、年龄特点,在教师的启发诱导下,以学生独立、自主学习和合作讨论为前提,创设环境,让学生置身于当时的科学背景之下,引导学生经历伽利略的科学发现之旅,体会发现美、挖掘美、感悟美的过程,从而落实三个心理健康教育渗透点。

教育的真谛是引领被教育者登上理想之巅。我们要挖掘物理之美,用充满魅力的语言去激发学生、打动学生、影响学生,给学生以美的熏陶、美的享受、美的追求。同时,让同学们知道科学家所取得的成就绝不是天上掉落的幸运"馅饼",成功都始于他们的兴趣和追求,基于他们面对困难时无惧无畏、百折不挠的毅力。榜样的力量是无穷的,科学家的经历确实能激发学生克服困难的斗志,这也是物理课堂对心理健康教育正统而有效的方法。

作者单位:浙江省宁海中学

编者点评

在本课教学中,作者围绕感悟"物理美"的教学追求,让学生和教材中的伽利略一起去寻找美。在具体教学中,通过逻辑论证的"缜密"之美、科学秉承与信奉的"简洁"之美、思维方式的"升华"之美这三个心理健康教育的渗透点,让学生在学习科学史的知识中有了更多美的享受,也更好地体会了科学家面对困难具有无所畏惧、百折不挠的精神。作者通过这样的教学方式,能消除学生对学物理的"恐惧"感,进一步激发学生的学习热情。

51 让"电场线"和"等势面"化茧为蝶

张卫夷 赵初蓓

A 渗透缘起

《电势能和电势》是高中教学内容,是继学习了几种典型带电体的电场线分布后,借用前期地理学科中的等高线知识解决这些带电体的等势面问题。它既是等势面必须垂直电场线、电场线疏密与等势面疏密关系的直观体现,也是解决诸多典型物理问题的开门金钥匙。

罗丹有一句名言:"生活中并不缺少美,而是缺少发现美的眼睛"。物理教学同样如此,物理本身并不是美学,要想使物理知识从枯燥乏味的公式、图形变成闪烁光彩的科学诗篇,关键在于教师在平常教学中要善于发掘物理科学美,去展示物理美学特征,去创设美的意境,让学生潜移默化感受到物理美的陶冶。

本节课的心理健康教育渗透点有:1.以美为媒,增强学生审美创造力;2.以美引趣,培养学生的审美感受能力、鉴赏能力;3.以美论理,树立学生人生价值观,用物理的美内化良好的情感品质。

B 渗透节点

美感教育是激发人的创造心理动机的重要途径,它常常成为人们创造性重大突破的关键,成为人们新鲜活泼的创造精神的契机。物理学中的美无处不见,物理概念、物理量和物理规律等等,都有物理美的体现。

1. **等量异种电荷的电场线和等势面分布**——一只栩栩如生的蜻蜓。

在绘制了等量异种电荷的电场线和等势面分布图后,让学生想象此图整体上像什么?在学生茫然中,教师添上寥寥几笔,就成了一只展翅的蜻蜓!

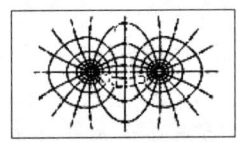
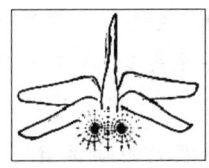

2. **等量同种电荷的电场线和等势面分布**——一只诙谐幽默的猫头鹰。

在绘制了等量同种电荷的电场线和等势面分布图后,让学生想象此图整体上像什么?有说像猴子,有说像蜘蛛人,想象的闸门开启了!在智慧火花的闪烁中教师添上点睛之笔,就成了一只卡通猫头鹰!

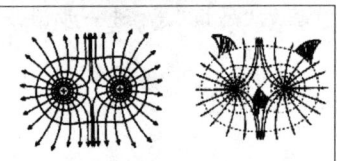

3. **不等量异种电荷的电场线和等势面分布**——一只精灵古怪的乌贼。

先让学生探究性地绘制不等量异种电荷的电场线和分布图,再让学生想象此图整体上像什么?有说像瓢虫,有说像蜘蛛,想象的翅膀在学生的脑海中舒展,在形象思维的大碰撞中,教师再添上生花之笔,画上等势面的分布,就成了一只狡猾刁钻的乌贼!

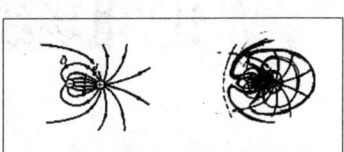

4. **三个等量电荷的电场线和等势面分布**——一只翩翩起舞的蝴蝶。

在给出了三个成正三角形分布的等量电荷的电场线分布图后,再由等势面的性质让学生创造性地绘制等势面的分布。完成后想象此图整体上像什么?这次学生们的观点趋于大同——蝴蝶!学生舞动想象的翅膀在创造的殿堂里上下翻飞!这时候他们有如神助,都会在原图上添上神来之笔,一只只活灵活现的蝴蝶跃然纸上!

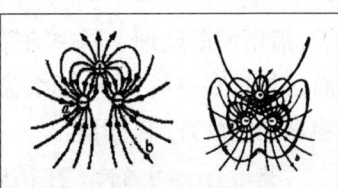

渗透感悟

物理科学美是一种抽象的理性的美,对科学美的鉴赏是需要训练和培植的。一个从未体验过科学美的人在学习科学理论和实验时,可能会觉得面临的不过是一大堆无聊的令人厌恶的符号、公式和规律,毫无美感可言。

在本节课例中,教师逐步引导学生一起将电场线和等势面转化为形象、生动、风趣、幽默的各种动物图像,让枯燥、冷冰冰的电场线和等势面化茧为蝶,以此作为媒介,增强学生的审美创造力,让学生体会到科学与艺术之间不是沟壑分明、不可逾越的,而是相通的。同时,挖掘和创造科学美感的过程充满诙谐、乐趣,每完成一幅"作品",同学们都开心、会意地笑了。科学之"趣",培养了学生的审美感受能力、鉴赏能力。如此不断地熏陶,通过美育渗透物理教学,学生不再满足仅仅学习科学知识,而是会主动寻求结合美学更高层次的感悟,这对于树立学生人生价值观,用物理的美内化良好的情感品质有很大帮助,学生的生活情趣、品味、生活品质都会在潜移默化中不断提升。

因此在物理教学中,我们要善于引导学生去认识自然界的和谐美,认识物理学的精巧、绝妙、深刻和普适的科学美,从而培植起科学美的鉴赏能力,那么,学生就能更深入地认识自然界种种奥秘,也能更深刻地体验到物理大师们崇尚理性、崇尚实践、崇尚美的科学境界,并从中汲取他们的思想营养,充实自己,塑造自己,在未来的自然探索中发挥创造才能。

作者单位:浙江省杭州市第二中学

编者点评

在本课教学中,作者巧妙运用了比喻的方式,把"等量异种电荷""等量同种电荷""不等量异种电荷"的电场线和等势面分布图分别比作为一只栩栩如生的蜻蜓、一只诙谐幽默的猫头鹰、一只精灵古怪的乌贼。另外,作者还把三个等量电荷的电场线和等势面分布比作为一只翩翩起舞的蝴蝶。这样作者把枯燥、冷冰冰的物理名词,转变为了形象生动的图像,充分激发了学生的参与热情,提高了学生的学习效果。

52 探究浮力 感悟生活

董玲玲

A 渗透缘起

《阿基米德原理》是八年级教学内容,是在对浮力进行一定的感性认识之后,进一步对浮力的大小进行理性研究。教材围绕浮力的大小与哪些因素有关这一问题,安排了学生活动《探究浮力的大小》。通过让全体学生参与实验,并通过亲身体验和观察,对浮力的大小进行探究。本节课的重点和难点就是如何引导学生成功地完成探究实验,通过探究不仅能够得出正确结论,而且能够增添学生对物理与生活的兴趣;增进交流合作意识;保持对科学的求知欲望,乐于探究的精神。

本课的心理健康教育渗透点有:1. 通过实验,克服学生学习科学的畏惧心理,激发学生学习科学的兴趣;2. 通过实验探究,培养学生的实验操作能力、合作能力、交流能力;3. 通过了解物理学史,让学生感悟到科学学科之美,提高学生的科学素养。

B 渗透节点

1. 巧选实验器材,激发科学之趣。

在科学教学中,选择贴近学生生活的实验器材,能够更好地激发学生学习科学的兴趣。在探究浮力的大小与液体密度的关系时,教师为学生提供了生活中常见的鸡蛋、盐等物品作为实验器材,问:你有什么办法能让沉在水底的鸡蛋慢慢浮出水面?学生立刻对这一问题产生浓厚的兴趣,并且能够主动完成实验,通过观察能够发现在向水中逐渐加盐的过程中,鸡蛋慢慢地浮起来。教师可以在学生体会到成功的喜悦之时,与学生一起总结得出浮力的大小与液体密度有关。

在定量探究浮力的大小实验中,教师对原有的实验器材进行了改进:利用废旧的饮料瓶和塑料吸管自制溢水杯,这样不仅得以废物利用,也能更好地激发学生的学习兴趣。

本节课最后还设计了一个浮力的小实验:在一只很薄的塑料带中装满水,用细线将袋口扎紧,再用一根橡皮筋与细线相连。问:将塑料袋浸没水中,会有什么现象发生?一个简单的小实验激起了学生的探究欲望和思维兴趣。

2. 小组合作探究,体验科学之真。

在本节课测浮力大小的实验当中,教师安排的是学生分组实验探究。
教师引导学生根据器材讨论以下问题:(1)浮力的大小如何测?(2)怎样收集排开的液体?(3)怎样测出排开的液体的重力?学生通过讨论交流,教师引导,共同得出实验设计方案。

师:数据的准确性很重要,请同学们思考我们在实验操作中使用弹簧测力计存在什么问题?

生:在实验操作中由于手提着测力计不稳定,直接会影响到测量结果。

师:为了减小测量中存在的误差,可以怎样改进?

生:将测力计悬挂在铁架台上进行读数。

在实验方案设计中,教师为不同的小组提供了不同的实验器材,分别让学生探究不同的物体在不同的液体中浮力的大小与排开的液体重力的关系。例如:探究小石块在水中受到的浮力大小;探究铁块在盐水中的浮力大小;探究橡皮泥在酒精中的浮力大小。可以让学生从不同的情况中感受到物理规律的真实性。在实验过程中,小组应该进行合理的分工合作,教师在实验过程中巡视,解决学生在实验过程中遇到的困难。

实验结束,各个小组进行实验成果交流。通过投影仪将学生测出的数据进行展示,由学生边展示边讲解通过实验所得出的结论。这样既锻炼了学生的表达能力,同时也让学生体会到只有通过多次的实验才能得出物理规律的普遍性与真实性。

3. 了解物理学史,感悟科学之美。

介绍科学家故事,直接进入主题。有位科学家说过:给我一个支点,我可以撬起地球。大家知道是谁吗?生:阿基米德。教师介绍阿基米德发现浮力定律的故事——阿基米德受命鉴别金王冠是否掺有白银的事件。最后不仅成功地鉴别了金王冠的成分,而且通过自己在浴缸中的感受,领悟到浮力的大小等于物体排开水的重力。学生同时也可以体会到科学就在我们身边,生活中处处存在科学。

师:同学们,如果我们热爱生活,细心观察,就可以发现自然之美、科学之美!

C 渗透感悟

本节课堂教学拥有对学生进行心理健康教育的丰富资源。教师根据学生的心理认知特点,设计出符合学生的各种教学活动。通过介绍科学家的故事、科学探索过程、趣味小实验、来源于生活中的实验材料,为学生营造出良好的课堂心理氛围,帮助学生克服学习物理的畏惧心理,增强自信,激发学生的好奇心与求知欲。通过学生的合作交流,培养学生的合作意识、竞争意识,为学生的健康成长铺路。

同时让学生明白物理来源于生活,只要细心观察,就能从生活中发现许多有趣的物理现象;只要努力探索,就能够揭开许多生活之谜,由此可以激发学生的学习兴趣、培养良好的学习习惯。在教学中,教师如果能够适度地将心育渗透到课堂中,就能够使学生在接受知识的同时,潜移默化地形成各种优良品质,健康成长!

作者单位:宁波市鄞州区蓝青学校

> **编者点评**
>
> 在本课教学中,作者采用探究学习的方式,让学生在动手做实验的过程中,学习相关的物理知识。作者通过趣味小实验、来源于生活中的实验材料以及介绍科学家的故事、科学探索过程,为学生营造了良好的课堂心理氛围,激发了学生的好奇心和求知欲,让学生积极主动参与到课堂教学中来。在课堂教学中,作者还给不同组的学生以不同的实验器材,让大家在动手中寻求"真相",让学生在学习中充满期待。

53 品味"闭合电路的欧姆定律"的科学美

黄佳玲

A 渗透缘起

《闭合电路的欧姆定律》是高中教学内容,这节内容是前面部分电路欧姆定律的延伸,又是后面多用电表原理的基础,是本章的教学重点。从整个高中物理知识结构来看,闭合电路的欧姆定律直接或间接地与"能量、动量、电场、电路"物理学的高考主干知识联系,因此闭合电路的欧姆定律在电学中的地位尤为重要,类似于力学的牛顿第二定律在力学中的地位。

爱美心理人皆有之,如何在物理教学中培养对科学美的认识是值得研究的一个重要课题。本文以探究闭合电路的欧姆定律,探讨如何培养学生对科学美的认知能力。

培养学生对科学美的认识能力的基本途径与方法是实验和逻辑推理,而本节课的心理健康教育渗透点有:1.以规律探究为线,培养学生对物理现象的认识转化为追求真理的行动美;2.以问为源,培养学生善思敢疑;3.以实验为据,阐述物理知识本身内在的辩证关系,使学生逐步树立科学的辩证唯物主义基本观点。

B 渗透节点

师:物理从最广泛的意义上来说,即是研究大自然现象及规律的学问。物理学中规律的发现是从现象到认识本质的过程,再用实验去检验的过程,中间充满着现象美、探究规律美、数理结合美、逻辑严谨美、应用美。这节课就让我们沿着科学家们的足迹,品味闭合电路欧姆定律的科学美。

1. 通过演示实验,观察实验现象,品味内外电路的整体美。

通过展示电路示教板图一,回顾原有知识,让学生参与电压表测量电源电动势的过程,引起学生的重视。提问:灯泡接在电动势高的电源上亮呢,还是接在电动势低的电源上亮呢?

课堂上,让回答被烧毁灯泡的学生来操作,冒着灯泡被烧毁的"危险",斗胆来做这个实验,看究竟会出现什么现象。

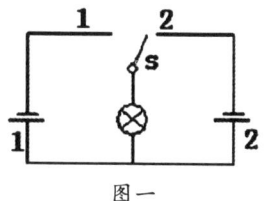

图一

师:牛顿通过观察到苹果落地这一现象,研究发现世间万物都受到地球吸引力。灯泡接在电动势高的电源上反而没有接在电动势低的电源上亮。为何会出现这一惊奇现象,请同学们大胆质疑提问,能否从实验中获取数据加以说明。

由学生讨论,提出设计方案,总结电源内阻这一原因,并将电源等效为一个理想电源和一个电阻的串联。

师:物理来源于生活现象,从演示现象的奇妙美,到电源等效电路的方法美,物理的美无处不在。只要大家平时多留意观察生活现象,勤动脑,美就在身边。

2. 探究闭合电路的欧姆定律,品味物理规律科学守恒之美。

(1)应用能的转化和守恒定律推导闭合电路欧姆定律。

师:能量守恒定律是普遍适用的规律,能否用电路中的能的转化和守恒定律来揭开惊奇现象所隐含的面纱。

让学生通过交流、讨论,将闭合电路分为内电路和外电路两部分作为切点,推导能量守恒定律在电路中的表现式:$EIt=I^2rt+UIt$。

(2)通过公式变型,品味物理公式的内涵美。

师:公式 $EIt=I^2rt+UIt$ 两端消去 t 得:$EI=UI+I^2r$ 以及两端再消去 I,得:$E=U+Ir$ 的物理公式的意义,从中我们能否品味到物理公式丰富的内涵美。

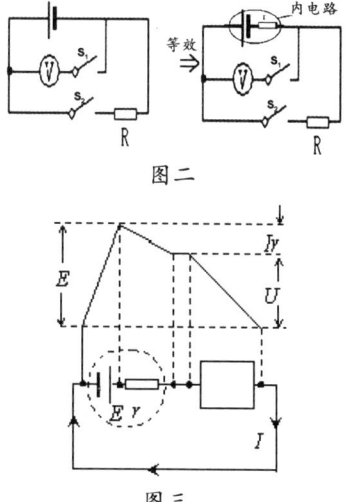

图二

图三

(3)通过数理结合,品味电势升降中数学图形的简洁美。

师:根据闭合电路欧姆定律的公式,猜想闭合电路电势高低变化情况,用图三闭合电路的电势的变化情况。电势变化图形形象简洁反映了电路中电势的变化,一目了然。

(4)通过实验检验,品味物理学的实证与严谨之美。

定律是要经得起实验考验,让学生自主探究,设计实验,检验闭合电路欧姆定律的规律。

学生活动：
①根据实验原理，明确需要测量的物理量。
②设计实验方案，正确使用仪器测量并读数。
③知道实验中应注意的事项。

最后，通过实验视频播放、讲解，进行实验加以验证，提高学生设计实验能力，提升学生的思维能力，体现物理学的严谨美。

3．通过运用闭合电路欧姆定律解决问题，品味物理规律的自洽之美。

师：惊奇现象产生的本质是电源内阻大小对电路造成的影响，若电源确定，那么随外电阻的变化对电路路端电压与外电阻（电流）会造成怎样的影响？电路图如图四所示，请探究路端电压U与负载电阻R变化的规律

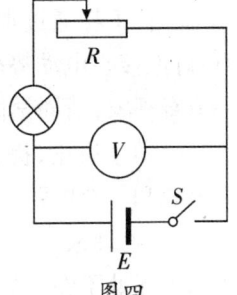

图四

学生思考，讨论当外电路断开和电源短路时电源两端的电压，并总结：U随R变化的根本原因是$r\neq 0$。

师：（说一说）为何傍晚用电多的时候，灯光发暗，而当夜深人静时，灯光特别明亮。为何在插上电炉、电暖气等用电多的电器时，灯光会变暗，拔掉后灯光马上又亮起来。

让学生通过交流、讨论，揭示现象的本质，品味物理的学习与生活息息相关，来源于生活，又服务于生活之美。

C 渗透感悟

"摩擦是石，敲出星星之火；摩擦是火，点燃理想的灯；摩擦是灯，照亮前行的路；摩擦是路，引你走向黎明。"在教学中应以学生为主导，教师的教学应服务于学生的学习，本着对学生"爱的教育"，不断设计出实验现象与认知的反差，保护学生的好奇心和创造火花；开拓章节知识领域，用普遍适用的能量守恒定律点燃学生心中的疑虑；开拓学生各科知识领域，数理结合，产生迁移和连接，形成新的理论；开拓学生设计实验、创新思维；通过学以致用，让学生感到物理规律的自洽之美。美玉的绝伦来自利器的雕琢，课堂中不断利用教师的引导，揭开规律层层面纱，让学生感受物理探究之美。

让我们用心去设计课堂的演示实验，让学生观察到自然现象之美，充满生活的向往；让我们用心去设计课堂探究环节，让学生顺着自己的好奇心主动探索物理规律，真正地想自己学习；让我们用心去设计课堂的检验环节，让学生不断地去发现真理、检验真理，不畏困难，提高思维的严谨性；让我们用心去设计课堂练习，让学生跳出题海，减轻学习的负担。

作者单位：宁波慈溪市实验高级中学

编者点评

在本课教学中,作者通过实验和探究等途径,让学生品味"内外电路的整体美""物理规律科学守恒之美""物理规律的自洽之美"。其中,在"物理规律科学守恒之美"中,还细化为"物理公式的内涵美、电势升降中图形的简洁美、物理学的实证与严谨之美"。在整堂课的教学中,作者始终用美来诠释物理学的相关知识和现象,让学生在整堂课的学习中更好地享受课堂教学之美,也能激发他们进一步学好物理的热情。

54 实验中的求真过程

陈 科

A 渗透缘起

《力的合成》是高中教学内容,这一课从知识上来说是承接了"重力""弹力"以及"摩擦力"等这些学生已系统学完的课时,是对多个力出现时进行分析时的必备处理手法。

物理学科是严谨的,但并不是枯燥乏味的,它融合着一种较为抽象的理性之美。"判天地之美,析万物之理。"两千年前庄子的这句世语贴切地阐释了现今的物理。因此在物理教学中也时刻伴随着物理之美,渗透着心理健康教育。

本节课的心理健康教育渗透点有:1. 通过实验设计,感受物理学科的理论与实验结合的特点,提高学生的创新思维能力;2. 通过实验实施,培养学生的合作精神,增强学生的沟通交流能力;3. 通过实验验证,树立学生求真的研究态度,感悟理性之美。

B 渗透节点

1. 小小实验,感受身边的物理。

"上课!"

"同学们好!"

师:"同学们,请先别坐下,我们通常用双脚站立,现在我们尝试着单脚站立。你能感受到什么呢?"

师:"即使少了一只脚,我们也能稳稳站住。从双脚支撑的两个力到单脚支撑的一个力,对于支撑身体这件事来说,它们是等效可替代的。"从自我出发,感受今天需要学习的合力和分力,并体会物理中等效的思维。

学生进行小组讨论,列举生活中的合力和分力,并总结得到两者的定义,以及彼此的关系:等效替代。

2. 层层实验,探究真实的物理。

(1)用实验改变认知观。

师:"既然我们明白了合力与分力的定义及等效关系,那么等效关系遵循什么规律呢?是1+1=2的代数关系?是1+1>2或1+1<2的非代数关系?

教师设计实验,先请两位男生提供夹角较大的两个"分力",来提起讲台上的道具箱子,感觉很费力。再请一位女生单独提起这一物体,来提供"合力",感觉很轻松。

在多数学生的认知观念中,生活的事例更多直观体现了"合力等于分力的代数"或者"合力大于每一个单独的分力"。实验真实客观地体现了真正的物理学原理,改变当前的认知观,并激发对物理的更深层次的兴趣。

(2)用实验重塑真理。

师:"那么合力与分力到底有什么关系呢?要解答这个问题我们需要定量地记录每个分力和合力,并加以深入研究。"

引导学生以小组为单位按照物理研究的脉络开始猜想假设,实验设计,进行实验,搜集证据,分析与论证,交流与合作。

实验器材:

木板、图钉、白纸、橡皮筋、弹簧测力计(2个)、刻度尺、细绳套(两个)、铅笔。

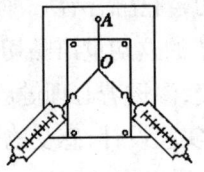 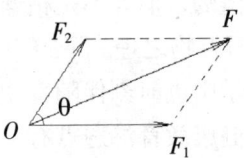

学生活动:

①用图钉把白纸固定在水平桌面的方木板上。

②用图钉把橡皮条的一端固定在A点上,橡皮条的另一端拴上两个细绳套。

③用两个弹簧秤分别勾住细绳套,互成角度地拉橡皮条,将节点拉到某一位置O,记录两弹簧秤的读数(F_1、F_2力的大小),用铅笔描下O点位置及此时两条细绳套的方向(力的方向)。

④去掉一个测力计,只用一个弹簧秤勾住细绳套,把橡皮条的节点拉到同一位置O,记下此时秤的示数F及细绳的方向。

⑤取下白纸,用铅笔和刻度尺在纸上画出F_1、F_2和F三个力的图示。

⑥小组讨论纸上三个力的几何关系。

结合实验以及初中学过的力的图示的知识,我们得到合力与分力满足平行四边形定则:两个力合成时,以表示这两个力的线段为邻边作平行四边形,这两个邻边之间的对角线就代表合力的大小和方向。

至此,合力与分力之间的关系通过同学们亲身的实验被逐步论证。抛开生活经验,使用已有的学科知识,我们将原有观念推翻,建立了一个新的、有扎实根基的认知。这个过程中有什么令你感受较深的时刻吗?

3. 通过"力的合成"的实验研究方法,感悟物理精神。

师:"诺贝尔物理学奖得主丁肇中曾经说过:'实验可以推翻理论,而理论永远无法推翻试验。'物理是理论与实验的结合,而在学习研究中更脱离不开求真的态度、实事求是的原则和团队合作的精神。"

求真,让人类从未停下前进的脚步。希望我们能在今后的学习生活中保持一颗求真向上的心,坚持严谨的处事方法,秉持团队交流合作的理念。

C 渗透感悟

本堂物理课以探究合力与分力的关系为主线,多个实验层层递进。在学习物理知识的同时,同学们也亲身体会到了实验所传递的求真过程。

在当今媒体多元化、信息爆炸化的时代,学生们或被动或主动地接受着海量的信息,其中的不少还伴随着误导性。本节课根据高中学生的心理发展特点及能力特点,用实验贯穿始终,通过物理学的方式让他们掌握求真的方法,感悟理性之美,逐步学会辨析真相。

作者单位:宁波市鄞州区鄞江中学

编者点评

> 在本节课教学中,作者始终围绕着实验,除了简单的人体动作实验外,更重要的是标准的科学实验。作者通过让学生在标准的科学实验中,用实验得出的数据来论证分力和合力的关系,来重塑原先的认知,建立新的认知。通过本课教学,作者让学生感受到了学习研究离不开求真的态度、实事求是的原则和团队合作的精神,感悟了物理学习之美,进一步激发了学生对物理学习的热情。

55 力学背后的思考

裴芳萍

A 渗透缘起

《初中物理新课程标准》要求在义务教育阶段,物理课程不仅应该注重对科学知识的传授和技能的训练,将物理科学的新成就及其对人类文明的影响等纳入课程,而且还应重视对学生终身学习愿望、科学探究能力、创新意识以及科学精神的培养。初中物理对初中生来说是一门新的学科,从知识上讲,它集力、热、声、电、光于一体,集语文的分析思维能力、逻辑推理能力和数学的计算能力于一科,知识面广、内容丰富、题的类型多。

《二力平衡的条件》是七年级教学内容,是继牛顿第一定律之后,学生对力学知识的一个综合学习,对力的受力分析过程也有了更高的要求。教材通过生活实例讲述物体的平衡状态;通过实验活动,探究二力平衡的条件并进行应用;同时要求学生能够正确区分作用力和反作用力。

在物理学习过程中,初中生容易被引到一个全新的知识领域,他们的好奇心其实一点也不亚于那些执著研究的物理学家。学生在极短时间内可以完成物理学家在较长时间内才"摸索"完成的认知过程,这主要基于他们的心理特点:求知欲浓厚。

本节课的心理健康教育渗透点有:1. 以问为源,培养学生学习的好奇心;2. 以探究为主导,增强学习科学的兴趣,激发学习动机;3. 以合作交流为平台,让学生在生活中对力有一个理性的认识。

B 渗透节点

1. *循循善问,构建新知*。

让学生展示自己的手:"同学们的手可以做许多事情,其实其中蕴含了很多物理学知识。"

活动:同桌之间相互握手,用手推桌子上的橡皮,用手拿起桌上的铅笔。学生畅谈力的作用效果。

小结:力可以改变物体运动状态。

师:物体受力作用时,运动状态一定就会发生变化吗?

让学生对自己桌面上放置的一个物品进行受力分析。

师:为什么这些物体受到了力,物体的运动状态却不发生改变?(以问为源,培养学生学习的好奇心)在新课开始,老师以一个个问题的形式逐步抛给学生,使学生产生一连串的疑惑,进而产生好奇。这就可以进一步让学生对本节课知识"二力平衡"产生兴趣,进而顺利展开新课教学工作。

2. 探究学习,突破难点。

师:用一块板左右两边系上绳子,将它水平挂在墙面上,让同学们对其进行受力分析。剪断其中的一条绳子,请同学们猜想和观察会出现什么现象?

学生:看到板挂下来了。

教师进一步引导:板的运动状态发生改变了吗?

师:请学生进行猜想:当两个力满足怎样的条件时,才能使物体保持静止状态?

学生:猜想1:……猜想2:……猜想3:……

教师提供材料:砝码、纸板、线、滑轮、塑料片等等。

引导学生运用控制变量法分别设计两个大小相等、方向相反、在同一条直线上的实验方案。

以探究为主导,增强学习科学的兴趣,激发学习动机。探究学习是目前科学的学习比较有效的一种学习方式,学生通过参与到探究中的每一个环节,一方面能够像科学家那样来参与到学习的过程中来,主动接受科学知识,另一方面就是增强学生学习物理的兴趣,化难为简,激发学生无尽的学习的动力。

3. 层层深入,续写新知。

师:人推讲台,讲台和人的受力情况如何?是否为二力平衡?

学生做出回答并进行解释。

教师根据学生回答,引出作用力和反作用力。

学生思考、讨论、回答问题:

将一只笔筒(连同笔)静止放在水平桌面上,在以下几个相关的力中,哪两个力是一对相互平衡的力?哪两个力是相互作用力?①笔筒受到的阻力;②笔筒对桌面的压力;③桌面对笔筒的支持力。

师:平衡力和相互作用力有什么区别?

学生进行思考和讨论。

教师进行总结:

二力平衡:同物、等大、反向、共线;一个力不会随着另一个力的消失而消失。

相互作用力:异物、等大、反向、共线;同时产生,同时消失。

4. 合作讨论,感悟人生道理。

力的作用力和反作用力,其实折射出了一个人生道理:你如何对待他人,他人也会如何对待你。你感恩这个世界,这个世界也会感恩你的存在。对生活不要有太多抱怨,否则抱怨就会紧紧跟着你;多点乐观与自信,生活就会给你很多精彩。所以,学习物理不要觉得难,自信一点,努力一点,那么回报你的不仅有知识,还会有意外的收获。

C 渗透感悟

心理学上认为:学生的学习动机主要由学生的学习兴趣引起,而学习兴趣又分为直接兴趣和间接兴趣。直接兴趣主要是对知识本身的爱好,比如学生对物理现象和物理实验好奇而有浓厚的兴趣,从而刺激出强烈的求知欲。间接兴趣则主要是对学习知识后的结果感兴趣,比如,对考试成绩感兴趣;或是对学习后能升人高一级学校等诸多因素感兴趣,为了这些结果而不得不去完成学习任务。不管是直接兴趣还是间接兴趣,都能引起学习动机,兴趣的来源,也多是因为孩子具有好奇、好问、好动、好胜、好玩的心理特点。所以在教学过程中,能不能有目的地诱导学生的直接和间接兴趣,进行有效的心理诱导是值得我们探索的问题。

如果我们能善于捕捉学生的心理,掌握恰当的心理诱导方法,有目的地在教学过程中诱导学生的两种兴趣,激发积极的学习动机,不仅可以提高教学效果,而且还能较快的提高我们的业务水平,迅速成长为一名优秀的科学教师。

作者单位:浙江省杭州二中白马湖学校

♥ 编者点评

> 在本课教学中,作者先通过循循善诱的方式,培养学生对学习好奇心。在此基础上,作者让学生进行探究,进行多种猜想,并在此基础上引出"作用力和反作用力"这一关键概念。在"作用力和反作用力"上,作者还进行了巧妙的延伸,把它和做人结合起来,让学生认识到"你如何对待他人,他人也会如何对待你"这一人生朴实道理。

56 沿着牛顿的"足迹"

李菊女

A 渗透缘起

《万有引力定律》是高中教学内容,从教材地位上看,具有连结新旧知识、承上启下的作用;从教学方法上看,适合于猜想、假设与验证相结合、演绎与归纳相结合。物理学是一门自然科学,它有丰富的物理学史知识、有趣的物理实验,可以陶冶学生的情操、培养学生坚忍不拔的意志和艰苦奋斗的精神。在物理课堂中渗透心理健康教育更有助于学生健康心理的形成,给学生以生活的启迪、思维的开拓和探索的乐趣。

本节课的心理健康教育渗透点有:1. 借伟人故事,培养学生观察和发现能力;2. 以探究为主导,激发学生探索科学的兴趣;3. 品万有引力定律公式,体验科学规律的简洁美。

B 渗透节点

1. 善于生活观察和思考,回溯科学发现之源头。

师:开普勒为天体运动奥妙的揭开做出了重大的贡献,但却未解开天体运动的动力学之谜。长期以来,牛顿认为,一定有种神秘的力存在,是这种无形的力量拉着太阳系中的行星绕太阳旋转。但是,这到底是怎么样的一种力呢?直到有一天,牛顿在花园的苹果树下思索行星绕日运动的原因。这时,一只苹果恰巧落下来。这是一个发现的瞬间,它引起了牛顿的注意。最终,牛顿从苹果落地这一理所当然的现象中提炼出万有引力定律。牛顿的故事启迪我们,科学规律源于生活,日常生活中的许多现象,往往隐藏着科学道理。学习科学要善于观察,善于发现。

本节课,教师由情境设置引入,启发学生学习牛顿的探索精神,重走牛顿思想之路。

2. 勤于理性想象和推理,体验科学探索之历程。

行星和太阳之间的引力拓展到月球与地球之间有引力,卫星与地球之间有引力。再演示苹果下落(苹果与地球之间有引力),激发学生的好奇心和求知欲。进一步提问,请大家猜想:这些力是否是同一性质的力?这些力的大小是否遵守相同的规律?沿着牛顿的"足迹",用自己的手和脑去探索这神奇的宇宙,去发现万有引力定律。课堂上,以学习小组为单位,组织学生看书自学和小组讨论,在自我探索和小组合作中寻找答案。

师:大家一定也像牛顿一样猜想地球对苹果的力、地球对月球的力,以及太阳对行星的力是同一种力,他们遵守同一规律吧?实践是检验真理的唯一标准,让我们一起来检验一下吧。提出问题,指导学生探究:①检验的目的是什么?②检验的理论方法是什么?③检验的结果如何?说明了什么?依据老师的提示,小组讨论,然后请小组派代表来讲解。

牛顿时代已知的一些量:

地表重力加速度:$g = 9.8 m/s^2$　　　　地球半径:$R = 6400 \times 10^3 m$

月亮周期:$T = 27.3d \approx 2.36 \times 10^6 s$　　月亮轨道半径:$r \approx 60R$

学生代表的推导：根据圆周运动知识得出：$a_月 = \frac{4\pi^2}{T^2}r \approx 2.72 \times 10^{-3} m/s^2$

$3600 a_月 = 3600 \times 2.72 \times 10^{-3} m/s^2 \approx 9.8 m/s^2 = g$

所以计算结果为：$a_月 = \frac{1}{3600}g = \frac{1}{60^2}g$，即加速度与$r^2$成反比。

这表明地面物体所受地球的引力、月球所受地球的引力、太阳与行星的引力都是同一性质的力，遵从相同的规律。牛顿在此基础上提出更为大胆的猜想，把这种性质的力推广到任意两个物体之间。

师：我们应该学会在猜测的基础上推理和实践。牛顿将太阳与行星间的引力规律，一步步推广至自然界中任何两个物体之间，是需要魄力、胆识和惊人的想象力的。同时，牛顿的万有引力定律是经过科学观察和科学实验的检验后才得到普遍认可的。物理学的许多重大理论的发现，往往不是简单的实验结果的总结，它需要直觉的想象力、大胆的猜测和严格的证明。重走牛顿的"足迹"，有利于培养同学们敢想敢做的意识，也就是培养大家的创新意识和实践精神。

3. 乐于心育渗透和陶冶，感受科学规律之简美。

师：牛顿于1687年在他的传世之作《自然哲学的数学原理》中正式发表了科学史上最伟大的定律之一——万有引力定律。其具体内容是如何表述的呢？

学生：自然界中任何两个物体都是相互吸引的，引力的方向在它们的连线上，引力的大小与物体的质量m_1和m_2的乘积成正比，与它们之间距离r的二次方成反比。公式：$F = G\frac{m_1 m_2}{r^2}$

师：牛顿当时无法计算出两个天体之间的万有引力的大小，因为他不知道引力常量G的值。直到一百多年后英国物理学家卡文迪许通过实验测出了G值。这一定律清晰地向人们揭示：复杂的运动后面隐藏着简洁的科学规律。万有引力定律公式揭示了科学规律的简洁美。法国雕塑家罗丹曾经说过："生活中并不缺少美，而是缺少发现美的眼睛。"生活如此，科学亦如此。我们要善于发现物理学中的美，并在学习中用"美的规律"去探索、创造。

C 渗透感悟

本节课根据高中生的心理发展特点、年龄特点，挖掘科学家牛顿在科学探索中的契机、历程、精神，引导学生细心观察日常生活中的现象，这样的课堂不仅能激发学生兴趣，同时也能让学生感受物理学科的独特之美，进而去创造美，最终使学生知识能力和心理健康都得到良好的发展。

未来社会所需要的人才，不是只懂枯燥的知识，而是能熟练掌握技巧并懂得应用和探索规律，懂得创新的一代新人。所以在课堂上激励学生发挥想象力，使学生畅所欲言，对于学生的表述多加肯定和表扬，不让学生对物理产生畏惧感是很重要的。同时,课堂形式应多样化,让更多的学生参与活动,发挥学生自主学习的能力。但是高一学生刚接触物理,有很多行为习惯及科学探索的方法还没有形成,基于此,课堂上教师应多加引导。

作者单位:宁波市鄞州区五乡中学

❤ **编者点评**

> 万有引力定律比较抽象,学生学习起来比较枯燥。作者在教学中从牛顿无意中发现苹果落地这一现象中提炼出万有引力定律,让学生感受到观察和发现能力的重要性,引导学生多去观察生活中的一些日常现象。在此基础上,作者引导学生进行探究,让学生在想象和推理中,体验科学探索的历程,从中感悟求索的快乐。最后,大家又一起品味了万有引力定律公式的简洁美。作者这样的教学方式,可以减少学生对物理学的畏惧。

57 思辨"划时代的发现"

周苗飞

A 渗透缘起

《划时代的发现》是高中教学内容,是继静电场和磁场知识之后,电磁感应之前的衔接内容。从知识发展角度看,正是由于电磁感应现象的发现,才使得电与磁的关系全面地被揭示出来,从而导致人类社会的技术应用水平发生了划时代的变化。从教材内容编排上看,在电磁感应的发现过程中,科学家的思考、探索、中途的迷失以及最后的成功,都会给予学生多方面的教育和启迪。这些都是落实心育教育的良好素材。

教材把《划时代的发现》单独作为一节课来处理,主要是想通过对这段史实的学习,培养学生的科学方法和科学精神。在这节内容施教中,可以让学生感悟历史上每一个重大的科学发现和理论突破都是各种观念撞击与理论思考的结果,这种凝聚着前辈科学家创造智慧和人性品格的科学事件既生动具体,又极具启迪心智的感染力,可以尝试带学生进入那个年代,借鉴历史的发展过程,感受思辨的神奇。

本节课的心理教育渗透点有:1.以奥斯特偶然所得,强调机遇青睐有准备的头脑;2.领悟法拉第的成功公式=创新思维+坚持不懈;3.通过学习,感悟自然法规,欣赏物理之美。

B 渗透节点

自然是和谐统一的。人类在探索丰富多彩的自然现象的奥秘过程中建立了许多学科,物理学是研究自然界各种最基本的运动形态的学科。物理学的历史就是寻找不同自然现象之间的联系,追求统一解释的历史。牛顿创立经典力学理论,统一了天体运动和地面上物理的运动,也就在"自然力统一"思想的影响下,奥斯特、法拉第等科学家打开了电与磁联系的大门……

1. 机遇青睐有准备的头脑。

环节1:奥斯特梦圆"电生磁"。

本节课引入之一,通过PPT向学生呈现奥斯特年代(19世纪初期)电和磁的发展情况,指明各自独立发展成体系,较少有人考虑这两者之间的联系。继续呈现那个年代一些重要科技发展,例如蒸汽机等。引出哲学家康德的一句话,各种自然现象之间是相互联系和相互转化的!

采用边讲边议方式,指出由于"纵向力"的误导下的可能实验方式,从1803年开始苦苦追寻至1820年偶然的得到实验现象这一历史事实,让学生谈一谈对教材中"机遇总是青睐那些有准备的头脑"的理解。

师:诺贝尔获得者汤川秀树曾说,对以往知识的熟知和对新鲜事物及其发展前景的敏感,是一个人的创造力的源泉。许多伟大的发现或发明,其实都建立在一些简单的熟知的现象下,例如同学们熟悉的苹果落地现象。而成功的关键在于,你有没有在思考一些问题,有没有对身边的一些现象、做题或实验后的一些结论产生敏感。

2. 创新思维+坚持不懈=成功。

环节2:法拉第心系"磁生电"。

师:"电可生磁"震动了当时整个科学界,也更确立了不同自然现象之间的联系。法拉第敏锐地察觉到什么结论?说一说依据。

让学生结合当时背景,总结出:不同自然现象之间的联系;各中自然力的统一性;对称性思考等。

师:谈一谈法拉第坚持10年之久的研究,信念来源于何处?体会为何成果的出现会经历那么长的时间?

生:不断认真研究奥斯特、安培等人的工作,不断获得寻求的动力;对从通常的磁能获得电的强烈希望(非功利性)等。突破不了的原因是"稳态条件与暂态效应"定向思维。

让学生能感觉科学家研究的认真及无私性,能体会到创新思维的重要性和时代局限性对创新的羁绊,能认识到成功属于坚持不懈的有心人。

3. 通过学习科学家们探索之路,感悟自然法规,欣赏物理之美。

师:电磁统一的历程进一步增强了自然界是对称、统一、和谐的科学美学信念。物理学之美源于自然美。本节内容取对称美和统一美向学生渗透,奥斯特、法拉第等科学家的创造性思维揭示了自然事物的对称性,物理学家对统一性的不懈追求,引领者物理学的发展,从某种意义上说,物理学发展的历史就是一个从小的统一走向大的统一的历史。

小组讨论,引导学生认识自然界质朴的统一性,学生代表发言。

C 渗透感悟

物理学追求认识自然界最普通、最基本的规律。学生学习物理,最重要的就是注意养成追根问底、悟物穷理的思维习惯,这有利于提高学生的理性思维能力,养成探究的习惯。本节课通过奥斯特、法拉第等人的实验揭示了电与磁的关系,从而改变了人们的自然观、世界观。探索过程中,科学家思辨的脉络开启了学科哲学关于物理学之美的思考。这段科学史也要引导学生改变思维方式,突破一些惯常经验。它是科学思维中传统与创新交锋和突破的生动事例,同时还展示了创新思维的重要和时代局限性对创新的羁绊。

现行教学大纲要求培养学生对科学探究的认识应该是多层面、多角度的。不仅要对所学的知识进行探究性学习,而且更应该把人类对自然界的认识过程和研究方法进行探究性学习。只有这样不断进行渗透教育,才能使学生在掌握知识的同时,锻炼心理品质,提高个人视野,为终身学习打下良好基础。

作者单位:宁波慈溪市实验高级中学

♥ 编者点评

本课教学的内容是关于科学史方面的,主要是对有代表性物理学家的成就进行介绍。在本课教学中,作者通过介绍奥斯特的偶然所得,让大家意识到机遇青睐有准备的大脑;通过介绍法拉第的事迹,让大家认识到创新思维要和坚持不懈结合起来才更给力。在此基础上,作者进行了必要的提炼总结,强调大家要从科学家探索之路上,感悟自然法规和物理之美。作者这样的教学安排,不仅让学生习得知识,更让学生感悟科学家的求索精神。

58 滑轮的前世今生

赵 萍

A 渗透缘起

本节课是九年级教学内容,是《认识简单机械》继杠杆后的第二课。教学目标为能区别定滑轮和动滑轮,确定定滑轮和动滑轮的实质是变形后的杠杆,能将相关知识应用在生活中。

本课的心育渗透点有:1.感悟科学本质:通过亲历设计、探究过程,掌握探究方法,感悟物理与现实生活的紧密联系,使学生在日常生活中乐意亲近科学、运用科学;2.提高科学素质:培养学生提出问题解决问题的能力。培养学生的进取心、探索精神、创新精神、协作精神,让知识力量逐渐内化为人格力量;3.培养积极学习情绪:引导学生享受合作的快乐,享受探究成功的喜悦,使他们乐于迎接困难挑战,保护学生的学习自信心、主动性。

B 渗透节点

1. 情景导入,自主创新。

教师:一楼地面上的人用杠杆可把物体提上二楼,但若要提到更高处会遇到什么困难?

学生:不能持续把物体抬高。

教师:可怎样改变杠杆?

学生:最好能在这根杠杆抬高到一定高度后由另一根杠杆继续,或将杠杆的侧面加粗……

教师协助学生分别模拟演示,感觉提升时的不同,逐步完善设计,得出圆最能持续均匀的提升物体,感悟圆的美和神奇。

教师:提物的绳子能绑定在圆形杠杆上吗?

学生:不能,否则不能持续提高。为防绳子滑落,在圆形杠杆侧面制作凹槽。

教师展示滑轮:这种变形了的杠杆就是滑轮。

2. 合作组装,比较归类。

学生小组合作组装桌上器材将钩码持续提高,展示不同连法。

教师:有何不同?

学生归纳:拉动时轮轴固定不动的是定滑轮,轮轴移动的是动滑轮。

3. 推理加实验验证,探寻定滑轮本质。

教师:下面分别探寻这两种滑轮的本质和作用。定滑轮属哪类杠杆?理由?

(1)结合体验与旧知,进行推理判断。

学生在定滑轮上找杠杆五要素,并利用杠杆平衡条件分析判断,分享补充以完善表述:定滑轮是动力臂和阻力臂都是半径的等臂杠杆,既不省力也不费力。

教师:那为何还要使用定滑轮?课件展示升国旗场景,感悟定滑轮的作用。

学生:能改变施力的方向。

教师:能省功吗?

学生思考、猜测。

(2)针对推理与猜测,设计实验验证。

学生分组讨论并交流实验步骤和注意事项,动手实验。(实验过程中遇到弹簧秤倒着拉产生误差的问题,讨论后学生提出两个方案:A. 将弹簧秤倒立调零后使用。B.将弹簧秤圆环挂绳子自由端,手向下拉钩子。这两种方法都很好地解决了弹簧秤自重对测量结果的影响,学生享受到了动脑解决问题的成就感。)

(3)深化拓展,举一反三。

拓展一:绳子自由端斜着匀速拉,拉力如何变化?

拓展二:绳子自由端加速拉,拉力如何变化?

拓展三:体重为450牛的人能举起600牛的物体,他能站在地上用定滑轮拉起500牛的物体吗?

(这几问很好地激发了探究积极性,学生用实验与理论分析结合进行解决。拓展三分析后有深度有创意的解答:若斜着拉绳,那就有可能提起,因拉力在竖直方向上的分力可能小于450牛。)

4. 推导与实验互助,迂回续探动滑轮本质。

(1)推导遇阻。

找动滑轮的杠杆五要素时,学生困惑于支点的确定,甚至怀疑它根本不是杠杆,因为"它全身都在动,无固定点"。此时,教师可引导学生另找解决途径。

(2)以果推因。

学生通过实验测得作用力的大小关系为:动力约为阻力的一半大小。返回去根据动力臂是阻力臂的两倍,猜测支点位置。

(3)模型辅助。

用纸剪大圆当动滑轮的模型,黑板上画线当拉滑轮的绳子。引导学生观察动滑轮自由端略微上提时滑轮的转动情况,感受支点只是某个瞬间的支点,随动滑轮向上运动,支点在不停地变化。但无论是哪个瞬间,动力臂都是阻力臂的两倍,所以使用动滑轮可省力。

5. 课后拓展。

(1)思考、实验：组装两个滑轮将钩码提高，有几种连法？省力情况会一样吗？

(2)教师将课内学生提出的问题进行整理，每组挑选感兴趣的一个问题进行进一步的研究，制作、分享研究报告。

C 渗透感悟

1. 做中思，思后做，重视课堂生成，激发持续探究动力。

这堂课学生动手多，通过实际观察操作提出了较多问题，而这些问题能把学生引到更深的思考与探究中。因问题是自己提出的，学生探究的主动性很强，教师对问题的重视也使得学生思考提问的积极性越来越高，他们已是在享受思考享受研究了。

2. 现象到本质，理论与实践，感悟物理本质，提高科学素质。

课中的疑惑、矛盾、问题是思维的"启发剂"，能使学生求知欲由潜伏状态转入活跃状态。引导学生亲历探究的整个过程，用推导与实验逐渐从现象挖掘本质，从中提高思维能力、操作能力、合作能力等，从而真正提高学生的科学素质。

作者单位：浙江省杭州市观成中学

编者点评

在本课教学中，作者注重提问，激发学生的求知欲，并且让学生在动手中探究，解决心中的疑问。针对本课教学的内容在生活和生产中普遍应用的实际情况，作者在设问上也注重问题的实际化和生活化，激发学生的参与热情。在本课教学中，作者让学生把思考和动手紧密结合起来，让学生在积极参与教学中提高思维能力、操作能力和合作能力，这样的课能点燃学生的学习热情，并激发学生课后进一步探究的热情。

心育渗透 之
化学学科

59 探究空气不空的真相

沈林芳

A 渗透缘起

《空气与氧气》是初中的教学内容。是继学习元素符号和化合价后理论联系生活,从微观概念过渡到宏观概念学习的实例,也是后续学习化学方程式,质量守恒定律的一节入门课。《空气与氧气》教学第一课时,主要让学生知道空气的主要成分,能够应用已学知识探究空气成分,以及了解组成空气的各主要成分的体积分数。

化学学习是不断猜想,反复实验探究,最终获得真知的一个漫长而艰辛的过程。人的好奇心和动手实践的欲望在青少年时期表现尤为突出,在化学的教学中渗透心理健康教育,可以让学生积极、快乐、不畏艰难地学习。

本节课的心理健康教育渗透点有:1.以史为鉴,确立良好的实验探究精神;2.以实(验)为根,培养学生实事求是的学习品质;3.以人为本,树立学生正确的人生观,用化学家的道德风范内化良好的情感品质。

B 渗透节点

师:古语说得好,"百闻不如一见,百看不如一做"。化学是一门实践课,实验前了解化学发展史,明白化学历史是不断修正完善的过程;实验时,应用科学的方法,寻找知识真谛,不能只停留于一时的兴趣;实验后,对比科学家研究环境和精神品质,进一步内化学生的实验探究精神。

1. 了解空气发现史,感悟科学探究之艰辛。

本节课先由学生课前预习,利用天气现象、生物生存、气球上升等图片为突破口,以空气不空为基点,引起学生共鸣和好奇。学生通过课前收集资料,课堂上小组为单位交流,整理出空气发现史。

(1)很久以前,人们认为空气只是单一的某种物质。

(2)18世纪70年代,瑞典科学家舍勒和英国化学家普利斯特里分别制得了氧气。

(3)1774年,法国化学家拉瓦锡第一次用实验证明空气中有氧气和氮气。

(4)19世纪末,英国物理学家瑞利发现稀有气体氩,以后各个稀有气体陆续被发现。

(5)现代科学家经过大量实验发现,空气中除氧气和氮气,还有氦、氩、氖等这些稀有气体,还有少量二氧化碳、水蒸气,以及其他杂质。

师:科学发现不是一蹴而就,需要科学家们坚持不懈的探究。经历了几个世纪不断完善,现在我们知道空气主要成分以及体积分数。

氮气	氧气	稀有气体	二氧化碳	其他气体和杂质
78%	21%	0.94%	0.03%	0.03%

2. 验证空气成分实验,体验科学探究的乐趣。

(1)通过对比实验,感受实验带来的真实之美。

师:空气中哪些成分,可以利用现有知识来实验证明。

二氧化碳、氧气、水蒸气的存在证明。学生通过书本实验,动手操作,现象观察,最后补充对比实验,让学生通过知识点前后联系,设置对比实验,获得知识的同时,感受到实验探究的快乐。

(2)测定空气中氧气体积分数实验,利用误差分析,体会实验探究精神。

师:补充知识点,磷燃烧化学方程式:$4P + 5O_2 \xrightarrow{点燃} 2P_2O_5$,发出白光,产生大量白烟,放热,生成物为白色固体,反应结束后集气瓶内气压减小。等反应结束后,打开导管上夹子,现象是水沿着导管进入集气瓶,集气瓶内水的体积占集气瓶总体积1/5。此实验说明:空气中氧气体积约占空气总体积的1/5。

教师演示实验,但在实验中测得实际结果比真实值小。学生分析误差原因:A. 红磷量不足;B. 装置气密性差;C. 未冷却至室温就打开止水夹;D. 没有预先在导管中装满水。从中感受实验探究,不只是动手操作、观察现象,更注重误差原因分析。

师:A. 可否换用木炭、硫黄等物质? B. 可否用镁代替红磷?

学生回答:A.不能用木炭或硫黄(燃烧产生气体,瓶内体积变化小)B.不能用镁,因为镁不但跟氧气反应而且还跟氮气等反应。通过一问一答,引导学生明白实验探究要有怀疑和不断改进的精神。

3. 倾听伟人实例,树立良好的实验探究观。

师:舍勒这位令后人尊敬的瑞典化学家,最初只是一名药剂师,长期在小镇药房工作,生活贫困。白天,他在药房为病人配制各种药剂。一有时间,他就钻进实验室忙碌起来。他经常品尝各种物质味道——掌握物质各方面的性质。他品尝氢氰酸的时候,还不知道氢氰酸有剧毒。1786年5月21日,为化学进步辛劳了一生的舍勒不幸去世,终年只有44岁。

学生听后,深刻认识到,科学家伟大之处不仅在于他们发现了什么或发明、创造了什么,更重要的是他们具有追求真理的执著精神和崇高的精神境界。

C 渗透感悟

本节课根据初中生心理发展和年龄特点,对新事物充满好奇,爱动手实验,但又缺乏持之以恒的实验探究精神。充分挖掘空气发现史艰辛的科学探究精神,引导

直面文本的融合——中小学学科渗透心育101例

学生体验实验探究的快乐之余,更应培养良好质疑反思精神。能激发学生学习兴趣,使之快乐学习,反过来也能内化为学生坚忍不拔的学习精神。坚忍不拔的精神品质是成功的必备条件。在这样的潜移默化中,利用教师的引导,让学生感受生活和学习中很多小困难其实都只是成功路上的小插曲,正确对待困难,以合适的方式解决困难,生活才有经历酸苦辣后的甘甜。

作者单位:浙江省杭州市安吉路实验学校

❤ 编者点评

作者在本课教学中,结合"了解空气发现史,感悟科学探究之艰辛""验证空气成分实验,体验科学探究的乐趣""倾听伟人实例,树立良好的实验探究观"这三个心理健康教育渗透点,有效激发了学生的学习兴趣。作者在让学生动手实验的过程中,让学生通过分析实验结果的偏差来体验化学之美,以培养学生的质疑和反思精神。另外,作者还通过舍勒这位化学家的事迹,让学生认识到科学的进步充满艰难,每一位学生都要坦然面对自己成长路上的各种困难。

60 在"化合反应和分解反应"中感受同伴关系

曹 洁

A 渗透缘起

《化合反应和分解反应》是九年级教学内容,是继化学方程式后首次对化学反应类型进行学习,是一节典型的概念教学课。概念是思维活动的高级形式,在学习中,学生主要是通过概念同化的方式来获得概念。在教材出现的次序上,化合反应概念是在几个同位概念——分解反应、置换反应、复分解反应中最早出现的,学生将在此获得知识经验,进行认知构建,这些将成为其他同位概念样例学习基础。由此可见,化合反应概念教学的重要性。

实验探究是科学课的精髓,探究活动的开展离不开同伴合作互助,通过探究不仅可以使学生掌握科学知识,还可以促进学生良好同伴关系的形成,良好和谐的同伴关系可以帮助中学生顺利地完成学业,并使他们的认知和人格得到健全发展,它在青少年的发展和社会适应中具有无法取代的独特地位,是不容忽视的重要环境因素之一。基于此我们科学教师在教学中落实三维目标时,要挖掘教材中有利于渗透心理健康教育的点,让科学教学与心育有机结合。

本课的心理健康教育渗透点有:1.通过对化合反应及其规律的观察,创造平等和谐的语言交往环境,培养提升学生分析、解决问题的能力;2.通过实验操作,领悟同伴合作的重要性;3.通过探究活动的设计、总结及评价增强学生的语言表达能力,使学生感受被同伴赞美的快乐,从而增强自信心。

B 渗透节点

1. 观察表达式,感受"接纳"。

磷＋氧气 $\xrightarrow{点燃}$ 五氧化二磷　　硫＋氧气 $\xrightarrow{点燃}$ 二氧化硫

铝＋氧气 $\xrightarrow{点燃}$ 三氧化二铝　　碳＋氧气 $\xrightarrow{点燃}$ 二氧化碳

师:对以上的几个文字表达式,请你说说它们共同点在哪?

生:它们都属于化学反应;反应条件相同;反应物中都有氧气;反应物的物质种类有两种;生成物的物质有一种……

师:水＋二氧化碳 → 碳酸　　铜＋二氧化碳＋水＋氧气 → 碱式碳酸铜

这两个文字表达式与上面的有什么共同之处?

生:反应物有多种物质;生成物只有一种物质……

师:像这样"多变一"的化学反应,我们把它们称之为化合反应,反应物中的各种元素,相互接纳对方,最终生成了化学性质稳定的一种新物质,这就像我们刚刚进入初中一样,同学们相互了解、接纳、理解、互助,最终我们形成了"志同道合"的学习生活共同体——班集体。

2. 分析实验,感悟"适度"。

师:刚才硫粉和铁粉的反应着实让我们震撼,请同学们描述一下实验现象?

生:剧烈燃烧,产生黑色固体。

师:为了让反应更加剧烈一些,我们可以怎么办?

生:可以增加铁粉或者硫粉的质量。

师:可以无限增加吗?

生:不能,这样做会浪费实验药品;硫粉过量的话,会产生二氧化硫,污染环境……

师:大家分析得非常到位,为了单纯地追求视觉效果,却要造成了浪费甚至是大气污染,显然是得不偿失的,其实做实验与我们平时和朋友相处类似,都应该"适度",做到恰如其分、适可而止,过分"热情"只会过犹不及。

3. 动手实验,体会"互助"。

学生实验:铜与氧气的反应。

师:在实验前,老师把教室分成了三个区,A区:老搭档区,B区:新搭档区,C区:

个人全能区,请大家根据自己的实际情况,自由选择实验区域,看看哪个区域的同学能够既快又好地完成实验并填好实验记录单。

学生选择区域,完成实验。

师:通过刚才的实验,除了知识上的收获,大家还有什么感受?

生:老搭档比较默契;一个人做实验会手忙脚乱……

师:单丝不成线,独木不成林。无论在学习上还是生活中,同伴间互谅互助、克制忍让、各取所长、各尽其能,团队的力量才能发挥到极致。

4. 设计实验,享受"赞美"。

师:请同学们以小组为单位,设计"碳酸氢钠受热分解"的实验方案,并和相邻小组进行交流,同时请评价一下其他小组实验方案中的设计亮点。

生:小组讨论、代表发言、接受评价、给出肯定。

C 渗透感悟

在现实生活中,任何一个个体都不是单一、孤立地存在着,而是在与周围人及环境的相互作用中存在和发展的,一个人的发展取决于和他直接或间接进行交往的其他一切人的发展。良好的人际交往能力有利于中学生建立良好的同伴关系,良好的同伴关系能够促进中学生社会技能、自我意识的发展、学业成绩的提高及心理的健康发展。

本节课根据中学生的心理发展特征、年龄特点,引导学生感受和谐同伴关系的重要性,用事实代替说教。这样的课堂教学不仅能激发学生的学习兴趣,还能唤起学生的愉悦感受,在润物无声的潜移默化中,利用教师的导向性,让学生感受到同伴的重要性,被肯定的美好,使其心理健康发展。

作者单位:宁波奉化市城北中学

编者点评

作者结合本课教学中的"多变一"性质的化合反应,和学生个体组成班集体对比,让学生对化合反应有了明确的理解。在此基础上,师生通过分析实验来感悟"适度",并让学生选择做实验的方式,来体验互助。最后,作者还让学生互相点赞,让大家感受同伴对自己的欣赏。纵观整节课的教学,作者把知识学习和学生同伴关系的培养有机地融为一体,是一节较为成功的学科渗透心理健康教育的课例。

蕴情于"化学平衡的移动"

朱央维

A 渗透缘起

《化学平衡的移动》是高中教学内容。本节知识是学生学习平衡概念后的基础运用,是化学反应速率、化学平衡状态的拓展与延伸,是解决平衡类问题的重要方法和手段。

本节教学要求学生不仅在知识和技能、过程和方法两个维度上有所收获,在情感、态度、价值观维度上也有大的提高。让学生在紧张的学习氛围下学会释放压力、学会自我调节,充分挖掘自我潜能,努力提高化学素养,提升自制力与自觉性,使高中生活更加流光溢彩。

本节课的心理健康教育渗透点有:1.体验科学探究的艰辛,学习科学家的探究精神,培养直面困难,克服困难的决心和勇气;2.感受化学对提高生活质量和促进社会发展所做的贡献,激发学习化学的热情;3.通过实验,培养团结协作精神,提高学习化学的兴趣;4.运用平衡理论,推进自己的学习平衡向目标方向移动。

B 渗透节点

师:化学是一门以实验为基础的学科,科学家勇于探究,敢于发现与创新,知难而进的思想与精神值得我们好好学习。他们孜孜以求,所得的一些化学理论是化学之精髓,耐人寻味。我们今天的化学平衡移动何尝又不是其中之一呢?

1. "不可能"的现实奇迹。

师:1914年,德国化学家哈伯进行实验,将N_2和H_2直接反应来合成氨气。$N_2(g)+3H_2(g) \rightleftharpoons 2NH_3(g)$ $\triangle H=-92.4KJ \cdot mol^{-1}$。在我们今天看来,此反应可以达到物质的转化率20%之多,可当初,人们在条件极其简陋之时,仅凭常压和不高温度下,速率不快不说,转化率少之又少,反应停留在不可能的境地。怎么办?

学生众说纷纭,联系课前查找的资料,讲述哈伯合成氨气的艰辛历程。

师:是的,哈伯经历了无数次的实验改进,上千次的升温、增压,最终实现了别人无以企及的数值—32%!用此工艺制造高产率的氮肥,使生活在地球的人类有了温饱。因此,1918年哈伯获诺贝尔奖。同学们,你们对此有何感悟?

生1:我们应该学习哈伯直面困难、勇往直前的精神。

生2:没有人能随随便便成功,成功只属于坚持不懈的人。

生3:对待学习,我们应该持之以恒,锲而不舍。

师：同学们都讲得很好，天下无难事，只怕有心人。只要我们努力尝试，任何事情都能成功。

2. 众里寻"它"百度，原来一验"解"千愁。

师：化学是一门以实验为基础的学科，实验是研究化学的重要手段。化学平衡的移动也通过了实验的科学探究过程。实验中的化学平衡移动，妙在"变动"，以"变"成万姿，以"动"促百媚。下面我们通过实验研究浓度对化学平衡的影响。已知：

$Cr_2O_7^{2-}$（橙色）+ H_2O ⇌ $2CrO_4^{2-}$（黄色）+ $2H^+$

【实验1】向试管中加入4ml 0.1 mol·L^{-1} $K_2Cr_2O_7$溶液，再加数滴1 mol·L^{-1} NaOH溶液，观察溶液颜色变化。

【实验2】将上述溶液分成两份，向其中一份滴加1 mol·L^{-1} HNO_3溶液，观察溶液颜色的变化，并和另一份溶液对比。

学生两人一组进行实验，在实验中感受化学世界的奇妙无穷。

学生代表交流实验结果，得出结论。

3. 蕴情平衡移动。

师：我们对自己的学习与生活可总结为一句话："改变影响学习生活的一个因素（困境），我们的生活就向着减弱这种改变而移动，活灵活现的我们是不是又出现了？并且可精炼出一个式子：态度+习惯+方法?成绩　△H>0

现就调节自己的身心平衡，谈谈自己的看法。

生1：我们可以从正确的学习态度、良好的学习习惯和优异的学习方法逐一入手，这样就可以使身心平衡朝好的方向移动，从而收获更理想的成绩。

生2：我们也可以通过班主任和班干部群体，加强班级内部管理，提高班级学习氛围，增强班级同学的学习热情，使身心平衡朝正确的方向移动。

生3：因为学习是一个吸收正能量的过程，不断提高自己的学习热情，可使学习状态朝优厚的方面移动。

师：同学们都讲得很到位。影响学习生活的因素是多方面的，我们可以从正确的学习态度、优秀的学习习惯、良好的学习方法、健康的心理素质方面着眼，每天进步一点点，时刻保持乐观，积极向上的心态，自强不息，不断进步，就一定会成功。

C 渗透感悟

本堂教学面对高二学生，落实了《化学反应原理》这门学科中的平衡移动思想，通过化学史、科学故事的引入，让学生深刻感受科学家科学探究的艰辛与收获成功的喜悦，体会化学学科的价值；通过实验推进课堂，让学生在实验中学到知识，收获快乐，提高兴趣；最后将平衡理论联系学生实际，探讨如何运用该理论促进自己的学习，将课堂推向高潮。

从课堂效果看，学生专注度高，兴趣浓，参与面广，课后会思考，形成高涨的学习热情。课堂本以直观、形象、生动植入人心,教育效果也就明显。在今后的教学中,我们应该更多地思考如何将心育与知识教学有机地融合起来,让学生在潜移默化中不断进步。

作者单位:宁波慈溪市实验高级中学

编者点评

在本课教学中,作者首先结合德国化学家哈伯经历无数次实验,完成了几乎不可能完成的任务,用他的工艺制造高产率的氮肥,解决了人类温饱的故事,让大家认识到化学在推动社会进步中的重要作用。在此基础上,作者引出了"化学平衡移动"的概念,并让学生目睹实验中相关溶液的变化。最后,作者把"化学平衡移动"的概念迁移到学生身上,这个概念可以帮助学生实现自我调节,让自己朝着更好的方向发展。

戏说置换反应

宋子晶

A 渗透缘起

置换反应是初中阶段四大基本反应的一种,是学生在平时经常要遇到的一种反应方式。这块知识是考试的常考点,也是难点。通常,学生在认识这两种反应类型时往往偏重于死记硬背,在实际运用中却感觉有困难,特别是在遇到书写化学方程式或者是离子鉴别、离子共存的题目中显得手足无措。这说明学生还是不理解复分解反应和置换反应的实质。为了更好地让学生理解这个知识点,教师可以利用学生原有的生活、心理的体验,同时,把他们对异性关注的心理特点结合到学习的内容中,尝试用他们的角度去思考解决这个问题。

初中科学的知识点非常多,特别到初三以后考试内容综合性一次次的增强。这就要求学生具有非常强的识记能力。而完全靠识记能力对科学的灵活运用有很大的影响。这就要求教师能够利用学生的心理特点。此时的他们处在心理生理发展的高峰期,对周围的事物都有非常强烈的好奇心。如果能恰当地把握他们这种心理特点,就能牢牢地把他们吸引住,让他们快速而又高效地投入到科学的学习当中。让他们在理解的基础上再去记忆。

本课的心理健康教育渗透点有：1. 通过对学生探索自然的兴趣培养，发展学生学习科学的内在动力；2. 让学生在身心悦纳的基础上感受课堂轻松愉悦的氛围，而在不知不觉中也掌握了所要学的知识点；3. 善于从学生已有的生活经验出发，创设感悟，强化学生的感性认识，丰富学生的学习过程。通过渗透使学生感受科学与日常生活的密切联系，感受科学在生活中的作用，拉近和科学的距离，减轻畏惧感，促使他们去主动思考、积极地探求知识。

B 渗透节点

1. 回顾旧知，创设情境。

同学们已经了解了物质在水中电离的过程，也已经熟背了离子符号和沉淀口诀表。复分解反应的基本概念，我们在之前也已经学习过了。那么，在看过了这么多复分解反应的方程式后，复分解反应的实质究竟是什么？为什么反应生成物中有沉淀、空气、水反应就能进行？老师今天就把反应中相互反应的两种离子比喻成一对失散多年的爱人（一男一女对应一阳一阴），当他们再次相遇时，就再也不愿分离了，于是紧紧地抱在了一起（形成了在水中不能电离或者是很难电离的物质，如：气体、沉淀、水），而溶液中以离子形态存在的只剩两种离子了，而由于这两种离子所带电荷相反，就组合在一起。或者我们把两种化合物比成两组舞者，在发生反应时相互交换舞伴（阴阳离子搭配对换）。

2. 情境迁移，体悟实质。

那么置换反应我们该如何形象地去理解呢？对于置换反应，特别是金属与盐溶液的反应，我们可以把它比喻成商人交换货物，当需要交换商人手中的货物（盐(酸)溶液中的金属阳离子）时，前来交换的货物（金属单质）必须比置换的这种货物（盐(酸)溶液中的金属阳离子）更加有吸引力（更加活泼），商人才愿意交换（反应才能进行）。或者可以比喻成交换人质，一名警察（活泼金属）自愿去替换绑匪（盐(酸)溶液中的阴离子）手中的人质（盐(酸)溶液中的金属阳离子）。同样，警察要比人质更有吸引力。

3. 故事收尾，升华感悟。

我经常和学生讲这样一个故事，就是《倚天屠龙记》中张三丰在教完张无忌太极剑之后的问话。张三丰问道："孩儿，你看清楚了没有？"张无忌道："看清楚了。"张三丰道："都记得了没有？"张无忌道："已忘记了一小半。"张三丰道："好，那也难为了你。你自己去想想罢。"张无忌低头默想。过了一会儿，张三丰问道："现在怎样了？"张无忌道："还剩三招没有忘记。"张三丰点点头，放剑归座。张无忌沉思半响，又缓缓踱了半个圈子，抬起头来，叫道："这我可全忘了，忘得干干净净的了。"张三丰道："不坏，不坏！忘得真快，你这就上场罢。"学生往往不理解这个故事和学习有什么关系。其实,书中讲到,张三丰前后几次剑招居然都不一样,只道是张三丰年老糊涂,殊不知,张三丰并不是希望张无忌学会剑招,而是希望张无忌体会剑意。学习科学也是如此。

C 渗透感悟

上述这样的比喻也许不是完全恰当,但它联系生活,结合实际,能够激发学生兴趣,引起学生的共鸣,让学生更愿意去接受去理解。如果我们从亲历的事实、宣传材料、广播电视甚至是学生那里收集信息,引用到课堂教学中,把自己的情感、学生的情感融入到情境当中去,让教学情境贴近学生生活,贴近实际,让学生处在具体形象富有情感性的教学氛围中的话。那么,这些抽象的知识将不再枯燥乏味,不再让学生感到困难重重。

在科学学习时,一些问题的解决有诸多方法,在反应类型的选择和判断中,学生往往在几个不同的情境下就乱了手脚,胡乱套方程式,得出错误的结论。而我们希望学生能够体会浮力概念的真正内涵,分析几种不同的情况,在理解的基础上利用合适的方法求解,而不是单纯的记住"招式"(公式),机械套用。因此,情境的创设并不一定在课堂上,也可以延伸到课堂之外。一名善教的教师一定也会把课后与学生的交流当作一块重要的阵地。而时刻利用生动有趣的故事作为一种沟通交流时的情境创设也不失为一种拉近师生距离、寓教于乐的方式。这个故事虽然是小说中的情节,但非常生动地诠释了科学学习的精髓:学技巧、学方法。学是为了会学。

作者单位:浙江省杭州二中白马湖学校

编者点评

在本课教学中,作者结合"置换反应"这一概念比较抽象、学生很容易和其他概念搞混的现象,巧妙地用比喻的方法来加深学生的理解。在用比喻的方式对旧知进行回顾后,作者把置换反应比喻为商人手中的货物,只有当来了更有吸引力的货物时,商人才愿意交换,又如绑匪只愿意把手中的人质与更有价值的人质交换。在教学中,作者还通过讲故事的方式来吸引学生的注意力。作者通过让课堂变得有趣,而使枯燥的概念学习也变得吸引人,以激发学生的学习热情。

感悟"酸"的魅力

陈紫微

A 渗透缘起

《探索酸的性质》是初中的教学内容,是由酸的基本概念和酸碱指示剂的应用组成的一节课。从知识上说,它是对前面所学的酸性物质进行进一步的了解,同时也是之后研究物质分类的基础。

本节课的心理健康教育渗透点有:1. 发现藏宝真相,寻找隐现的科学美;2. 激活原有知识,发现科学的严谨美;3. 小组合作学习,提升科学的和谐美;4. 课外拓展探究,树立科学的环保美。

B 渗透节点

苏霍姆林斯基说:"所谓课上有趣。就是指学生带着高涨的情绪从事学习和思考,对面前展示的真理感到惊奇甚至震惊。学生在学习中意识到自己智慧的力量,体验成功和创造的快乐。"

1. 发现藏宝真相,寻找隐现的科学美。

课前,教师利用酚酞试液和无色碱性溶液预先在白纸上画出藏宝图形。然后,将酸性溶液喷洒在白纸上,使藏宝图消失。

师:图纸上的符号到哪里去了?你知道它是如何消失的吗?

在学生思考的同时,教师喷洒另一种溶液,神奇的藏宝图又重现了。

教师继续提问:藏宝图又出现的"隐身功臣"是谁呢?

学生思考讨论,得出可能和酸性溶液、酸碱指示剂有关。

师:科学来源于生活,从藏宝图的隐现可见其变化美,从酸碱指示剂的本质可见其应用美,科学的美无处不在。

2. 激活原有知识,发现科学的严谨美。

师:我们之前学过的酸类物质有哪些?酸性是否有强弱之分?

学生:酸类物质有柠檬、橘子等等。有些物质酸性强,有些物质酸性弱。

师:为什么说这些物质是酸的呢?

教师播放酸的电离动画,并请学生尝试写出不同酸物质的电离方程式。教师归纳酸的定义。

师:科学概念严谨细致,希望同学们能够从酸的定义中把握关键语句,学习科学一丝不苟的精神。

3. 小组合作学习,提升科学的和谐美。

师:同学们已经学会了用pH试纸测定物质的酸碱性,你还知道其他方法吗?

教师提出进一步深入的问题,引导学生探究问题的内在。

学生活动:

(1)用玻璃棒分别蘸取少许水、柠檬汁、白醋、盐酸,滴在pH试纸中部,观察试纸颜色的变化。

(2)在小试管里分别滴入几滴上述样品,再滴加2~3滴紫色石蕊试液,观察其颜色的变化,并将结果填入表中。

测试物质的酸碱性

	水	柠檬汁	白醋	盐酸
pH试纸				
紫色石蕊试液				

在学生活动的过程中,教师根据学生的合作情况,给予一定的指导和鼓励,以学生自主学习为中心,充分发挥他们的主动性、积极性。最后,小组交流反馈实验结果,通过生生互评、师生点评的方式,相互交流。

师:实验是同学们发现科学之美的眼睛,希望同学们能够在活动的过程中提高自身的合作探究能力,从而达到理论与实践的结合,感受科学活动的和谐美。

4. 课外拓展探究,树立科学的环保美。

播放波义耳发现酸碱指示剂的动画,请学生带着以下问题进行观看:(1)作为酸碱指示剂应该具有哪些特点?(2)波义耳在发现酸碱指示剂的过程中体现了哪些科学精神?

生:观看并交流心得。

师:实验是同学们发现科学之美的眼睛,老师希望同学们能够像波义耳一样,有一双善于发现的眼睛。在追寻科学家们探索科学足迹的同时,学习他们不畏艰险探索科学真理的精神。

课后,学生以学习小组的形式进行实践活动:(1)利用pH试纸测定一个星期内雨水的酸碱性;(2)利用蔬菜花朵等材料,自制酸碱指示剂。

师:"生活处处有科学",我们不仅要在课堂中学习科学,也要回归生活发现科学。创新、发展是科学永恒之美,科学的魅力也正源于此。在科学上,只有最真的,才是最美的,我们的每一个学生在进行实验的过程中,都是实验的主人,都在进行最可贵的探索科学魅力之旅。

C 渗透感悟

本节课根据中学生的心理发展特点、年龄特点,探索生活中酸性物质的性质。引导学生发现科学美,在实验中探究,在拓展中创新,用严谨的科学态度进行实践与探索。

在进行课外拓展活动的过程中,对于雨水酸碱性实验结果的检测和酸碱指示剂的制作都由学生来完成。最后教师组织进行各小组同类质问题的演示,这样可以巧妙地将"科学的游戏性"和"科学的探究性"结合在一起,学生在制作酸碱指示剂时往往并不确定能否成功,而是出于一种好奇或者是"模仿"波义耳科学发现的过程。在人们进行科学探索的时候,很多重要科学成果的获得,开始并不是出于直接预定的计划和功利目的,而是处于对大自然持久的好奇心。现如今,我们的学生就应该像科学家们那样,用自己顽强的努力去体现和满足这种好奇心。在这个过程中,百分之一的灵感就和百分之九十九的汗水同等重要,甚至更加重要。

作者单位:浙江省杭州市胜蓝实验中学

编者点评

在本课教学中,作者围绕"发现藏宝真相,寻找隐现的科学美""激活原有知识,发现科学的严谨美""小组合作学习,提升科学的和谐美""课外拓展探究,树立科学的环保美"这四个心理健康教育渗透点,通过学生现场观察、观看视频、小组合作探究等途径,让学生感受到"酸"所具有的魅力。笔者在教学中列举的事例,具有生活性,有利于激发学生的好奇心,让他们积极投入到学习中去。

64 莫让氮氧化物成为环境杀手

侯宣红

A 渗透缘起

《氮氧化物的产生及转化》是高中的教学内容。化学是一门与生产、生活实际有着紧密联系的学科,它在解决人类社会发展过程中面临的有关问题、提高人类的生活质量、促使人与自然和谐相处等方面发挥着重要的作用。氮氧化物是造成光化学污染、酸雨等环境问题的重要根源,与我们的生活息息相关。这节课,教师可以充分挖掘教材内容,与心育有机结合。

本节课的心理健康教育渗透点有:1.通过实验探究,发挥学生的学习主动性,体验学习的快乐;2.通过问题探究,培养学生的创新思维、探索精神和团队合作意识;3.通过讨论探究,培养学生的环保意识和社会责任感。

B 渗透节点

1. 激发兴趣,引入新课。

【趣味实验】请同学们分小组收集教室内的空气样品。学生利用所学的密度、溶解性等知识,动手实验,通过几种不同的方法得到空气样品。

【学生讨论】如何将收集到的空气变为较纯净的氮气?

【教师活动】指导学生将讨论方案汇总,并选取一种最简单易行的实验方案。

【学生实验】利用白磷燃烧将空气中的氧气除去,获得较为纯净的氮气。

利用实验激发学生学习兴趣,让学生迅速进入主动求知探索的学习历程,并在学习过程中产生愉快的情绪和体验。

2. 建构求新,合作学习。

【建构求新】当有些知识无法直接获得的时候,我们如何利用已学知识来推测氮气性质。

【教师指导】根据学过的元素周期律知识,画出氮原子的结构示意图,写出氮气的分子式、电子式、结构式,并比较氮与氧、氯的结构。

【对比归纳】应用"结构决定性质"原理,对比归纳出氮气的化学性质。再根据氮元素化合价的变化,从氧化还原角度分析,说明氮气既有氧化性,又有还原性。

【实验探究】师生共同完成下列实验:

(1)氮气和氧气的放电实验;

(2)镁带在氮气中燃烧实验;

(3)一氧化氮和二氧化氮的相互转化实验。

学会学习方法比学会知识更重要。探究学习元素化合物知识的方法,可以帮助学生更顺利有效地完成学习任务。

3. 巩固知识,拓展应用。

【知识应用】在学习了氮气及氮氧化物的相关知识后,讨论回答:

(1)空气的主要成分N_2、O_2含量基本稳定的实质是什么?如果空气中N_2和O_2的组成比例互换,你觉得会怎样?

(2)用所学的知识解释"魔鬼谷"事件和谚语"雷雨发庄稼"。

【拓展应用】

(1)阅读有关汽车尾气造成的环境问题,请同学们分析汽车尾气的主要有害成份产生原因,并提出合理的建议、设想等。

(2)请设计除去汽车尾气中的CO和氮氧化物（NO、NO_2等）的理论构想,这些理论构想基本思想方法是什么?

创设有效问题情境,让学生在讨论辨析过程中,将所学知识内化应用,提高自身的语言表达能力和科学素养。

4.课堂评价,反思总结。

【评价反馈】你有什么收获?你觉得你身边同学的表现如何,有哪些地方值得你学习?（引导学生从知识内容、学习方法、价值观等多方面进行小结）

【课堂小结】通过本节课学习,你是否对氮气及氮氧化物的性质有了一定的了解?你是否掌握了学习元素化合物知识的方法?对于现实生活中与氮有关的污染,你是否有了自己的想法?我们不可能因为惧怕汽车尾气而从此不再开车,但可以用所学的知识来减少污染,开发新能源,让汽车尾气不再成为环境"杀手",让我们的环境更美好!

C 渗透感悟

本节课的教学基本落实了心理健康教育3个渗透点:在课前、课中分别设计趣味实验和探究实验,通过实验激发学生的学习兴趣,让学生变"要我学"为"我要学",真正发挥其在课堂内的主体地位,树立学习的自信心。通过讨论分析有关汽车尾气造成的环境问题,培养学生的环保意识和社会责任感,并学会利用所学知识解决实际问题,造福人类。利用多种评价方式,让学生学会正确评价自己和他人,培养团队合作意识。

从课堂实践结果看,本节课的心育目标渗透达成效果较好。学生在学习过程中不但学到了新的知识,也学会了学习方法,并对利用所学知识解决生活中的实际问题有浓厚的兴趣和热情。在汽车尾气、酸雨、雾霾日益严重的今天,学生纷纷表示要从自己做起,从小事做起,保护环境,让人类的生活更美好!

作者单位:宁波市镇海区龙赛中学

❤ 编者点评

在本课教学中,作者结合教学内容跟日常生活紧密结合的实际,在课前和课中设计了趣味实验,激发了学生的参与热情。作者还结合汽车尾气对环境造成危害的问题,让学生结合所学知识设计去除汽车尾气中氮氧化物的理论构想,培养学生的创新意识和知识转化意识。在这个过程中,同时也让学生直面环境污染问题,要有保护环境的社会责任感。此外,作者还在整堂课的教学中,让学生学会正确评价自我和他人,培养团队合作精神。

从原电池看生活

陈 奇

A 渗透缘起

《原电池的工作原理》是教材《化学反应原理》中专题一《化学反应与能量变化》的第二单元。本专题的主题是"能量转化",着重研究了化学能与热能的转化、化学能与电能之间的转化这两类能量转化形式。化学能转化为电能,在生活生产实际中有重大意义与实用价值,对于解决现有的能源问题有巨大促进作用。

化学在生活实际中应用广泛,我国著名化学前辈杨石先先生说:"农、轻、重,吃、穿、用,样样都离不开化学。"以原电池工作原理为例,能够使学生很好地体会化学在日常生活中无法取代的作用,更能深刻认识化学在人类文明发展中的巨大作用,对于学生更加深刻而科学地认识社会环境有极为积极的作用。

本课的心理健康教育渗透点有:1. 理解化学对于社会发展的巨大推动作用,感受社会进步带来的便利与幸福感;2. 感受化学实验的神奇魅力,激发学生的学习热情;3. 体会创新科技对于生活的巨大改变,培养学生积极乐观的生活态度。

B 渗透节点

1. 化学使生活更加美好。

图片展示1:从茹毛饮血的远古时期,到物资缺乏、生产力低下的众多朝代,再到生活多姿多彩的现代社会。

引导学生讨论:是什么在引导、推动社会的发展?

学生分组讨论:人类对美好生活的不断追求,对于未知事物的好奇和探索。

图片展示2:古代照明用蜡烛,现代照明是电灯;古代取暖靠燃烧木料,现代取暖可以使用空调。

师:现代社会中,对于电能的应用无处不在,相比于过去把化学能转化为热能,把化学能转化为电能无疑有更高的利用效率,而电能的普及使用,是现代社会的巨大进步。

2. 在实验中成长与收获。

引入:播放电视剧中关于原电池的片段,让学生获得初步的装置印象,同时提升学生的学习兴趣和激情。

师:利用不同的化学药品搭建简单的装置就可以获得"电",听起来是不是很神奇呢?这样的装置是如何运行的呢?请各位同学利用老师提供的实验材料,完成以下三个实验探究,同时注意观察,三个装置中,产生的现象是不是相同呢?

学生活动:自主实验,填写表格。

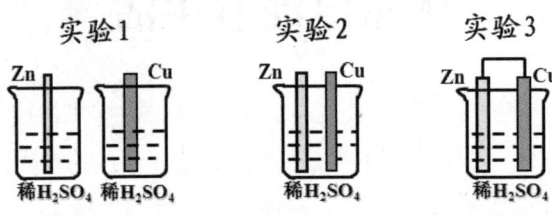

	实验1	实验2	实验3
实验现象			
实验结论			

师:实践是检验真理的唯一标准,而化学实验则是我们学习的好帮手。在化学实验时,同学们不仅要规范细致地操作,还要认真仔细地观察,就如我们观察生活中的真善美,找出实验中引发我们思考的闪光点。那么,各组实验中,有哪些不同的现象呢?对于实验中的疑惑,我们需要插上思想的翅膀,根据已有的知识结合所见所感,提出自己的见解。每个人都是善于思考和总结的,大家可以充分发挥自己分析问题的能力,争取找到现象下蕴含的本质。

学生活动:思考以下问题。

(1)铜片表面的气体是什么?

(2)铜片表面的H_2由什么粒子转变而来?

(3)H^+在铜片表面得到的电子由什么物质提供?

(4)锌失去的电子如何到达铜片?

(5)如何证明导线中有电子通过?

师:可以预见,在最后的问题中我们已经可以找到"电"的痕迹,那么我们如何来证明电确实在装置中产生呢?

引导学生发散思维,在生活中寻找相关的实例,在学习中感受生活的气息。

3. *多彩化学电源*。

师:科技的发展让我们的生活更加便捷美好,而作为主要能源的电能,在生活中的应用比比皆是,越来越多的原电池在生活中带给我们惊喜,大家是否可以找一找,熟悉的原电池有哪些呢?

学生:列举各种电池(教师做相应点评,展示图片和信息)。

师:科学带给我们生活以便利,我们也越来越习惯以科学的态度来寻找问题的解决方案。比如原电池的应用,就可以解决能源、环境污染上的很多问题,那么请大家讨论,现在还有什么问题亟待解决,能否利用原电池原理呢?

学生讨论、发言,教师总结、展望。

 渗透感悟

高中课业繁重,学生往往面对大量的书面练习,渐渐消磨了对于学习的热情,对于学生的身心发展极为不利。而化学是实验的学科,本节课就以实验为载体,让学生亲手实验,不仅感受化学的魅力,体会科学的气息,而且能愉悦身心,体会知识和生活之间的紧密联系。课堂末尾的讨论激发了学生极为浓厚的学习兴趣,对于现有的、前沿的、未来的相关知识有了一定的了解,不仅仅增长了知识,获得了能力,更重要的是树立学生积极向上的学习和生活态度。

21世纪是"大化学"时代,作为高科技发展的基础,化学中处处体现美:元素周期表的规律之美,晶体结构的精密之美,物质转化的造化之美,无处不在的实用之美等等。这些美并不缺乏,但却不容易发现,教师要引导学生去寻找这些美,走出学习的枯燥与疲惫。

作者单位:宁波慈溪市浒山中学

编者点评

在本课教学中,作者通过人类社会从远古时代的茹毛饮血到生活多姿多彩的现代社会的变迁分析,让学生认识到化学在推动人类社会中的积极作用,并引出本节课的主题。作者通过实验,让学生认识到了原电池的原理,并通过对不同原电池的分析,让大家去探讨原电池原理可以解决哪些社会问题,让学生有"学以致用"的自豪感。本课教学紧密联系生活实际,让学生体验到了化学知识的生活化和实用性,有助于激发他们的学习积极性。

盐酸"找工作"

严 力

A 渗透缘起

《常见的酸》是九年级教学内容,分两个课时分别介绍了盐酸和硫酸,其中盐酸是该节内容的第一课时。该节课内容——盐酸从活动入手,学习盐酸的物理性质和化学性质。第一部分,通过观察试剂瓶中盐酸的颜色、状态,探究盐酸的物理性质;第二部分,通过观察盐酸与硝酸银、鸡蛋壳、铁钉和氧化铜反应的实验现象,了解盐酸的化学性质;第三部分,学生自主探究,分析铁锈与盐酸反应生成的气体。

由于科学教材中化学知识点较生僻,所以在以往的教学中,教师通常追求知识与能力目标的落实,而忽略了过程与方法和情感与价值这两个目标,对于心理健康教育的渗透也较少。若对教材进行细心挖掘,还是可以发现较多有利于渗透心理健康教育的知识点,让化学教学与心理教育有机结合,使得化学课堂更富丰多彩,更有利于三维目标的落实。

本课的心理健康教育渗透点有:1. 通过学生的动手实验,让他们感受到要想学有所成,必须付出辛勤的劳动,必须持之以恒;2. 培养学生直面困难、乐观豁达、积极进取的精神;3. 培养学生探索精神、合作意识。

B 渗透节点

1. 介绍主角。

师:在公元800年的一个炼金师混合了氯化钠和硫酸,第一次制取了盐酸。盐酸是胃液的一种成分(浓度约为0.5%),它能使胃液保持激活胃蛋白酶所需要的最适合的pH值,它还能使食盐中的蛋白质变性而易于水解,以及杀死随食物进入胃里的细菌的作用。此外,盐酸进入小肠后,可促进胰液、肠液的分泌以及胆汁的分泌和排放,酸性环境还有助于小肠内铁和钙的吸收。在日常生活中,盐酸也可用于制取洁厕灵、除锈剂等产品。既然盐酸有这么多的功效,那就让我们一起来探究下盐酸的性质。

2. 观察主角。

盐酸是无色液体,有腐蚀性,为氯化氢的水溶液,具有刺激性气味,一般实验室使用的盐酸pH=1。中学化学把盐酸和硫酸、硝酸、氢溴酸、氢碘酸、高氯酸合称为六大无机强酸。因为浓盐酸具有挥发性,挥发出的氯化氢气体与空气中的水蒸气作用形成盐酸小液滴,所以会看到白雾。

学生观察试剂瓶里的盐酸,描述其颜色、状态,还可通过"扇闻"等手段了解盐酸的气味,最后填写盐酸的"简历",包括基本的物理性质,如:颜色、气味、状态、挥发性等。

教师创设情境:今天"盐酸"要去应聘一个岗位,这个单位要求比较苛刻,对酸的颜色、状态、挥发性等性质有较高要求。到了应聘现场后,人事经理不仅看了"盐酸"的简历,还想听"盐酸"简短地介绍下自己,看看他的表达能力如何。如果你是盐酸,根据用人单位需求,你会如何自我介绍?

3. 实验探究。

学生将盐酸分别与硝酸银、碳酸钙、氧化铁、氧化铜四种物质进行反应,观察并记录实验现象,完成"盐酸"应聘的"面试反馈表",包括一些基本的化学性质。

教师创设情境:看完"盐酸"的简历,听完盐酸的介绍,人事经理很满意"盐酸"的表现,决定让盐酸进入下一轮面试。第二轮的面试很关键,也决定了"盐酸"是否能得到这份工作,这轮面试有个很明显的变化,面试官增加到四位,他们的名字分别叫:硝酸银、碳酸钙、氧化铁、氧化铜。这几位面试官比较有个性,因为他们做决定的标准很单一:他们和盐酸是否"来电",是否能与盐酸发生反应。

渗透感悟

本课教学基本落实了心理健康教育三个渗透点:通过教师对盐酸进行生活化的介绍,拉近学生与化学知识间的距离,让他们认识到化学就在我们身边;让学生通过实验探究了解盐酸性质,并扮演"盐酸"参加面试,使得他们的探究精神得到培养;通过两轮面试,让学生扮演的"盐酸"面对困难,通过动手实验解决困难,培养他们面对困难、积极进取的精神。从渗透实践看,渗透点2和3的效果较好,学生的感悟比较深。既能较好地落实知识与技能目标,更通过心学渗透,使得情感价值目标也能较好的落实。

作者单位:浙江省杭州二中白马湖学校

编者点评

在本课教学中,在对盐酸做生活化的介绍后,作者设计了盐酸"找工作"的情境,让课堂教学变成了"职来职往"的大考场。在这个情境中,学生通过观察来获悉盐酸的物理性质;通过实验探究,来了解盐酸的化学性质,很好地学会了相关的知识。而且在这个情境中,学生还扮演了盐酸这个角色,积极融入课堂教学进行探究,既锻炼了他们的口头表达能力,也培养了他们面对困难、积极进取的精神。

感悟化学教学中的心灵哲学

陆君美

渗透缘起

化学属于自然科学,是揭示自然规律的课程。但其方法论和思维训练的功能,对学生心理品质的培养同样有着重要的作用。

《化学反应速率》是《化学反应速率与反应限度》的第一课时,在学生认识了化学反应的物质变化和能量变化的实质后,引入化学反应进行的快慢和限度,让学生从另一角度认识化学反应。从日常生活中学生熟悉的具体实例入手,引出反应速率的概念。在此基础上又通过实验探究,总结归纳影响化学反应速率的因素。

德国教育家第斯多惠指出:"教学的艺术不在于传授的本领,而在于激励、唤醒、鼓舞。"教学是师生之间、学生与学生之间多向互动的活动。在这一特定的环境中,师生关系、教师的课堂教学观、学生之间的竞争与合作、课堂心理氛围、课堂上教师的表扬与批评、教师对学生课堂行为问题的处理、教师对学生学习结果的反馈与评价等,都将对学生的心理发展和心理健康产生重要的影响。

结合化学教学的特点,这节课可以从课堂教学、实验教学及课后辅导中,让学生体验到化学中折射出的人生哲学——顺应自然。由此,本节课的心理健康教育渗透点有:1. 以日常生活为媒体,增强学生生活感悟力;2. 以问为源,培养学生善思敢疑的学习品质;3. 以实践操作探讨理论,树立学生人生价值观,将本课内在的人生哲学内化为学生良好的情感品质;4. 通过"悄悄话"增强学生的自信力,从而形成积极、进取、健康向上的心理品质。

B 渗透节点

作为教师,我们需要寻找学科教学内容中的契机,在教学中培养学生的积极情感、坚忍的意志、良好的性格;运用恰当的教学方法引导学生主动学习、学会学习、发展他们的主体性;培养学生勇于探索、勇于创新的精神。

1. 课堂教学中增强学生的感悟力。

投影图片1:福特公司最新快速跑车。

教师:这辆跑车最高时速达约437公里/时。这是一个什么样的概念呢?我给同学们几个数据以便同学们做出比较,"协和"起飞时速360公里;F1最快的赛车时速350公里;磁悬浮列车,最快时速430公里。

投影图片2:蜗牛的爬行,日本核电站因氢气而爆炸,煤、石油经过几百万年才能形成的。

设计意图:创设情景,充分联系生活,感受宏观物体的运动有快慢之分。

教师:宏观物体的运动有快有慢,那么化学反应呢?

提问:那么请联系所学知识和生活实际,你所知道的化学反应中,哪些是进行比较快的,哪些是进行比较慢的?

学生:结合时事和生活实际举出实例,钢铁生锈、食物变质、钠与水的反应……

设计意图:引导学生发现化学反应有快有慢。从日常生活中的化学实例拉近生活与化学知识的距离,增强学生的生活感悟力,同时体现以问为源、敢于质疑的品质。

2. 实验教学中增强学生的探索能力。

化学是一门以实验为基础的自然科学,"百闻不如一见","百看不如一做"。所以,本节课根据实验学案安排二人一组分组实验。

(1)研究浓度对化学反应速率的影响。

提供药品和仪器:铁钉、0.5mol/L盐酸、水、试管、胶头滴管、量筒

实验方案_____

实验现象_____

实验结论_____

(2)研究温度浓度对化学反应速率的影响。

提供药品和仪器:4%的过氧化氢溶液、$FeCl_3$溶液、试管、烧杯、胶头滴管、量筒、热水。

实验方案_____

实验现象_____

实验结论_____

(3)研究催化剂浓度对化学反应速率的影响。

提供药品和仪器:4%的过氧化氢溶液、MnO_2粉末、试管、胶头滴管、量筒

实验方案_____

实验现象_____

实验结论_____

教师总结:1. 在其他条件相同时,反应物浓度越大,化学反应速率越大;

2. 在其他条件相同时,反应温度越高,化学反应速率越大;

3. 在其他条件相同时,加催化剂一般能加快化学反应速率;

设计意图:通过实验探究,发挥化学实验在教学中的功能,培养学生实验观察能力和概括能力,同时培养学生勇于创新的精神。

教师强调渗透心育观点:影响化学反应速率的本质因素——化学反应物本身的性质。如同我们做人做事,要看到事物本身的性质,看到自己身上的优势和劣势,因势利导,让自己的潜能发挥至最佳程度,将本课内在的人生哲学内化为学生良好的情感品质。

3. 课后辅导中增强学生的自信力。

课堂教学和实验教学中,若发现个别学生表现出消极或不够自信的心理状态时,我会在课后选择跟学生讲"悄悄话"——如在批改作业时写上鼓励的话语,及时与学生交流。对于有创意的解答,教师予以及时的肯定和鼓舞,并在其作业本上注上一个"妙"字,大大激发了该学生在以后的解答中有更多的创新。对有自卑倾向的学生经常写上:"你最近已有进步,加油!相信你能取得更大的进步。"

教师这样小小的举动对学生却能起到很大的帮助，在学生反馈信息中，表明作业中的反馈给他们很大信心的占80%，特别是对学习中感到无助的学生更有帮助。对学生常用一些鼓励的话跟学生交流，客观地认识每一位学生，并向他们提出近期发展的新目标。把成功、榜样、激励等延伸到课下，激发学生的自强心、自信心，从而形成积极、进取、健康向上的心理品质。

渗透感悟

将心理健康教育的思想贯穿于整个化学的教学，有利于激发课堂教学的活力和生气，有利于提高课堂教学的质量和效率，也是有效性课堂教学的途径之一。作为化学教师要牢牢把握住整个化学教学中的心理健康教育，努力提高自身素质，积极探索研究学生的心理活动。

本节课根据高中学生的心理发展特点、年龄特点，挖掘化学反应速率中蕴含的人生哲学，引导学生发现生活的本质现象，因势利导地使学生将化学中的人生哲学内化良好的情感品质。

作者单位：宁波市鄞州区正始中学

编者点评

在本课教学中，作者通过具体的事例让学生认识到宏观物体的运动快慢存在天壤之别，引发学生对化学反应速度快慢的思考。在此基础上，作者用实验验证影响化学反应速度的因素。通过实验证明了在其他条件相同时，反应物浓度越大、反应温度越高、使用催化剂，这都能加快化学反应的速率，可见影响化学反应速率的本质因素是化学反应物本身的性质。这一点恰恰跟做人做事相同，作者有意识地让学生认识到了这一点，这就是化学教学中的心灵哲学。

心育渗透 之
生物学科

68 生命系统的有序性

蔡洁洁

A 渗透缘起

《细胞膜的结构》是高中生物课文,这一课从知识上说,是第二章《细胞的结构与功能》的重要组成部分,也为学习第三章第二节《物质进出细胞的方式》作好铺垫;从情感教育来说,该部分内容从分子水平阐述了有机大分子如何有序组织构成细胞膜,有助于学生感悟生命的有序性。

高中生正处于世界观、人生观形成的关键时期,在生物教学中合理地渗透心理健康教育,可以达成学生知、行、意的统一发展,激发学习兴趣和热情,使学生更加快乐地、主动地学习生物学科知识,提高生物学意识。

本节课的心理健康教育主要渗透点有:1. 以细胞膜的结构为载体,体会生命系统的有序性;2. 以小组探究为手段,培养学生分析和解决问题的能力。

B 渗透节点

师:生命系统结构层次包括:分子→细胞→组织→器官→系统→个体→种群和群落→生态系统。上节课我们学习了有机化合物和生物大分子,那这些物质又是如何高度有序地组织在一起,构成了细胞的呢?这节课我们一起来学习细胞膜的结构,感受生命系统的有序性。

1. 磷脂双分子层有序排列构成了细胞膜的基本骨架。

细胞膜结构的发现过程中蕴含着丰富的生物科学史材料,阐述了科学家的研究思路和过程,体现了丰富的科学精神,是进行课堂探究学习的好素材。学生根据老师提供的资料和问题,分组进行交流与讨论。

【资料1】1895年欧文顿(E.Overton)研究了质膜的通透性时发现,凡是溶于脂肪的物质很容易穿过膜,反之不溶于脂肪的物质则不容易穿过膜。1897年Crijns和Hedin用红细胞做了类似的实验,也证明分子穿膜的通透性与其在脂类中的溶解度有关。

【资料2】1925年Gorter和Grendal利用哺乳成熟红细胞的细胞膜作为实验材料。他们把红细胞膜中的脂质物质抽提出来,在水面上铺成单分子层,发现脂分子聚拢后的面积恰好等于红细胞面积的两倍。

【资料3】1个磷脂分子包括亲水的头部和疏水的尾部(展示磷脂分子结构示意图)。根据相似相容原理,磷脂分子在水的表面排布时,头部浸入水中,尾部浮于水面。

【提出问题,小组讨论】
① 资料1和资料2分别能得出什么结论?
② 根据资料3,推测细胞膜中的两层磷脂分子如何排列?

【教师归纳】
细胞膜中有两层磷脂分子,磷脂分子头部相向排列,尾部相对排列。

2. 蛋白质分子有序地结合在磷脂双分子层上。

【资料4】欧文顿关于细胞膜是由脂双层组成的主张是对质膜认识的重大突破。Cole(1932年)和Shapiro(1934年)分别发现,海胆卵细胞质膜的表面张力要比纯油滴小得多。1935年,J.F.Danieli和H.harvey提取鲐鱼卵的油滴,发现表面张力很低,如果把油滴进一步提纯,表面张力大大提高;如果脂滴表面吸附有蛋白质,则有降低表面张力的作用。

【资料5】1935年,J.F.Danielli等提出了第一个质膜模型——双分子片层模型(出示该图)。该模型认为,细胞膜是由两层磷脂分子构成,分子的疏水端在膜的内部彼此相对,分子的亲水端朝外,亲水端上覆盖着一层球形蛋白质分子。

【资料6】随着电子显微镜技术的发展,20世纪50年代末,J.D.Robertson利用电镜观察的结果(出示该图),提出了质膜的单位膜模型,认为膜中央为脂双层,电镜下显示为明线,两侧为展开的蛋白质分子层,并非J.F.Danielli提出的球形蛋白质,球形蛋白质分子必然要大于2nm。

【资料7】20世纪70年代,随着电子显微镜技术的进步,可以使质膜与细胞的其余部分脱离,并将质膜冰冻,然后将其撕裂,从而使两条线之间的内部结构暴露出来,这种技术称为冰冻蚀刻法。利用这种技术制作电子显微镜的观察材料,发现撕裂面上有许多颗粒。

【提出问题,小组讨论】
① 根据资料4推测,细胞膜中可能还有什么物质?
② 资料5和6中科学家认为蛋白质如何与脂双层结合?
③ 根据资料7并结合课本内容,讨论蛋白质如何与脂双层结合?

【教师归纳】
由于蛋白质分子和磷脂分子一样,有水溶性部分和脂溶性部分,所以蛋白质与磷脂分子的结合有三种方式,"有的蛋白质分子整个贯穿在膜中,有的一部分插在膜中,一部分露在膜外,还有的整个露在膜的表面"。

3. 品味细胞膜的结构是高度有序的。

【提出问题,小组讨论】(出示细胞膜的结构模型图)
① 仔细观察图,找出细胞膜的成分?
② 其他成分如何高度有序地与磷脂、蛋白质组织在一起?

【教师归纳】

① 细胞膜中还有少量糖类,可与某些蛋白质结合形成糖蛋白,或与磷脂结合形成糖脂。糖类只存在于细胞膜的外侧。

② 细胞膜中还有胆固醇,与磷脂的尾部一起存在于脂双层的内部。

渗透感悟

"师者,传道授业解惑也。"学科教师不仅要向学生传授科学和理性的学科知识,同时也要传授艺术和感性的学科精神。本课根据高中阶段学生的心理发展特点,挖掘生物知识中所蕴含的有序性,引导学生发现生命的有序性、感悟有序性的重要意义。同时,充分挖掘相关的生物科学史,体会科学的发展离不开技术的支持,科学理论的建立是不断开拓、继承、修正和发展的过程。

随着学习竞争的加剧,高中生厌学情绪出现明显增长的趋势。如何激发学科教学中的积极情感,在应试、理性的课堂中渗透感性、美好的积极元素?这是衡量一位学科教师能否从"匠"成长为到"师"的核心目标之一。期待我们的生物课堂不仅能激发学生学习学科知识的兴趣,同时让学生感受自然的神奇力量和生命的美好,更唤起学生对于科学、人文、艺术的深入思考和自由探索。

作者单位:宁波市鄞州中学

编者点评

> 在本课教学中,作者引用了生物科学发展史上的很多资料,验证了细胞膜结构的三个有序:磷脂双分子层有序排列构成了细胞膜的基本骨架、蛋白质分子有序地结合在磷脂双分子层上、细胞膜结构是高度有序的。作者结合高中阶段学生的心理发展特点,充分挖掘生物知识中所蕴含的有序性,引导学生认识生命的有序性和生命的神奇,让学生感受到生命的美好,进而充实地过好生命中的每一天。

无心和有意之间

李 琼

A 渗透缘起

《生物体的结构层次》是七年级生物课文,这一课时通过橡皮泥模拟受精卵、橡皮泥一分为二模拟细胞分裂等活动让学生感受细胞分裂的意义,在介绍细胞生长和细胞分化的基础上利用插图直观展现细胞分裂、生长、分化三者的关系。文字不多但知识性很强,且三个过程均是微观动态的,对初一学生来说看似简单实则较为抽象。

本课的心理健康教育渗透点有:1.悦纳自己;2.感悟青春期膳食平衡的重要性和细胞无序分裂的危害;3.认同家校合力共促学习的积极作用;4.借肢体语言的无穷魅力,感悟同学间相处之道,增进友谊。

B 渗透节点

1. 借助肢体语言,感悟同学相处之道。

上午第二节英语课后,我准备进教室作课前准备。走廊上遇英语老师正在教育俩男生。刚刚下课时他们发生了一点冲突而且动了手。第三节上课铃声已响,见他俩迟迟未进教室,我出去招呼了他们。进教室的时候,他俩仍是一副怒气冲冲、血气方刚的样子,似乎想继续动手干一架。刚好眼保健操的音乐响起,我什么都没说,只是将他俩拉到一块儿,站在全班同学跟前,让他俩的一只手臂相互搂着对方的肩膀,另一只手互拉着。起初他们怒气未消,不太情愿,两人眼里都含着泪水,但在我的强迫下他俩只好把手拉紧,搂紧对方紧挨着。(下面的学生觉得很好奇,听到动静的都忍不住偷偷睁眼瞄他们)当眼保健操做到第三节的时候,他俩突然笑了,忍不住了,接着下面的学生也笑了。我趁机说道:"我们都是同学,犯得着这样吗?我们给他俩一点鼓励,回到自己的座位上吧。"一阵热烈的鼓掌声后,只觉教室中弥漫着浓浓的情意,我们被友爱的氛围萦绕着。奇妙的肢体语言,有时远胜空乏的言语批评。

2. 巧扣课堂生成,激发积极情感。

(1)激发学生悦纳自己。

师:人和许多生物一样,来自一个细胞——受精卵。(展示受精图片)我们看到的千千万万的蝌蚪状的细胞就是精子,它们正朝着球形的卵子游去。某生:哇!星球大战!(全班哄笑)师:好个星球大战!最终,最强健、游得最快的那枚精子与卵子结合即

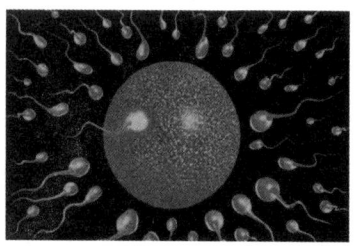

受精形成受精卵。也就是说,我们每个人都是在这场星球大战中胜出的那枚最优秀的精子与卵子结合的产物,我们是父母爱情结晶中最绚烂的那一个!所以,我们必须满怀希望充满力量地面对未来,积极解决困难,做最优秀的自己。

(2)认同家校合力的积极作用。

(学生了解了细胞分裂生长之后)师:如果细胞就这样分裂生长下去,生物体会长得很高大,生物体产生的细胞会一模一样,这样生物之间就没什么区别了。分裂产生的细胞又该如何形成五官、内脏呢?分裂产生的细胞大部分会在生长的同时进行细胞分化,形成各种形态、功能不同的细胞群,即组织。同一个细胞群的细胞形态相似、功能相同。某生:老师,细胞群是什么?师:就是一群细胞。比如我们班的家长QQ群,群里的家长功能是相同的,都为了你们的发展服务。我们老师也一样。(学生们会心地笑了)

3. *立足体验性活动,心育更具震撼力。*

(1)模拟细胞分裂和生长,感悟膳食平衡的重要。

用一个直径约为2厘米的橡皮泥球模拟一个受精卵。学生用小刀将橡皮泥一分为二,模拟细胞分裂。师:随着细胞分裂的进行,细胞数目逐渐增加,但生物个体却不能增大(教师举起橡皮泥示意大小不变),如何解决这个问题呢?因为分裂后的细胞会生长,使细胞体积变大。细胞生长需要营养,人在哪个生长发育阶段长得最快?(青春期)所以我们现阶段需要的营养最多也更全面,要注意膳食均衡。

(2)生生互动,感悟细胞无序分裂的危害。

讲台前用粉笔画一个圈,让一位同学站在圈内表示一个母细胞,经多次分裂、生长后圈内就出现了人满为患现象。师:细胞的无序分裂生长会使局部细胞无节制的增加,癌的形成便与细胞的这种无序分裂生长有关。其实,人体内每个细胞都会照章行事,知道何时该生长分裂,也知道怎样和别的细胞结合。但在精神因素、遗传因素、不良生活方式、某些化学物质等致癌因素作用下,会启动癌细胞分裂生长的"钥匙","钥匙"越多,启动机会越大。生活中我们要远离各种致癌因素,比如……

C 渗透感悟

本节课利用学生认知上的疑惑点,巧设一系列问题,激发学生认知上的冲突,层层展开教学。巧借课堂生成激发学生积极的情感,通过几个体验性活动使学生感悟到膳食平衡的重要性及细胞无序分裂的危害,达成心育的目标。

我始终认为心育只有在教师充分挖掘教材、了解学生、注重学生主体地位的基础上才可能有效达成,水到渠成。有意在于教学预设,无心在于教师将学生心育置于心中,于有意中的无心,才可润物细无声。

作者单位:浙江省杭州市观成中学

编者点评

在本课教学中,作者结合细胞分裂、生长、分化这三个概念比较抽象的特点,通过橡皮泥模拟受精卵、橡皮泥一分为二模拟细胞分裂等活动,让学生对这些概念有清楚的认识。在具体教学过程中,作者通过幽默、形象的表述和模拟实验,让学生感受到自己生命力的顽强,并要注意膳食平衡,远离各种不健康因素。在课堂教学中,学生参与积极,师生互动良好,充分体现了对学生生命的尊重。

70 让课堂动起来

薛佳尔

A 渗透缘起

《减数分裂》是高中生物课文,这一课主要是讲解生殖细胞(精子和卵细胞)形成过程中染色体的行为变化及数目变化。从知识上来讲,这节内容与必修一中的《有丝分裂》是细胞生命历程的重要组成部分,构建完整的细胞生命历程脉络图;从情感教育来说,本节内容从微观角度阐述减数分裂为亲子代之间染色体数目和遗传性状保持相对稳定起着重要作用,为学生理解生命的延续,感悟生命的美好有着重要的铺垫作用。

但由于减数分裂过程比较抽象微观,内容又比较枯燥,在以往的授课过程中教师都比较倾向于知识与能力、过程与方法这两个目标的落实,导致学生难以理解,容易遗忘,在学习过程中易产生抵抗的心理。在新课改中,我们生物教师应该贯彻三维目标,挖掘教材中有利于渗透心理健康教育的点,让生物教学与心育有机结合。

本节课的心理健康教育渗透点有:1.提高学生的操作能力,化微观为宏观;2.提高学生建构曲线模型的能力;3.培养学生小组合作意识。

B 渗透节点

师:美国细胞生物学家威尔逊说过:"每一个生物科学问题的答案都必须在细胞中寻找。"无论是体细胞、生殖细胞都是通过细胞分裂产生。细胞分裂包括有丝分裂、减数分裂等。这节课我们就来欣赏染色体的行为,分析它的数目变化。

1. 设疑寻知。

本节课先由学生根据课本自学,完成学案中关于减数分裂的一些基础知识,如染色体的类型、同源染色体的概念等，为之后的活动奠定基础。

师：减数分裂过程分为减数分裂间期、减数第一次分裂（MI）、减数第二次分裂（MII），而减数第一次分裂（MI）、减数第二次分裂（MII）被人为分成前期、中期、后期、末期。那么各时期的染色体又有什么特殊的行为呢？

活动：四人为一小组，请大家花十分钟时间根据必修二p27-p28中描述的染色体行为，利用手中的8张扑克牌，模拟减数分裂过程（以两对同源染色体为例），并在白纸上绘制减数分裂过程中的染色体、DNA等的数目变化曲线图。

组内四人分工如下：

A.操作员：两位同学根据课本文字各拿一对同源染色体（一对扑克），模拟两对同源染色体在减数分裂过程中的行为变化；

B.记录员：观察记录减数分裂过程中的染色体、DNA等的数目变化，绘制成图；

C.发言员：协助其他同学完成任务，并做好发言准备。

2. *展型寻美*。

师：现在请一组同学上台展示组内成果，其他组补充说明。

学生代表在黑板上模拟减数分裂过程，其他组同学补充拓展。

师：从刚才的演示过程中，我们很清楚地看到在减数分裂的各个时期中染色体犹如蝴蝶般翩翩起舞，时而聚拢，如前期I的联会；时而分离，如后期I和后期II的分离。染色体的一系列行为无一不体现出生命在遗传上的艺术性。那么染色体行为如此美丽，数目变化又具有怎样的规律呢？

3. *绘数寻律*。

师：请发言员上台把刚才活动中绘制好的图表展示一下，并解释各曲线变化的原因。

其他组评价补充。

师：通过大家的努力与完善，现在曲线已经非常完美了，那我们能否从中感悟减数分裂中的规律美，推导出二倍体生物中各项数量的变化呢？

以小组为单位，学生自己推导总结减数分裂过程中的数量变化规律，感受遗传的规律美感。

4. *溯源寻根*。

师：正因为减数分裂使得生物产生的雌雄配子染色体减半，再通过受精，雌雄配子结合产生合子，染色体数目又恢复为原来个体的染色体数，保持了子代与亲代之间体细胞中染色体数目的相对恒定。这巧妙的分裂和结合，即使物种保持了相对稳定，又使物种延绵不绝，繁衍不息。如果其中一个环节出现差错，生命就会有瑕疵，甚至诞生不了。我们每一个人的诞生都离不开有性生殖的分合之美，都是上天的恩赐。老师希望大家学过此节课后，能对生命有一个新的感触，懂得珍惜生命，感恩生命。

C 渗透感悟

本课教学紧紧围绕新课标的理念"提高生物科学素养,面向全体学生,倡导探究性学习,注重与现实生活的联系",根据高中生的心理发展特点、年龄特点,挖掘生物教材中的生命美学,把生命之美带入课堂,融入教学,既熏陶学生的情怀,又陶冶学生的情操,帮助学生形成珍惜生命、感恩生命、赞美生命的情感。同时,利用小组活动,组间互评等多种形式,丰富课堂形式,充分体现新课改大潮下"以学生为主体,让学生多动"的理念,使学生在生物课堂学习的过程中有一种焕然一新的感觉,减轻学习压力,在做中学,在玩中学。

但由于课堂的时间限制,减数分裂的过程模拟以及曲线的绘制耗时比较久,导致了减数分裂和受精作用中其他的生命美学就无法渗透,影响学生对生命之美的感受不够彻底,需要多加考虑完善。

作者单位:宁波市象山中学

♥ 编者点评

> 作者针对本课知识点抽象微观、且内容枯燥乏味的实际,在具体教学过程中,让学生分组利用扑克牌模拟减数分裂过程,并在白纸上绘制这个过程中的染色体、DNA等的数目变化曲线图。在此基础上,让学生进行成果汇报,让大家对这个过程有更清楚的认识。作者通过本课教学,让学生认识到减数分裂为亲子代之间染色体数目和遗传性性状保持相对稳定起重要作用,为学生理解生命的延续、感悟生命的美好起了积极作用。

青春起航从"心"开始

王玉玲

A 渗透缘起

《青春期生长发育》是七年级课文,这节课对"青春期的概念""青春期的年龄范围""青春期发育的重要性"只用了五行内容作介绍,而青春期生理变化和青春期心理变化则运用三页半介绍。因而本课的重点是青春期的生理和心理变化。

青春期学生对自身或异性变化易产生疑惑和好奇心理,教师有责任讲解有关科学知识,消除他们的疑惑和好奇心,使他们能够自我了解、相互了解,正确处理好这一阶段产生的各种心理矛盾而健康成长。

心理健康教育渗透点:1.掌握正确、科学的青春期生理知识,是中学生正常合理的要求,它不仅有助于破除性神秘感,还能促进生理发育和身心健康;2.青春期心理波动是正常表现,但要通过正常的渠道释放和矫正,培养健康向上的人格;3.男女同学之间彼此愿意接近、相互吸引是青少年心理发展必然经历,但必须把握心理距离,交往程度宜浅不宜深。

B 渗透节点

1. 把握青春期生理。

教师:你生理上进入青春期了吗?对照表格,看看你是否进入青春期?

多媒体展示:男生、女生青春期的身体变化:喉结、乳房、腋毛、阴毛。

学生:先目不斜视,再小声议论,继而热烈讨论!

播放视频:《遗精》《月经的形成》。

教师讲解:男孩遗精和女孩月经是正常的生理现象,没有必要藏藏掖掖。讲解男女特殊时期的注意事项。

通过视频和教师讲解,学生不但了解了青春期自己身体变化,还知道了异性身体的变化,对原来羞于启齿的现象得到了科学的解释,破除了学生对性的神秘感,为青春期心理教学提供了理论基础。

2. 把握青春期心理。

教师:你有过这样的感受吗?爸爸妈妈什么事都要管,烦死了;不愿意和爸妈交流,一回家就钻进自己的房间,并开始锁门了;情绪多变,易冲动,控制不住自己,过后又后悔;对老师和家长的说教很不耐烦,有时故意和他们对着干……

学生:互相交流,纷纷点头,争先恐后发言。

教师:青春期的我们有了强烈的独立意识,内心世界逐渐复杂,自我意识和道德意识增强,但是仍保持着儿童时期的某些心理特点及幼稚,情绪多变,易于冲动,这都是青春期正常反应,不用自责和担心。但是我们不能放任自己,应对策略是正确认识自己,自尊自重;树立正确的人生观,增强自己的责任感;培养和发展兴趣爱好;磨炼意志,提高自我调控能力;经常与家长、老师、同学沟通;多参加集体活动,克服自我中心的个体意识等。

学生:小声议论,脸上如释重负。

这一小节的教学,让学生认识到青春期是每个人学知识、长才干、树立理想、塑造美好心灵的关键时期。所以,青少年学生应积极参加各种社会活动,互帮互助,相互尊重,健康快乐地度过这一金色年华。

3. 把握青春期情感。

心理活动测试:坐姿:一手放在桌子上,头趴着,一手放在头上,听"指导语"做有还是没有手势(头上手的拇指竖起或放下),直到老师喊停时才可抬头。

教师:你对异性有朦胧的喜欢吗?有过喜欢的人吗?你支持恋爱吗?若现在有一个人说喜欢你,你和他(她)会成为男(女)朋友吗?你想恋爱吗?你已经恋爱或正在恋爱吗?

学生:认真做手势。

教师:青春期对异性的好感和爱慕都是正常的,在异性交往中获得的情感交流和感受,往往是在同性朋友身上寻不到的,更容易激发内在的积极性和创造力。尽管健康的两性交往对我们的成长有诸多好处,但是青少年的心理发育不够成熟,还没有形成稳固的性道德观和恋爱观,加上自我控制能力弱,因而很容易受到外界因素的影响而误入歧途。因此,我们提倡男女同学间正常交往:端正态度,广泛交往,避免个别接触;把握二人交往的心理距离,排斥让彼此感到过于亲密和引起心绪波动的接触。

青春期少男少女彼此向往是青春期心理发展的正常表现,由于它是以两性间自然吸引为基础而产生的最纯洁、最真挚的情感,因而是高尚的、美好的。但是由于青少年心理和生理发育还不健全,自控能力还有待提高,所以我们也要把握好两性交往的尺度,防止"过"与"不及"。

C 渗透感悟

青春期的中学生是身心发育的关键阶段,生理上的急剧变化,引起心理中的动荡不安,这个时期如果得不到正确的引导和教育,会对他们的一生造成不良影响。本课时结合教学内容,对学生进行有针对性的、科学的青春期教育,既从生理上消除学生性意识的神秘感,又从心理上引导青少年正视自己的青春期发育,消除封建、偏见以及一些不正确、不健康的思想,帮助学生树立正确的人生观和价值观,为学生今后的健康发展提供了理论基础。

作者单位:宁波市江北区绿梅中学

♥ 编者点评

本文作者结合学生普遍进入青春期的实际情况,通过视频播放、师生交流、心理测试等多种途径,从"把握青春期生理""把握青春期心理""把握青春期情感"这三个层面,进行了深入的探讨。本课教学,可以让学生掌握青春期生理知识,打破神秘感,坦然接纳自己的生理变化和心理变化,并认识到青春期对异性产生好感是正常的,但要注意交往的尺度。作者针对学生的实际困惑,让学生放下心理包袱,快乐地度过青春期。

72 减数分裂的那些事

张碧升

A 渗透缘起

《减数分裂中的染色体行为》是高中生物教学内容,包含了"染色体""减数分裂过程中的染色体行为""精子与卵细胞的产生和受精"以及"减数分裂的意义"四部分内容。这一节内容主要关注减数分裂中染色体的行为,从本质上解释了亲代与子代之间的遗传与变异。

"我从哪儿来?""为什么我像爸爸妈妈,却又不完全相同?"类似的问题困惑着孩提时代的学生们,而处于青春期的他们,性生理逐渐成熟,性心理却未必跟得上节奏。在本堂课授课过程中,针对学生可能面对或者提出的疑问进行解答学习,不仅有助于课堂内容的学习,也有助于学生身心健康发展。

本节课的心理健康教育渗透点有:1. 跟随科学探究过程,体会科学探索的伟大;2. 学习减数分裂过程中染色体的行为,感受生命多样性的神奇之处;3. 了解精子与卵细胞的产生过程,思考减数分裂与受精作用的意义。

B 渗透节点

1. 追随科学的脚步,体验探索的愉悦。

从1883年比耐登(Beneden)第一次看到减数分裂的结果,到1891年亨金(Henking)观察到减数分裂过程中染色体行为,再到现在课本中讲述的减数分裂完整过程……我们现在学习的知识是一代代科学家不断探索的成果。我们对于现在获取知识看似容易,而成果的得出是漫长的,甚至有些仍旧是未解之谜,等待我们以及后人们进一步探索,所以我们应该珍惜现在学习的机会,也应该认真学习,才不辜负前人的艰难探索。

学生通过对教师呈现的小资料的分析,试着将自己进行角色转换,从当时科学家的角度去思考问题,体会科学探索的过程,得出正确的结论,有助于激发学生学习热情,既培养了学生换位思考的能力,又体会了科学探索的不易,因而更加珍惜学习机会,树立正确的学习态度。

2. 练习自由组合,体会变异之奇。

减数第一次分裂过程中,同源染色体联会时,可能会发生非姐妹染色单体的交叉互换现象;减一后期,同源染色体分离,非同源染色体自由组合。以一个细胞中有四条染色体(2对同源染色体)为例,可以获得两种组合方式,而细胞中同源染色体对数越多(n对)，组合方式越多(2n种)，最后产生的生殖细胞的种类也越多，这就为生物多样性创造了条件。

新高考实行之后，每个同学面临更大的选择空间，不同的人有不同的学科组合方式，这也正迎合了学生多样的个性特点。鼓励学生相信自己，做与众不同的独特的自己，树立自信，传递正能量。

3. *知识无关颜面，科学才是正理。*

了解了减数分裂过程中的染色体行为之后，结合细胞质的分裂方式，以哺乳动物为例，说明精子、卵细胞的产生和受精过程。

由于卵原细胞分裂过程中的不均等分裂，1个卵原细胞最终形成1个卵细胞，而1个精原细胞则能形成4个精细胞，这也解释了为什么雄配子数目大于雌配子数目。

有同学会提出：排卵的过程就是月经发生的过程。这是对生理知识的错误理解。但是说起月经的时候，男生则窃笑，女生就害羞地低头，羞于谈起这种"尴尬"的事。此时，作为教师就趁机对学生普及知识，使学生掌握正确的科学知识，及时纠正错误观念，并且教师在讲述过程中的态度应该是淡定从容的。排卵和来月经都是自然的生理过程，有利于人类的生存和繁衍。就科学角度而言，知识不存在羞耻之说。

减数分裂过程中染色体的行为导致最后产生的生殖细胞有多样性，而受精过程中雌雄配子的随机结合又为生物多样性提供了可能，所谓"一母生九子，九子各不同"，所以我们每个人都是独特的个体，鼓励学生正确看待自己的与众不同。

C 渗透感悟

减数分裂过程中染色体的行为在学习过程中是很抽象的，可能会显得枯燥而难以理解，但是这个过程中又涉及个体生命的起点——受精卵的产生。知道我们从哪儿来，是一个高中生必须具备的知识。但是在获得知识之外，体会科学探索的不易与精彩，对科学家的工作充满崇敬，促使学生更加热爱学习，有助于学生树立正确的价值观；发现生物的多样性，感受大自然的精彩纷呈，而更加珍惜多彩的生态环境；精卵细胞种类繁多，而自己的存在是独一无二，这样的体会有助于学生树立正确的人生观，正确看待自己，评价自己。

美中不足的是，课堂内容中涉及的性知识较少，如果没有学生主动提出，教师强硬地加入相关内容可能会引来学生反感，如何恰当地不失时机又自然而然地穿插性知识也是对教师技能的考验。对学生而言，通过教师的传授，相比于从网络、影像、非正规书籍等渠道获取，更有助于学生身心健康发展。

作者单位：宁波市北仑明港高级中学

编者点评

本文作者针对减数分裂中染色体抽象难学的特点,从科学家对减数分裂的不断探索、染色体组合方式的多样化、受精卵的产生等方面,让学生感受到科学探索的不易、因染色体的组合多样性而导致的生物多样性以及生命的起点和伟大。通过本课的学习,可以让学生认识到个体差异的遗传因素,每个人都应该做与众不同的独特自己,强化自信,活出人生的精彩。这对于学生树立正确的人生观是很有帮助的。

73 感恩妈妈,咱说的就是虚岁

郑晓庆

A 渗透缘起

"我是从哪里来?"这是小孩给爸爸妈妈出的难题。通过对七年级《人的生殖与发育》的学习,将使孩子了解人类生育的奥秘,帮助孩子健康地度过青春期。本课心理健康教育的渗透点有:1. 感受生命的来之不易;2. 用"虚岁"感恩母亲。

B 渗透节点

1. 情景"引"疑。

师:老师的孩子是2007年4月份来到这个世界,为了庆祝孩子来到我们身边已经整整九年了,我们准备为孩子过一个简单而隆重的十岁生日。

生:为什么出生九年却过十岁生日? 是虚岁周岁的原因吗? 为什么我们有周岁虚岁两个年龄呢? 我们到底用周岁还是虚岁啊?

2. 情景"释"疑。

师:当我们了解了生命是如何诞生之后,这些问题或许就迎刃而解了。

视频:在荡气回肠的背景音乐中,用3D模拟出的数以亿计的精子前仆后继的涌向卵细胞,向学生展示着生命诞生的那种奇妙,那种唯一,那种不可复制。

生:老师,您能告诉我,我从哪来吗?

师:新生命的诞生就是从卵子和精子的结合开始的……成熟的卵子在输卵管中移动,当遇到精子时,就被许多精子包围,最后只有一个精子进入卵细胞内,形成受精卵。受精卵逐渐向子宫腔移行,在移行途中一面移行,一面进行细胞分裂,逐渐发育成胚泡；胚泡进入子宫，最后植入子宫内膜，就好比一粒种子落到土壤中，这就是胚泡着床，母亲怀孕的开始。从此一个新的生命就开始了发育、成长的历程……母亲怀孕8周左右，胚胎发育成胎儿，此时已初具人形……怀孕到第40周时，胎儿发育成熟……胎儿一离开母体，便"哇哇大哭"，宣告一个独立的新生命的诞生，而整个分娩过程，母亲更是要忍受着你们无法想象的剧烈阵痛。婴儿出生后，父母不知道还要经历多少个不眠之夜，操多少心，花费多少精力和财力，才能把你们抚养成人。这是多么不容易啊！

3. 情景升华，水到渠成。

"老师，我知道虚岁和周岁的区别了……"一切都显得那么自然，我微笑地看着他，示意孩子继续说下去。

"周岁是从母亲分娩后开始计时的，虚岁是从受精卵开始计时的。"

"我不知道第一位提出虚岁和周岁的人是基于什么道理、原因提出的，可是我觉得完全可以用××同学说的来理解周岁和虚岁，你们同意吗？"

"同意！"声音整齐有力。

"那么又有谁能来告诉郑老师，当长辈问你年龄时，你要报周岁还是虚岁呢？"

"说虚岁，因为我们不能忘记妈妈十月怀胎的辛苦，是这样吗，老师？"

"是，你们说得太对了，你们赋予了虚岁新的内涵，郑老师非常非常感动、高兴！"

一个出乎意料的问题，一个水到渠成的答案，这是一堂科学课，但是我分明感受到暖暖的温情，在教室里无声蔓延，这让我终生难忘。感恩是一种处世哲学，也是生活中的大智慧。当我们苦口婆心地向孩子们灌输着"为什么要感恩，如何感恩"，或许已经让感恩离我们远去。

C 渗透感悟

课上到这儿，学生已经被如此神奇的生命历程深深吸引，这是他们都有经历过却没有感受的生命历程，这是他们从来没有想象过、显得有些抽象却又如此真实客观的生命历程，似乎在说课的不是我，而是孩子们遥远的基因深处的一个灵魂在轻轻地诉说着那段本该让人刻骨铭心的生命历程。都说人最了解的是自己，最不了解的也是自己，或许这节内容就是让孩子们又一次开始以全新视角审视自身的新起点。

初中科学，既要培养学生对科学的态度，也应该有情感的渗透和对价值观的引导。在这一堂课中，除了让学生掌握最基本的生命孕育的过程，也以"我们为什么要说虚岁？"作为突破口，激发了学生的课堂兴趣，更是让学生体会到生命不是从"呱呱坠地"的那一刻才开始的，我们的生命和父母紧密地联系在一起，珍爱生命、感恩父母是我们的责任。

科学课的重点不仅仅是科学研究和认识,在掌握基本科学认识的基础上,让学生提升情感体验和价值观,从而引起心灵的触动和感悟,最终形成科学的情感态度及科学素养。培养学生的情感不能像传授知识一样直接教给学生,而是要创设机会通过参与互动,日积月累,让学生感受、体验与内化。而培养学生对科学的积极情感,引导学生形成正确的科学态度和价值观,这也是当今科学教育界所倡导的教育理念。

作者单位:宁波东海实验学校

> 虚岁和实岁仅有一年之差,但本文的作者从生命意义上对此进行解读,则让人感受到了虚岁这一年并不虚。作者通过播放3D模拟受精卵的产生过程,让学生深受震撼。在此基础上,教师向学生解释生命的由来。因此,学生自然就懂得了妈妈十月怀胎的不易,也体会到了这一虚岁的伟大意义。这样,学生自然而然就对虚岁有了好感,也因此会更加体会到妈妈的艰辛,对妈妈产生感恩心理。这真的是一节独具匠心的学科渗透心理健康的课。

74 世间的爱与责任

周 庆

A 渗透缘起

《细胞的分化》是高中生物教学内容,这节内容分为三部分:第一部分是细胞分化的概念和意义,以及癌细胞的主要特征;第二部分是细胞全能性的概念和实例;第三部分是干细胞的类型和应用前景。

细胞分化从研究的层面来看属于细胞水平的研究,对学生来讲属于抽象知识。若能将相关知识联系生活实际,既可激发学生学习兴趣,加深对知识的理解,也可有效地起到心理健康教育的作用。

本课的心理健康教育渗透点有:1.感悟事例中体现出来的伟大母爱;2.通过癌变原因的分析,逐步确立积极的生活态度和健康的生活方式;3.针对白血病患儿救治问题的再思考,提升社会责任意识。

B 渗透节点

1. 故事引入,展现母爱伟大。

师:介绍丘索维金娜辉煌的运动生涯。话锋一转,指出她的伟大绝不仅限于此! 2002年,其年仅3岁的大儿子阿廖沙被诊断患上了白血病。为了爱子,忍受跟腱断裂等伤病,克服高龄,毅然复出……

学生从故事中感受到伟大的母爱。其实,回想身边的人和事,假如有必要,我们的父母为了自己的子女何尝不是如此。

2. 师生互动,思考癌变原因。

师:白血病也称血癌,是癌症的一种。老百姓们"谈癌色变",是什么原因促使癌症发生率逐年提高?

学生展开激烈的探讨。有的从遗传因素入手举例,有的从生活方式角度举例。如:有的学生提到香烟中含烟焦油,所以吸烟将导致肺癌发生率上升;有的学生提到花生霉变后会产生黄曲霉素,是致癌的原因之一;有的学生提到臭氧空洞导致皮肤癌发病率上升……

最后,在教师的引导下总结出致癌的内因和外因,并提出如何降低癌症发病率的措施。学生们总结得出的主要措施是:远离各种致癌因子;保持健康的生活方式和积极的心态。

3. 破解癌症,树立责任意识。

投影展示图片,并简介紫杉醇——近些年国际医疗界认为的最有前景的抗癌药物。该药可从红豆杉中提取,能抑制癌细胞分裂,对多种癌症有突出疗效。但由于前期认识不足,红豆杉的破坏非常严重,已属于濒临灭绝植物。

师:现在因病致穷的现象还是比较多的,究其原因还是抗癌药物稀缺所致。同学们能不能结合自身实际,谈谈如何为破解癌症出自己的一把力?

学生从课堂教学延伸到对自身社会角色和责任的思考。如有的学生从公民的角度,提出应该提高自身修养,保护身边的一草一木,不再让遗憾再现;有的从学习者角度,提出努力学习,为破解社会难题出一份力。

4. 骨髓移植,拯救"阿廖沙"。

本课从导入环节开始,学生心中便有一个疑问,那就是——阿廖沙最后有没有得到有效地治疗?让学生将这一问题埋藏半个小时,既是为了提高学习的亢奋程度,同时也是良好的心理体验教育。让一个人等候答案半小时的痛苦,与那些患者焦急等候供体的痛苦相比,孰轻孰重?

师:介绍阿廖沙最后得到医治的方法和结果。

学生们心中的石头落地,各个面露笑容,由衷地为这对母子高兴。

师:可是相比阿廖沙的幸运,我国每年也有约400万各类疾病的患者等待着骨髓移植,而其中的很大一部分人缺的不是资金,而是合适的供体。我国有13多亿人口,这本应有一个很庞大的供体库,可惜……(欲言又止)

学生们都陷入沉思。在片刻沉思之后,开始有人想知道如何捐献骨髓。

最后,教师适时播放志愿捐献造血干细胞的宣传片,并解答学生提出的若干捐献疑问。从学生的表现可以看出,学生从最初的好奇,以及对丘索维金娜伟大母爱的赞叹,逐渐转变为对自身社会责任的思考。

C 渗透感悟

本课设计采用故事情境导入,根据学生的心理特点和已有的知识储备,尽可能挖掘文本与心育之间的关联点。通过师生互动,实现了在落实知识点的同时,培养学生心中有世间大爱与责任意识的心育目标。

细胞的分化是个体发育的基础,通过机体内细胞之间的分工合作,有利于提高各种生理功能的效率。倘若有细胞畸形分化,后果之一便是有可能发生癌变。因此,正常而有序的细胞分化对于机体内部和谐至关重要,对每一个细胞自身功能的体现也不可或缺。

作为一名公民,犹如机体内的一个细胞,如何让自己在社会中体现出自己的价值,我认为便是对社会有所贡献。回顾科学发展史,科学的发展源于社会发展的需要。马克思曾说:"科学绝不是一种自私自利的享受。有幸能够致力于科学研究的人首先应该拿自己的学识为人民服务。"作为一名高中生,站在人生职业和理想取向的关键路口,用科学知识武装自己很重要,而心中怀着对社会的大爱和责任更为重要。

作者单位:宁波慈溪市赫威斯育才高级中学

编者点评

> 由于细胞分化这一概念比较抽象,作者在教学中引入丘索维金娜因为3岁儿子阿廖沙得白血病而忍受严重的病痛复出的事例,并水到渠成地探讨白血病形成的原因,这样就引出了细胞分化和畸形细胞分化的概念。在此基础上,作者探讨了新时期抗癌药物的研究,并引发了学生对自身社会责任感的思考。最后,作者不忘阿廖沙的命运,介绍了他最后得到医治的方法和结果,让学生体会到了捐献骨髓的意义所在,让学生感受到社会责任感和人间大爱的真谛。

探索植物尖端的秘密

崔飞春

A 渗透缘起

《植物生命活动的调节》是八年级教学内容,是继学习动物及人的生命活动调节后,对植物生命活动调节的学习。教材主要介绍了植物的感应性,包括向光性、向水性、向重力性及感震性,以向光性为教学重点并介绍植物第一激素生长素的发现史。

生长素的发现前后历经53年,经历了三个阶段,从1880年达尔文观察植物向光性时萌发的猜想开始,到1933年F.克格尔提取分离为止。生长素发现史的本身就是一篇震撼人心的心育教材。因此,本节课的教学不仅要求学生掌握知识技能和过程方法,更要让学生领悟科学的本质,体验科学探究的过程。

本课的心理健康教育渗透点有:1.热爱生活,善于观察,敢于猜想,勇于实践;2.体验科学探究过程,学习科学家严谨的工作作风;3.体会到科学探究是一个艰难而漫长的过程,学会勇于面对挫折,怀抱梦想,坚持不懈的坚毅品质。

B 渗透节点

师:看到窗台上的植物向光生长,你会想到什么?对,是什么促使它向光生长?科学家们也发现了这个问题,并不断猜想、实验,最终发现了生长素。我们来回顾一下生长素的发现之旅。(视频或图片投影,并指导学生阅读《生长素的发现》)

1.达尔文的猜想。

师:植物的感光部位在哪?如果你不想感受到光,你会怎么做?

生:遮住眼睛。

师:太好了,你的想法跟达尔文不谋而合,说明科学探究并没有我们想象的那么难!

19世纪末,达尔文注意到植物的向光性,并提出了两个猜想:①植物生长弯曲跟尖端有关;②植物的感光部位在尖端。而后他设计了两组对照实验:①用单侧光照射,胚芽鞘向光生长;切去尖端后胚芽鞘不生长也不弯曲,说明植物生长弯曲确实跟尖端有关;②在尖端罩上不透光的锡箔小帽,胚芽鞘直立生长;在胚芽鞘基部围上不透光的锡箔,胚芽鞘向光生长,说明植物的感光部位在尖端。

师:在经历多次失败后,达尔文并没有放弃,最终将胚芽鞘作为研究对象才取得了成功。对此你有怎样的感悟?

生:失败并不可怕,只要找到问题改正就好。

师:说得真好!也许失败时你离成功只有一步之遥。

而后达尔文又提出了新猜想:植物的尖端能产生某种促进植物生长的物质,并能向下运输作用在基部,使得植物的背光面生长速度大于向光面,从而实现弯曲生长,但是遗憾的是他并没有在他的有生之年验证他的猜想。

生:太可惜了!

师:是的,也许你的想法不一定会被证实,或者不一定会被认同,但只要它是正确的,就是有意义的,时间会证明一切。

2. 温特经典实验。

1928年,温特实验进一步证实达尔文猜想,他把用胚芽鞘尖端处理过的琼脂块放在切去尖端的胚芽鞘切面一侧,胚芽鞘向对侧弯曲生长;将未处理过的琼脂块放在同一位置,胚芽鞘则既不生长,也不弯曲。这证明了尖端产生的化学物质的确能向下运输。温特将这种物质命名为生长素。

3. 克格尔的提取分离。

1933年,F. 克格尔从人尿和酵母中分离出吲哚乙酸,证明吲哚乙酸即是生长素。此后,科学家们发现生长素不专指吲哚乙酸一种,它是由多种具有生长效应的物质组成的,普遍存在于各种植物组织之中。

生:生长素的发现竟然经历了这么长的时间,科学家们真是太不容易了!

师:是啊,生长素的发现历经53年,从最初的猜想到最终的提取,虽然过程很曲折,但科学家们始终没有放弃。同学们,你们也一样,无论是今后的学习还是生活,可能会遇到挫折,可能会一下子看不到前行的方向,但是老师希望你们不要放弃,心怀梦想,坚定不移,必定会有所收获!

C 渗透感悟

生长素的发现过程体现了科学探究的基本思路:提出问题,做出假设,设计实验,得出结论。在整个过程中,科学家们需要学会坚持,学会克服困难,学会不断地修正重来,这些恰恰是学生缺乏却又难能可贵的品质。本节课就是要引导学生体会到科学探究是一个艰难而漫长的过程,让学生明白有时过程远比结果重要,同时学会用科学的方法解决学习生活中的问题,积极面对,轻不言弃。

我所任教的是八年级学生,他们课业负担较重,高强度、快节奏的学习生活使学生的心态较为浮躁,电脑、手机的出现使学生更少地接触自然,对生活也缺乏细致观察的耐心。同时,他们的心理尚未完全成熟,耐久性、独立性还不够,缺乏克服困难的勇气和毅力,一旦遇到挫折,往往会选择逃避而不是积极寻求解决的方法。有时教育不仅仅是传授知识,更是传递一种积极健康的心态,在科学教学中渗透心育,使他们有美好、坚定的梦想,学会坚持不懈,学会解决问题,从而更好地学习生活。

作者单位:宁波市江北外国语学校

♥ 编者点评

　　作者结合生长素的发现前后经历三个阶段长达53年的事例,体现了科学探究的基本思路:提出问题,做出假设,设计实验,得出结论。但这个过程中需要学会坚持,学会克服困难,学会不断修正重来。其实,学生的学习过程中非常需要这样的品质,有了这样的品质,自然会更好地面对压力和挑战,不轻言放弃,更好地超越自我。这可以帮助学生更好地直面学习和生活中的各种挫折,切实提高自身的应对能力。

心育渗透之音美学科

爱要大声唱出来

金 剑

A 渗透缘起

《让世界充满爱》是九年级的音乐教学内容,这一课以"爱"为线索,通过发现爱、感受爱、表达爱三个环节来达到演唱这首歌曲的目的和意义,爱的主题对于孩子来说都比较迷惘,学生无法切身体会大爱,认为父母给予的一切是理所当然的,通过这节课来找到爱、感受爱、表达爱。利用歌曲的演唱使学生感受音乐与心灵的沟通,在学唱歌曲的过程通过分析、讨论、体验,使学生意识到各音乐要素在表现歌曲内在感情上的作用,了解作者用音乐来表现生活的精神,并学会关心他人,帮助他人。爱,让世界大同;爱,给世界带来和平;爱,为人们带来欢乐和希望。那么请不要吝啬你的爱,献出你的爱让世界因你而变得更加温暖。

心育的渗透点有:1. 从身边的小事着手,了解什么是爱;2. 从歌声中体会爱,并将爱大胆地唱出来;3. 通过这首歌曲来调整亲子关系,改善亲子互动,加深孩子与父母的内在连结,从而让学生明白爱是一个永恒的主题。

B 渗透节点

1. **发现爱**。

引入情景:伴随《让世界充满爱》的音乐出示图片(妈妈搂着孩子、爸爸亲吻孩子)。师:同学们你们看了这些图片后想到了什么?学生观看图片并回答问题(母爱、父爱)。师:同学们,回想一下你小时候有哪些跟爱有关的事情呢?学生回答。师:这位同学说得很好,但是如果这个妈妈不搂着他、爸爸不亲吻他,你会有怎样的感觉?(伤心、难过)是啊,我们每个人都离不开爱,因为有爱才会让你觉得温暖。我们希望爸爸妈妈爱我们,有了他们的爱我们会觉得很快乐,但是如果有的人缺少这样的爱,他们会怎么样?或许会很哀伤、很害怕、很担忧,就像我们害怕孤独和黑暗。

2. **感受爱**。

师:再次聆听音乐,感受音乐的节奏。师:刚才的音乐让老师回忆起小时候生病时妈妈照顾我的情景,我摔倒的时候朋友来扶我的情景。同学们是否跟老师的感受一样呢?小明:妈妈为了让我吃得更好,一大早起来为我准备早饭,天天送我上学。(学生自由讨论、交流)师:同学们,这些都是发生在我们身边的故事,正因为有了爱,我们才觉得温暖。如果失去了爱,我们还能感受到温暖吗?困难不断地向我们发出挑战,我们之所以能战胜困难,正是因为我们心中有爱,才能一次次地拯救他人,拯救自己。老师希望你们看到身边人有困难时,能伸出援助之手。把你的爱带给身边的人,那么你也将收获他们的爱。

3. 表达爱。

师:同学们,我们了解到身边处处都有爱,下面我们带着这种感受、情绪来演唱一下这首歌曲。首先我们用哼鸣声来感受一下这首歌的感觉。师:同学们已经找到感觉了,我们一起来演唱一下吧。"轻轻地捧着你的脸,为你把眼泪擦干……"师:在刚才的演唱过程中,有些同学大声地演唱了,可是有一些同学唱的时候声音很轻,看来还不太会表达爱,我们再来唱一次,在唱的过程中想象着父母给你的爱,大声地把爱唱出来。师:刚才这一遍老师感受到了大家发自内心的爱,下面我们请一部分同学来给我们演唱一下,其他同学请闭上眼睛感受他们的歌声。师:同学们做得非常好,经过多次的演唱终于把你的爱大声地唱了出来,老师希望所有的同学能大胆将心中的爱通过唱歌的方式表达出来,让世界充满爱。

C 渗透感悟

爱是我们每个人一生的主题,对于初三这一阶段的学生来说"成人感"更加明显,自尊心大大增强,他们比初一、初二的学生更渴望教师和家长的尊重与理解,更渴望得到爱,学习成绩相对稳定,初三学生心理发展迅速,开始趋向定型。观察力接近成人水平,意义识记占主导地位,思维活动已有抽象、概括的水平。学习兴趣基本稳定,学习成绩亦开始相对稳定。让学生理解爱对于每一个学生都意义重大,学会感恩,学会表达深埋在自己内心的爱变得尤为关键。

在中学生心理健康教育中,通过运用音乐这种非语言性的审美体验活动来达到心理调节的目的,它更能被中学生所接受,其作用也更为深远。(1)它有利于陶冶学生的音乐情趣;(2)有利于学生心灵的净化,有利于帮助学生形成健康的人生观、道德观、世界观。这首歌曲融入了心育的内容,帮助孩子找到了宣泄的方式,拥有了感恩的心,能更好地感受爱、表达爱。这将促进亲子关系,提高孩子学习积极性,考出优异的成绩,达到理想的目标。

作者单位:浙江省湖州市第四中学教育集团

编者点评

在本课教学中,作者首先通过播放《让世界充满爱》的音乐并配以图片,让学生发现爱;然后再次聆听音乐,感受音乐的节奏,让学生感受爱;最后师生一起来唱歌,学会表达爱。在唱的过程中,先哼鸣,然后让部分同学大声唱,最后让全体学生大声唱,一起来表达爱。作者的做法,符合音乐课的教学规律,同时,这节课从情感的角度来讲,发现爱、感受爱、表达爱,可以让学生宣泄情感,帮助自己改进亲子关系。

剪出快乐

于 姚

A 渗透缘起

《喜气洋洋》是四年级美术的教学内容,这一课是在课堂教学中引导学生从说说身边的开心事、观察节日里的快乐生活,到感受节日带给我们的快乐。通过回忆,观察一些学生喜闻乐见的传统节日中富有吉祥寓意的装饰物品,节日中有特点的快乐场面,并用剪一个"喜"字的形式感受节日的快乐,让学生感受美好生活,进而培养学生的注意力、观察力和想象力。

美术课以其独特的教学内容和教学方式,已经包涵了丰富的情感内容,在教学中学生能感受到情感的交流,观察力和想象力的培养。教师应该在原有教学的基础上,挖掘深层次的情感,碰撞出交流的火花,更好地培养学生良好的心理素质,让他们有一个快乐、阳光、敢于挑战、勇于面对困难的心态。

本课的心理健康教育渗透点有:1. 感受传统节日当中对生活的美好祝愿、渴求和快乐;2. 培养学生对传统装饰物品特有样式美的观察,并对其寓意产生合理的想象;3. 激发学生对传统节日的兴趣,通过生生互助,克服创作中遇到的困难和挫折。

B 渗透节点

1. **谈话激趣,回忆快乐。**

师:请你说说发生在身上的开心事,这些事有的发生在我们日常生活中,有的是发生在喜庆的佳节里,在这些开心的时刻,你的心中会用哪一个词来形容?(揭示题目)

在开心的节日里,人们会用哪些不同方式表达心中的"喜气"呢?为什么要用这些方式表达呢?如果让你表达会用什么方式?

对啊,节日里人们会在家门口贴上对联,表达对新的一年的祝福,还会贴各种窗花,渲染节日的气氛,表达了欢庆节日时的一颗火热的心,也预示着我们的生活蒸蒸日上,红红火火,这些让我们感受到了快乐。

2. **直面作品,创造快乐。**

师:今天老师也带来了三个在节日里装饰用的物品。(依次出示鲤鱼、中国结、辣椒)鲤鱼,在节日里表示什么含义?中国结又有什么含义?辣椒呢?你发现它们的样子是怎样的?为什么是对称形状的呢?请大家仔细观察并动动脑筋,想象一下。对称是成双成对的,表达了人们互相帮助,要团结,不分离,不孤单,不寂寞,节日里的快乐就是人与人之间的分享。

想着这些美好的时刻,我们也要用美好的方式表达自己的快乐,今天,我们就要学习剪"喜"字。(出示一个大红双喜)

(课件)出示一个汉字的"喜"字和半个"双喜",看,他们有什么不同?

原来双喜是由喜欢、喜庆的"喜"字变过来的,我们要剪这样对称的喜字可用什么方法?今天想请同学们帮老师来研究新的方法,而且只要用上3刀就可以完成双喜。

真厉害,同学们一下子就学会了,但是你们发现了没有,我们剪的喜字都一个样,现在老师有个想法,想让这"喜"字变一变。(示范变化——将内口剪成半个爱心)说一说如果让你变你会变什么,有什么寓意。

花朵、元宝、小鱼……(寓意:笑口常开、招财进宝、年年有余……)

当有些同学碰到困难时,想一想怎样才能获得成功?你也可以帮他一起解决,在帮助他人中快乐自己。

3. 交流分享,展示快乐。

师:通过我们的努力,完成了作品,现在请大家带着自己的作品站到台前,用简洁的语言介绍自己作品?并说说想表达什么?

喜字中加了个爱心,代表着喜气,快乐就是每个人都要有一颗爱心,喜字包含了四个爱心,代表着一家四口,永远和美在一起,这样生活才会更好,才会更快乐。

剪了大红喜字,增添了喜气洋洋的气氛,我们也在这里感受到了节日的快乐。老师希望大家在以后的生活中,不管碰到什么困难与挫折,都要抛开烦恼,心中永远有个"喜"字,也像这个大红喜字一样,红红火火,快乐永驻。

C 渗透感悟

本课教学符合新课标中的理念,根据小学生的心理特点,让学生感受到了传统民俗中蕴含着的美与快乐,升华了本文旨在引导学生热爱传统文化的情感;能抓住小学生的心理特征,设计教学,让学生用自己的感受去直面作品,一起感受节日的快乐,学会同学间的互帮互助;教师自制课件精心合理,示范剪喜字,能充分调动学生的兴趣,激发动手剪的欲望,让学生处于剪喜字的快乐之中。

我任教的是四年级的学生,这个时期的学生都羞于表达自己的情感,不愿把快乐与大家分享,于是,刚开始我要求"说说你的作品"时,学生都不太愿意说,但慢慢地都说了自己剪喜字的寓意,由此学会了把快乐与别人一起分享。但自己对学生分享的内容引导不够深入,从而影响了他们对快乐的感受。

作者单位:宁波余姚市舜北小学

编者点评

作者在本课教学中,结合美术学科的特点和具体的教学内容,突出了"传统节日的美好祝愿"和"传统装饰物品的美感"这两个心理健康教育渗透点,并通过传统装饰物品的制作,引导学生学会合作,克服困难。如果作者在本课教学中适当地延伸,让学生认识到生命和生活的美好,往往需要克服一定的困难和挫折,并借此对学生渗透生命教育,或许是不错的尝试。

唱出你的心声

俞佳颖

A 渗透缘起

《原谅我》是三年级音乐课的教学内容,是一首美国儿童歌曲,曲调短小精悍,歌词简练。明快的旋律表达了孩子对以往的过错,勇于向朋友倾诉,求得原谅的真切的心情。这首歌曲引导孩子在与他人相处中发生误会以及矛盾时,能主动先向同学表达自己的过错,让学生知道如果难以启齿,我们还可以用其他方式来表达,可以唱一唱、跳一跳等,自然而然消除误会,求得原谅,和好如初。

音乐课是通过音乐课程学习和参与丰富多样的艺术实践活动,探究、发现、领略音乐艺术的魅力,来培养孩子的涵养、美感,并和谐身心,陶冶情操,健全人格。而《原谅我》这首歌曲正是通过各种音乐活动让学生释放心灵、和谐身心、健全人格。本课的心理渗透点有:1. 观看视频,回忆愉快的课间生活;2. 歌唱律动,分享美丽心情;3. 创编歌词,体现合作快乐。

B 渗透节点

1. 观看视频,回忆课间生活。

师:今天老师带来了一段视频,同学们想看吗?

生:想!(期待的眼神)

师:视频里放的是什么?你看到自己了吗?

师:老师放的就是同学们的课间十分钟,大家一起玩游戏、看书、下棋,十分开心,但是有时也会有不和谐的事发生,在活动时会产生矛盾,甚至一点小误会就会引发大矛盾,最后大家的心情都很不愉快,碰上了这样的事,你是怎么解决的?

师:从刚才的视频里我们也发现了一些不愉快的事发生了,当你与同学之间发生了误会时,可以当面向他解释。假若你不好意思说出口,可以等他一个人的时候,悄悄地向他道歉。如果这两种方法你都还没有去尝试,那么今天就趁着这首歌曲,尽情地向他歌唱吧!

师:(揭示课题)《原谅我》。

2. 歌唱律动,分享美丽心情。

师:(学会歌曲后)让我们一起来演唱这首歌曲,真诚地向你的朋友唱出你的心声。(学生第一遍演唱)

师:你们唱得很棒,歌曲每一句的开头要用弱声来演唱,声音再饱满些,演唱时要面带微笑,现在,与你的同桌面对面,再来演唱一次。

师:(唱完后)同学们,这次你们唱得太棒了,唱完心情如何?

生:开心、畅快、高兴。

师:刚才我发现有两位同学不仅唱得投入,表情也很棒,甜甜的笑容让老师都沉浸在快乐之中,请这两位同学上来给大家示范唱,我为他们配上动作。

这两个同学起先还有些羞涩,没有完全放开,后来我鼓励他们相互微笑着演唱,慢慢地就放开了。

师:现在老师想请你们换方向来演唱,歌曲一共是四句,唱一句换一个方向,唱完后回到原位,一三五组的同学顺时针方向转换,二四六组的同学逆时针方向转换,听明白了吗?演唱时给你的笑容加点"糖",让你的笑容甜甜的。

师:(再次唱完)哇!你们真是太厉害了,刚才的转换方向唱,你们发现了什么?

生:每次换方向我都看到了一位新的同学,他唱得很开心,我也觉得很开心,我要把开心也传递下去。

师:说得对!看见你们这么开心,我也想和你们一起来跳跳唱唱,你们欢迎吗?当唱到歌曲的最后一句时,请给身边的同学一个大大的拥抱吧!让我们一起边唱边跳。

说起拥抱同学们非常羞涩,但是我先与孩子们拥抱,他们也敞开了心扉,唱到最后一句时真诚地与他人来了一个拥抱。(课件播放孩子们的校园生活以及伴奏音乐)

3. 创编歌词,体现合作快乐。

师:刚才我们唱得开心,跳得也开心,下次老师还想与你们一起合作完成。这首歌曲除了唱"原谅我"这个主题,我们还可以换个主题将歌词重新创编,比如"我喜欢"——可以将自己的兴趣爱好唱出来,请同学们小组合作,一起讨论找好主题,一起创编这首歌曲,写完之后你可以把新创编的歌词一起与你的小伙伴分享哦,还可以一起唱一唱。

孩子们的创编热情非常高,老师随机指导学生如何写得更好。合作完成后,每人都各自找自己的小伙伴分享、评论、演唱。

师:同学们,经过了今天的学习,你觉得在以后的学习生活中,与同学发生了误会又不好意思向他道歉时你会怎么做呢?(给他唱这首歌、邀请他一起唱歌、写一份歌词给他表达歉意。)

师:在今后的学习生活中,我们可能会遇到许多不愉快的事,当你错了时,不仅要会道歉,还要学着去宽容、理解别人。

渗透感悟

基于小学生的心理发展水平和音乐认知特点,学生的体验、感受、探索、创造的活动能力增强了,因此结合本科特点从体验、探究、合作等方面培养学生乐观的态度和有爱的精神,培养合作能力。我设计了看、唱、跳、编四个节点,特别是唱,四个方位唱一句变化一个方向,每次面对的都是不一样的同学,让孩子觉得新鲜有趣,唱得也特别投入,唱着唱着,脸上洋溢着满满的笑容。在创编歌词这个环节,小组合作,我担心大家意见可能会不一致,再一次考验孩子们的团结与友爱,但是在随机指导时发现孩子似乎都明白了,各抒己见却没有起争执,偶尔有意见不一致也能以友好的方式选出大家最认可的方案。

我所教的这些三年级的孩子,大多数都是家里的独生子,被家里的长辈宠爱着,在学校里与同学们发生矛盾时也不知道如何解决。音乐课告诉孩子们勇敢承认自己的错误,道歉方式也有很多种,可以唱唱、跳跳,让友谊重回自己身边,把快乐留在身边。让音乐课给学生带来快乐,带来美,带来美丽心情。

作者单位:浙江省杭州市胜蓝实验小学

编者点评

在本课教学中,作者首先播放了学生课间冲突的视频,引发学生的思考,并及时引入教学内容——歌曲《原谅我》。在学生学会了歌曲后,教师鼓励学生真诚地向朋友唱出心声。在唱歌的时候,教师还让学生唱一句换一个方向,这样学生可以把更多的歌声带给自己的同学。最后,教师还让学生合作创编、分享歌词,培养学生的团队协作精神。通过本课教学,学生既学会了相应的歌曲,还增进了与同学间的交流和感情。

79 方形的自由创想

胡莹莹

A 渗透缘起

《卡通故事》是七年级美术的教学内容，学习目标是了解卡通与社会生活的广泛联系，初步认识其艺术特点，并大胆编绘卡通小故事传递自己的思想和情感。学习卡通，能够帮助我们提高观察生活的能力，增添幽默和智慧，丰富我们的精神世界。

美术教育的最终目标不仅仅是培养画家或让学生学到一门技术，而是通过审美教育来塑造人。在美术教学中，教师应合理渗透心理健康教育，以寻求美育与心育的最佳结合点，培养学生良好的心理素质，开发心理潜能，促进学生身心和谐发展。

本课的心理健康教育渗透点有：1. 遵循青春期孩子的心理特征的发展，在课堂中关注学生，尊重、倾听、用同理心感受及触碰学生的内心世界；2. 创设积极的教学情境，丰富与活跃学生的思想，开放心灵空间，产生美好的心理体验，形成良好的心理品质；3. 保护学生表达自己情感和思想的欲望，从而更充分地去表达情感和思想，并学会解读别人作品中的思想和感情。

B 渗透节点

1. 暖身游戏：图形猜谜。

教师在黑板上画了一个大大的长方形。问："这是什么？"

生：方形、长方形、方块。

教师装作没听见，加重语气又问："这是什么？"

这时，在一片"方块、长方形"的回答声中冒出了几个不同的声音：画框、黑板、纸张。教师马上说："让我们为说画框、黑板、纸张的同学鼓掌！感谢这几位同学为我们班打开了联想之门，他们能够用不同的思维看待事物，不把长方形只看成单一的物体表象，让我们再次为他们鼓掌！"

2. 头脑风暴：联想擂台。

联系自己的生活，说说有哪些方形的物件。

温馨提示：内容不要重复，其他同学提示无效。

整个课堂气氛相当活跃，学生们的情绪积极高涨。就这样在打破纪录—创造纪录—打破纪录中循环。联想的内容从学习用品（橡皮、桌子等）—校园设施（篮球场、乒乓桌等）—生活日用品（被子、电视机等）—食品（饼干、豆腐等），甚至有一个同学创造了72个纪录。

3. 情感提升:情景联想。

选择一个物品,把它编成一个精彩的故事。(揭题:卡通故事)

"这是一片绿油油的草地,我看见了牛啊、羊啊自由自在地生活在那里,它们很和睦很幸福。"

师:谢谢你为我们带来一个美好的生存空间。

"房间里有一个男孩正在写作业,桌子上叠着高高的学习资料。这时,从窗外传来孩子欢快的玩闹声。男孩站到了窗边,用羡慕的眼神看着外面。"

师:哦,你觉得课业压力很大,需要适当的放松。

"一条骄傲的凳子和桌子比美,凳子仗着自己身上有着美丽的图案和漂亮的花纹,认为桌子不配和他放在一起,就嘲讽桌子,最后却因为自己是塑料制品而碎裂被扔到了垃圾场。"

师:自以为是和自视甚高是人际交往障碍的因素之一。

"洋葱头圆圆心情不好,于是好朋友枕头多多想方设法让圆圆高兴。"

师:好朋友的陪伴能帮我们勇敢地向前走。

"我是一面美丽的没有瑕疵的白墙,有人喜欢靠着我看书、拍照,那时我很快乐。可是有一天被一群孩子在上面乱涂乱画,变得脏兮兮的。最后碰到了一位粉刷匠,重新刷白并且在上面写上'爱护公物、人人有责'。"

师:环保要从我做起,从爱护我们身边的物品做起。谢谢你的分享!

"饼干王国的小王子达能不满足目前的优越生活,偷偷地跑到了外面的未知世界。他觉得外面的世界好美啊,就连月亮都特别圆。先是到了灯红酒绿的酒吧,又到了一家便利超市,差点被买走吃掉,最后好不容易逃回家,觉得还是自己的王国好。"

师:外面的世界很精彩,也很无奈。而家却是我们永远的心灵港湾,在疲倦时、受伤时会为我们疗伤。

……

4. 情感深化:情景绘画。

大胆尝试运用卡通手法把故事画出来,传递自己的思想和情感。(师示范卡通手法并巡导)最后进行作品展示及互评交流。

C 渗透感悟

朱熹曾说过:"教人未见意趣,必不乐学。"兴趣是学习最好的动力,抓住学生爱"玩"的心理,设计打擂台的游戏能够动员全体学生积极参加。在教学课堂中我关注学生的学习过程,引导学生参与心理体验、比较、思考以及表达、表现等活动。通过创编故事—创绘故事,师生共同解读作品中的思想和情感,培养学生热爱生活的情感;帮助学生认识自己的潜力与特长;养成乐观的生活态度,增强对快乐的情感体验;培养学生的交往意识,发展交往技能,进而建立一种和谐、融洽、建设性的人际关系;帮助学生建立正确的人生观、价值观。不过,师生共同解读的环节还可以更深入展开。

作者单位:宁波市宁海县跃龙教育集团城关中学

编者点评

作者在本课的教学中,以"方形"为例,让学生展开自由联想,并在此基础上让学生选择一个方形的物品编成一个故事,并进行分享。最后,教师在示范卡通手法的基础上鼓励学生大胆尝试运用卡通手法把故事画出来,传递自己的思想和情感。在本课中,作者没有突出美术技巧,而是通过激发学生兴趣,让学生积极参与到课堂教学中,敢于表达自己的观点,学会欣赏他人,以更好地建立和谐的同学关系。

80 唱响新疆

周静斐

A 渗透缘起

《新疆是个好地方》是二年级音乐教学内容,这首歌曲属于维吾尔族民歌,旋律活泼、热情,充满活力的舞蹈性节奏贯穿全曲,生动形象地讲述了新疆美丽的风光和丰富的物产。歌曲抒发了维吾尔族人民对家乡的热爱、赞美之情,具有新疆民族风情和地域特色,是一首艺术性民歌。

优美的音乐流淌于整节课堂,在教学过程中,学生学得也较有兴趣。他们能够接受老师的引导,一步一步地达到课程目标。从音乐课堂中渗透心理健康教育,也便于学生吸收。学生能够在音乐课程中体验美、感受美,便会积极向上,成为一个有健康心理素质、乐观、阳光的青少年。

本课的心理健康教育渗透点有:1.通过音乐,培养学生欢快、活泼、积极向上的品格,喜爱民族音乐;2.学生能够了解新疆的秀丽风景和丰富物产,并引起学生自豪之感;3.感受民族歌舞的乐观、热情奔放的特点,增强民族意识,喜爱和弘扬民族文化。

B 渗透节点

1. 创设氛围,感受舞韵。

师:今天老师给同学们带来一段舞蹈,请同学们感受,想一想,这段舞蹈来自于哪个民族,舞蹈的节奏有什么特点?(引入课题)

出示"×××|××|"和"×××|××××|"节奏,学生分两组拍击节奏,明确切分节奏的重音。播放《新疆是个好地方》的音乐伴奏,学生分组用切分节奏,随着伴奏拍一拍,给伴奏音乐加以润色。(生生互动拍节奏组合)你感受到新疆音乐的热情了吗?(从节奏和舞蹈上初步感受新疆的音乐风格)

2. 情境体验,走进新疆。

出示阿凡提图片,师:你们认识他吗?聪明绝顶的阿凡提叔叔来自于新疆维吾尔自治区,来看看阿凡提眼中的家乡吧。教师播放歌曲,出示歌词。阿凡提眼中的家乡如此美丽,大家是不是也想去瞧一瞧?

(课件出示第一段歌谱)歌曲的第一站带领我们来到了天山,走进了富饶的花园,还到达了美丽的草原,如此美景,你们很想用歌声来表达对新疆的赞美吧?我们先来感受能歌善舞的新疆小朋友动听的歌声,他们的速度、情绪是怎样的。(播放歌曲)听了这段欢快的音乐,老师也想放声歌唱,让我加入你们,一起合作来歌唱新疆。(师生合作)阿凡提叔叔说,如果大家的歌声能够感染他,他就继续带我们去新疆欣赏当地景色。(通过聆听与演唱、师生合作逐步激发学生喜爱新疆的感情)

同学们表现得很不错,请阿凡提叔叔接着带我们去观赏新疆的当地美景。(出示新疆图片,边看边说)依次还看到了"伊犁河的苹果、吐鲁番的葡萄、果子沟的风景、阿勒泰的金子、和田的玉石"。根据歌谱,师生进行节奏问答:

(师)哪　里的 | 苹果 | 甜又 | 大乃0 |

(生)伊犁　河的 | 苹果 | 甜又 | 大乃0 | ……(师生互动)

欣赏了这么多的新疆美景,品尝了这么多的新疆美食,你会对新疆发出怎样的赞叹呢?师生齐唱歌曲最后一句:"咱们的新疆样样有,新疆是个好地方。"(通过对歌曲的层层递进,学生由衷地发出赞美新疆之词)

新疆风景优美、物产丰富,如果你是一位新疆小朋友,你会用什么样的感情来表达对新疆的热爱呢?(引导学生用自豪的情感来唱响新疆)

3. 歌舞新疆,展现新疆。

新疆可真是一个好地方,蕴藏着那么多的宝藏。新疆还有许多动听的歌曲、优美的舞蹈、好玩的乐器呢!请几个小朋友来打新疆的特色乐器——手鼓,老师来舞蹈,同学们齐声歌唱,(师生互动)一起来展现新疆的美食美景和新疆人民的热情好客。

见识了新疆的丰富物产,感受了新疆人民的热情,新疆的歌舞让我们感受到快乐，我猜你一定非常喜欢新疆了吧？

我国有56个民族，每一个民族都有他们的音乐风格和特点，我们要继承我国优秀的民族文化艺术，领略中国传统音乐之美。

渗透感悟

本节课以音乐文化为主线来组织整个教学内容，在教学中，从欣赏新疆舞蹈、介绍新疆的风景开始渗入，引入歌曲的学唱，学生在新疆之旅的过程中，感受体验新疆的节奏、旋律和音乐的风格，激发学生的学习兴趣。在实践、体验、领悟的学习过程中，培养学生的审美情感和审美能力，感受积极向上的音乐情绪。课后，很多同学都说想去新疆看看，我想学生们一定是感受到了新疆民族音乐的无限魅力。

本课的教学对象是二年级学生，这一阶段的学生活泼好动，对新鲜的事物都有着好奇心。用节奏、舞蹈来激发学生的学习兴趣，让他们体验新疆的音乐风格，了解新疆的风土人情，并增强民族意识。通过参观新疆的风光和丰富的物产，用文化来阐释音乐、渗透歌词教学便于学生记忆。但怎样在课堂上更好地调动学生的学习积极性，是下一阶段的主要目标。

作者单位：宁波市鄞州区董山小学

编者点评

在本课教学中，作者围绕《新疆是个好地方》这首民族歌曲，在播放曲子的时候，让学生欣赏相关的舞蹈，欣赏新疆的自然风光，了解新疆的特产和新疆人民的热情。在学生对新疆产生好感之后，师生一起来唱关于新疆的歌曲，跳新疆的舞蹈，学生学习热情高、参与性强。学生除了学会歌曲对民族音乐有进一步了解外，对新疆的各方面也有了较多的了解，激发了学生的民族自豪感和对祖国大好河山的热爱之情。

包容才会产生宽容

倪军建

A 渗透缘起

《奇妙的点彩画》是五年级美术的教学内容,这一课从孩子们身边奇妙的色点带来的美丽心情说起,通过对比单色枯燥的世界,体验奇妙的色点组成的美丽画面带给人的美感与喜悦。通过学习简单的点彩画,激发学生用简单的点彩技巧创造美丽的画面,丰富学生的表现力、想象力、创造力。

从情感态度方面来讲,该课具有丰富的心育功能。我的教学对象是五年级的学生,这个时期的学生开始进入少年期,身心的发展由依赖趋向独立,处在半幼稚半成熟交错的时期。对社会现象开始关注,开始有独立见解,但他们的见解极易受外界影响而时常变化。有的同学会用片面性的道德标准来评价周围的人事和校园现象,也有少数同学提前进入青春期,在班级活动中不愿意把欢乐与大家一起分享,被孤立的现象偶有发生,甚至也会产生不利于班级团结的因素。

在分析教学内容和学生情况的基础上,我认为本课的心理健康教育可以从以下几方面来渗透:1.感受生活当中奇妙美丽的色点组成的美好世界;2.培养学生对艺术美、生活美的观察并对其语义产生合理的想象升华;3.激发学生对生活的热爱,培养学生积极乐观的心态和包容互助的美好品格。

B 渗透节点

1. 对比作品,体验色彩之美。

教师出示迈克尔·杰克逊《Stranger In Moscow》黑白的MTV,请学生看完后说一说心理感受。学生一般会用这样几个形容词:单调、乏味、枯燥、孤单。接着再出示具有奇妙色彩的色点组成的校园绘画图片,请同学们再次欣赏并谈自己的感受。

两组鲜明的对比给学生感官造成了极大的冲击,学生自然会产生两种不同的强烈感受。初步体会到奇妙美丽的色点组成的美好世界以及色彩斑斓的多样性带来的美好体验和视觉享受。

2. 欣赏作品,创造心灵之美。

教师出示修拉的《大碗岛的塞纳河之春》和西涅克的《纳蒂布港》,请同学们谈谈对这两件奇妙色点绘制的伟大艺术品的感受。之后进一步放大绘画:

"同学们又看到了什么呢?"

"更明显的自然排列组合的色点!"

"这些奇妙的色点让你联想到了什么?"

"一个个色点组成的色彩绚丽的绘画,就像一个个人物,每一个不同的人物都有自己的个性,不同个性的人生活在一起就构成了一个多姿多彩的世界!"

你看,孩子们已经会联想了,从色彩世界联想到人类社会,对多样性有了一定的认识与包容。

趁热打铁,这样奇妙美丽的组合,同学们想不想用你手中的画笔来表达出这样的炫丽?今天我们就一起来学习《奇妙的点彩画》。

教师出示课件,请同学们来观察点,这些点有大有小,就像生活在我们班级中的同学一样,有力气大的、有力气小的、有个子高的、有个子矮的,但是我们能够团结向上地凝聚在一起,秘密在哪里呢?

"包容!互助!"

是啊,在多样性的世界里,包容与互助是多么重要!大家也来尝试着用不同大小不同个性的色点混合着点一点,看看画出的效果。(点一点校园的一个角落)点完角落之后再点一点我们的操场,点一点我们的校园风景。

同学们想一想,不同的同学组成了不同的班级,不同的班级再组成一个独特的校园。你在这样的校园当中会碰到许多不同个性的同学,所以需要更多的包容和互助,只有这样,我们才会感受到更多的欢乐和美好!

3. 展示作品,分享心灵之美。

同学们通过努力完成了一张张美丽的点彩校园风景作品,现在请大家带着自己的作品来到讲台前,用自己特色的语言介绍作品以及想表达的感情。

说得真好,每一个色点代表了我们的班级,凝聚成了一个和谐友爱的大家庭。我们每个人都不一样,但我们彼此宽容、团结友爱,所以我们更加快乐!今天我们用美丽的色点点出了美丽的画面,也点出了心灵之美。老师希望大家在以后的校园生活中不管遇到什么困难摩擦,大家都要包容互助,就像一个个色点和谐组合成一幅精美画面那样组建我们美丽和谐的校园。

C 渗透感悟

本课教学符合新课程教学理念,贴近小学生的心理特点,让学生感受到了奇妙色点带来的美,以及由色点组成一幅画带来的心灵震撼。课堂中我一直引导学生认识到个性的差异,要学会包容互助、热爱生活等情感,着重抓住小学高段学生的心理特征设计教学,让学生用自己的感受去面对作品,感受无数个微小物质组成伟大的力量,进而感受到宽容互助的力量。通过课件的精美准备与呈现,标准的示范,充分调动了小学生的热情和兴趣,激发他们动手绘画的欲望,让学生边画边感悟美好的生活和美丽的心灵。

作者单位:浙江省杭州市江南实验学校

❤ 编者点评

在本课教学中,作者结合所教的学生缺乏宽容心的状况,利用"点彩画"的教学让学生学会包容他人。作者首先通过黑白和彩色作品的强烈对比,让学生感受到点彩画的美好。然后在欣赏名家的点彩画时,把一个个色点比作一个个人,让大家认识到不同个性的人生活在一起才能构成多姿多彩的世界。进而,教师把点彩画和班集体结合起来,让大家认识到班集体建设的关键在于"包容和互助"。最后,学生在分享自己创作的点彩画的同时,更好地体验了包容的意义。

小乌鸦爱妈妈

潘 燕

A 渗透缘起

歌曲《小乌鸦爱妈妈》是三年级音乐教学内容,是一首以动物为主题的叙事性的歌曲,讲述了乌鸦反哺的感人故事。这首歌告诉了孩子们爱不仅仅是索取,更重要的是付出和奉献,教育孩子懂得爱并学会爱。通过音乐活动课,我们能使学生认识到妈妈在生活上对他们无微不至的关心,体会妈妈无私的爱。

音乐课包涵了丰富的情感内容,在教学中,应与学生进行情感交流。教师应在原有教学的基础上,挖掘深层次的情感,碰撞出交流的火花,培养学生良好的心理素质,让他们有一个快乐、阳光、有爱心、善良的心态。

本课的心理健康教育渗透点有:1. 通过歌曲的学习,让学生体验爱;2. 通过现实生活的交流,让学生发现爱;3. 通过点滴爱的呼唤,让学生奉献爱。

B 渗透节点

1. 谈话激趣,感受母爱。

出示一组图片,要求学生想一想,从小到大,我们从妈妈那儿获得了多少爱?
预设:

(1)为了教我走路,干活回来的妈妈经常腰酸背痛;

(2)妈妈给我洗臭脚,好舒服;

(3)生病了,妈妈带我去看医生;

(4)该学知识了,劳累了一天的妈妈教我做作业;

(5)妈妈总是把好吃的菜夹给我;

(6)下雨了,妈妈给我送来雨伞,还担心我脚打湿,吃力地抱着我在雨中奔跑。

师点评:我们就是这样从一个不会穿衣吃饭、不会走路的孩子,在妈妈无限的关爱中成长起来的。在我们成长的道路上,妈妈付出了多少的心血,流出了多少汗水啊!播放歌曲《世上只有妈妈好》。(学生可以随着音乐一起唱)

师总结:我们沐浴着爱的阳光长大,我们滋润着人间的真情成长,就像歌中所唱的那样,孩子是从妈妈身上掉下来的肉,父爱如山,母爱如海。

2. **直面作品,感受爱的教育**。

(1)点击屏幕:出现一大群飞动的乌鸦。

师引导:其实小动物也是有妈妈的,每个妈妈都热爱自己的孩子,请听歌曲《小乌鸦爱妈妈》,小乌鸦们正唱着歌儿,好像在诉说着什么。同学们仔细听,然后告诉老师到底发生了什么事。

(2)播放音乐《小乌鸦爱妈妈》。

(3)学生发言关于小乌鸦发生的事。

预设:"小乌鸦帮妈妈找虫吃""乌鸦妈妈生病了"……

(4)点击大屏幕:显示歌曲词、谱。

师引导:小乌鸦的妈妈年纪大了,当肚子饿的时候多么想吃美味的虫子啊,可是又飞不动,她的心情是怎么样的?你从哪句歌词可以看出来?那我们应该用怎样的心情来演唱?(生:"年纪大了""飞不动了")

师引导:小乌鸦看到妈妈这种情形,心里又是怎么想的?歌词中哪句话告诉我们?那我们应该用怎样的心情去演唱?(生:"着急的""急切的")

(5)播放音乐,生聆听音乐《小乌鸦爱妈妈》。师:好,那让我们再听一遍,去感受他们的爱心。

师总结:小乌鸦爱妈妈的精神真感人啊,让我们一起跟着音乐来学唱这首歌吧!

3. **联系生活,爱心教育**。

小组讨论、交流:我们以后要怎么做,才能让妈妈觉得放心、开心?

师总结:你想学习小乌鸦爱妈妈吗?我知道你们都有一颗关爱妈妈的心,也都想用自己的实际行动回报妈妈。我们在平时的生活中就应该多关心妈妈,疼爱妈妈,这才是更棒的孩子。

师引导:爱,无处不在。孩子们,在你的身边你还感受到哪些爱了?

师引导:看到你们发现的爱让人感动不已,想到爱心的奉献感触很深。这节课到这里就要结束了,但"爱"却是永无止境的。请你们记住:爱就在我们身边,爱心需要我们每个人的奉献,轻轻的一声问候,淡淡的一个微笑,都会让爱你的人感到满足。只要人人都献出一点爱,世间将变成美好的人间。

C 渗透感悟

音乐课《小乌鸦爱妈妈》唤起了学生心灵深处最真挚、最纯洁的爱。本课教学符合新课标中的理念,根据小学生的心理特点,抓住了学生的动情之处,在理解音乐的基础上,演唱歌曲达到情感共鸣,教材给了学生能够抒发情感的机会,给了学生创设心理情感的空间,丰富了音乐课堂。

从学生生活的小事入手,"如果你的妈妈病了,你会怎样做?"有的学生以自己平时的真实行动回答:"我帮妈妈倒水""我帮妈妈扫地""我喂妈妈吃药",也有的孩子以间接经验或想象来回答:"我给妈妈做饭""我给妈妈洗衣服"……从他们的言行中,我知道妈妈是他们最爱的人,通过学习也让学生们进一步感受到爱就在我们身边。

作者单位:浙江省杭州市东园小学

♥ 编者点评

> 在本课教学中,作者结合"通过歌曲的学习,让学生体验爱""通过现实生活的交流,让学生发现爱""通过点滴爱的呼唤,让学生奉献爱"这三个心理健康教育渗透点,较好地让学生感受爱和回报爱。在具体教学中,通过学唱歌曲,分析小乌鸦对妈妈的爱,唤醒学生心灵深处纯真的爱。通过本课教学,可以让学生体会到对父母的爱,其实就体现在日常的生活细节中,每一位同学都可以做到。

捏出个性与自信

胡逸波

A 渗透缘起

《超人基本招式》是学校艺术类自主课程"泥巴小超人"中的"亲近橡皮泥、捏出自己喜爱的作品"为主题的一堂橡皮泥启蒙美术课。捏橡皮泥看起来似乎是件容易事儿,可是要真的把橡皮泥玩好、玩精,却是需要学一些技巧、下一番苦功的。现代社会要求学生具备创新精神、合作意识和开放的视野,尤其动手实践的能力更是越来越受到重视。本课致力于让孩子们在一罐橡皮泥中玩出乐趣,玩出自信,玩出智慧,在课堂教学中引导孩子们熟悉橡皮泥的特性,体验发挥想象、自由创造带来的快乐与成就感,让孩子学会感受美和欣赏美,培养孩子的观察力和想象力,提高对自己的自信心和接纳力。

本课的心理健康教育渗透点有:1.从心育个性:亲近橡皮泥这个传统而又充满变数的艺术载体,乐于动手和动脑,不盲从、爱创新,从而获得自信和成就感;2.从心育智慧:激发创造欲,并学会仔细观察、鉴别和欣赏,完善对美的看法;3.从心育表达:培养学生对橡皮泥的兴趣,能用捏橡皮泥来表达自己,乐于交流,赢得他人的肯定。

B 渗透节点

1. 引入手脑风暴,激发个性创造。

师:现在,请小朋友们自选两种喜爱的颜色搓成两个圆球,然后开始自由创作(体验橡皮泥千变万化的特性),随便你捏出什么,限时三分钟。时间到了以后我们来评一评,看看谁的作品有创意,谁的作品更漂亮。

三分钟的时间,不少孩子捏出了形态和颜色不一的雪人、娃娃等,但是有一个孩子拿着两个黑乎乎的圆球说这就是他的作品。孩子们都很不解,觉得这根本不算作品,但是这个孩子却笑眯眯地说:"我捏的可是两颗桂圆哦,只不过被吃掉了,剩下了两个核儿!"听了他的解释,我和孩子们都恍然大悟,为这个孩子的机智和创意鼓掌。

2. 引导细心观察,建立美感基础。

超人模拟环节:

出示两幅图片,一张是笑脸,一张是垂头丧气的苦瓜脸,让孩子们试着把这两张脸捏出来。

展示时,我发现孩子们捏的笑脸和苦瓜脸都基本没什么区别。

师:能告诉我,你们怎么知道这个人在笑,那个人却是苦瓜脸呢?

生A:笑的时候眼睛弯弯的。

生B:苦瓜脸的眼睛也是弯弯的,但是嘴巴是向下弯的。

生C:难过得眼泪都要流出来了。

……

有了观察交流的基础,孩子们对脸部特征的诠释就细致多了,出现了各式各样异常生动的脸,甚至有个孩子把苦瓜脸捏得老长老长,特别形象。

通过这样一个提示观察的步骤,孩子们知道了在捏橡皮泥前也要养成细心观察的习惯,要用艺术的眼光去欣赏生活中的细节,进而在生活中养成留心观察、发现美的好习惯。

3. 敢于展示自我,善于友好互助。

师:我们动手动脑忙活了大半节课,现在该是好好展示自己作品的时候了,谁先来?

一到展示环节,兴致最高的就是那些活泼外向的孩子,我却把目光落在那些安静的、不善表达的孩子身上。我拉起一名一直默默捏着自己的橡皮泥不说话的孩子,请他把自己的作品高高举过头顶,问:老师发现你捏的这张笑脸非常有趣,为什么它眉开眼笑的脸上会有这样的豆子呀?

孩子:……这是它的眼泪。

生:啊?笑脸会流眼泪啊?哈哈哈……

这句随性的插嘴让这个原本就很害羞的孩子缩了一下自己的胳膊,我急忙用眼神制止了随意发表意见的孩子:别人在介绍的时候,要学会尊重他人,不要随便插嘴哦。不过,你能回答这位同学的疑问吗?他对你的作品很感兴趣呢!

孩子:恩……因为他是笑得眼泪都出来了,我爸爸给我讲笑话的时候,我经常会笑到流眼泪的。

因为讲的是自己的亲身经历,所以这个孩子不再紧张,有声有色地介绍了自己的作品。孩子们在倾听的过程中,也学会了相互尊重和换角度欣赏,还友善地给这个孩子提了不少修改的建议,融洽的气氛一直持续到下课。

C 渗透感悟

还记得我们小时候,能有一罐橡皮泥是多么奢侈而快乐的事,小手一搓一捏,要什么有什么。那些千变万化、五彩斑斓的橡皮泥,就像是哈利·波特的魔法石一样,让我们的童年五彩缤纷起来!

如今的孩子们,玩的都是那些充满现代钢铁气味的高级玩具,它们不仅价格不菲,还少了许多千变万化的趣味。孩子们脑海中属于他们世界的幻想与童趣已经越来越少。

这让我不禁想要保住孩子们跳跃多彩的想象力,并使之不断发展,让现在的孩子玩玩投入少、变化大、乐趣多的橡皮泥,解放他们被铅笔禁锢的小手,让他们在自然原始的玩具中寻找自由的快乐。学会表达与分享是社会交往的重要技能,"超人课程"努力让小超人们通过礼貌大方的表达,学会传递自己的见解与意见,逐渐形成良好的人际沟通方式。

作者单位:宁波市鄞州区钟公庙中心小学

编者点评

在本课教学中,作者结合"让学生自由创作""让学生主题创作""让学生互相交流"这三个课堂教学的环节,让学生积极参与到本课的学习中。本堂课是学生用手实现创意的展示台,学生可以根据自己的设想,用橡皮泥捏出不同造型,并可以结合自己的生活经历来诠释。应该说,在本堂课中,学生可以在欣赏他人的作品和聆听他人诠释中获得很多的信息,正如本文的标题所示,可以用橡皮泥捏出个性与自信。

直面文本的融合——中小学学科渗透心育101例

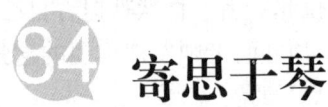

刘 力

A 渗透缘起

《思乡曲》是五年级音乐教学内容，该曲是我国作曲家、小提琴演奏家马思聪创作于1937年的管弦乐曲《绥远组曲》中的第二首，后被改编成小提琴独奏曲。如歌似诉的旋律，把那种远离家乡的人们对故乡所怀的思念之情表现得淋漓尽致。

欣赏教学，就是帮助学生领会和感受音乐作品的内容。这堂课要让懵懂的孩子们不仅仅停留在欣赏层面上，更要引发他们的情感共鸣，引领他们的"心"赏之路，以利于学生增强爱祖国爱家乡的情感，并拥有积极向上的生活态度。

本课的心理健康渗透点有：1. 理解并体会作曲家的思乡情、爱国心；2. 感性的认知思乡主题及其三次变奏，引发学生积极的联想；3. 引导学生对当下美好幸福生活的珍惜，激发其对未来努力的动力。

B 渗透节点

1. 了解创作背景，探索思乡起源。

师：1937年，日寇的铁蹄踩躏了中华大地（播放视频片段，并采用思乡曲作为背景音乐），你感受到了什么？（生观看视频谈感想）

众多中华儿女被迫颠沛流离，流亡关内。马思聪先生深切体会到了国破家亡之痛，他从一首内蒙民歌《城墙上跑马》中受启发，以它为思念这一主题旋律的素材，谱下了这首《思乡曲》。

2. 直面作品，感受思乡之情。

(1)主题旋律，思乡之情初起。

师：这一旋律由几个乐句组成？每一句的走向是怎样的？带给你什么感觉？为什么会给你这样的感觉？（出示谱例，聆听主题片段）

主题由四个短小、均等的乐句组成，每一乐句都呈波浪形线条而依次下降，前三乐句节奏基本相仿，结束在较长音上，好似一声声叹息，第四乐句节奏加紧，营造出一种回旋往复、一唱三叹的美的旋律。加之曲调柔和的色彩，缓慢的速度，好似在向你倾诉着魂牵梦萦的乡思和剪不断的忧伤。

(2)三次变奏，思乡之情渐浓。

师：下面我们一起来感受一下几种不同的思念。（聆听三次变奏）从音乐要素上思考每一段乐曲给你带来什么不同的感受？（生小组讨论，汇报交流成果）

这些旋律基本与主题相同,但是给人思乡之情越来越浓烈之感。第一个变奏在中低音区,一种凄凉感油然而生。紧接着又再次变奏,此时的音调高昂,好似内心有种希望悄然而生。再接下来这一段音乐旋律变得轻快起来,这是第三个变奏了,此时乐曲使人感到豁然开朗起来,像是对童年的美好回忆,原来亲人间的思念又是另一番模样,那是带着浓浓的暖意的哀愁。

(3)主题再现,思乡之情萦绕。

师:音乐带给我们复杂的情绪感受后,缠绵的"思念主题"又出现了。听,它和前面第一次出现时一样吗?(聆听第三乐段主题)

主题在明亮的高音区再现,小提琴的柔美音色把那优美并带悲伤、苦闷、惆怅和向往的心情表达得更加细腻。乐曲和弦结束音很不和谐,好像有种期待感,给人思乡之情挥之不去的感觉。

(4)坎坷人生路,铸就思乡情。

师:马思聪是我国著名小提琴演奏家、作曲家和音乐教育家,像你们这么大的时候,他就远赴重洋留学法国学习小提琴。学成回国后主要从事音乐教育工作,曾担任中央音乐学院首任院长。但不久后,在"文革"这场浩劫中他备受折磨,只好再次离开了家乡,离开了祖国,被迫前往美国定居。没想到,这一去,就是永远,直到1987年因病去世于美国费城。对故土的眷恋可以说是一直萦绕在他一生中的情感,直到生命的终点。没想到他当年为国难当中有家不能归的人们创作的《思乡曲》成了马思聪先生自己的真实绝唱。

3. 珍惜当下福,着眼未来路。

师:七十多年过去了,中华儿女早已建立起了新中国,我们不会忘记这段惨痛的历史,落后就要挨打,你们说怎样才能让历史的悲剧不再重演?(学生交流)

是啊,我们的国家早已强大起来,我们幸福地生活在这片蓝天下。孩子们,祖国的未来等着你去描绘,新的篇章将在你们手中谱写。

C 渗透感悟

本课教学遵循了新课标中的以审美为核心,弘扬民族音乐的基本理念,让学生在多次反复聆听音乐主题中强调了音乐的情感体验。我所面对的是一群零零后的五年级学生,成长在家国安定、物质条件充足的社会环境中,他们都是一个个懵懂的孩子,我所经历的人和事都是他们未曾体验的。所以我用视频还原历史的惨烈一幕,让他们从视觉到听觉都有强烈而直观的感受,激起他们内心的情感漩涡。理解主题的三次变奏不断赋予主题新的形象,感情也随之逐层高涨。最后由"思乡"升华到"爱国",真正唤起他们内心的爱国主义情操,感悟自己幸福生活的同时激发其对未来的信心。

作者单位:宁波华茂外国语学校

编者点评

《思想曲》是我国著名作曲家、小提琴演奏家马思聪于1937年创作的,当时日寇铁蹄正踩蹦中华大地。因此,在本课教学中,作者从"了解创作背景,探索思乡起源""直面作品,感受思乡之情""珍惜当下福,着眼未来路"这三个节点展开,让学生在学习音乐的过程中,感受到作者思想的情感,并激发学生爱乡、爱国之情。作者把教学的重心聚焦在作品本身的欣赏上,让学生在审美的同时体验作曲家在作品中融入的浓浓情感,对思乡之情有了进一步的认识。

心育渗透之体育学科

85 跑至成功

王伟鸣

A 渗透缘起

《耐久跑》是七年级体育教学内容,旨在让孩子体会跨学段(小学到初中)首先面临的一个明显变化,在课堂结果上体现为:只要坚持不懈、克服恐惧、克服困难,最后肯定会收获成功的喜悦,进而让自己增强更大的自信心。同时引申到对待任何事情也应有非凡的意志力,使自己变得更加自信。

体育课本身就具有它的特殊性,在体育学科中任何教材内容的教学,都将会体现学生的心理健康素质水平,学生也可以在锻炼身体的同时,进一步锻炼心理素质。教师也应该在原有的教学方式上有所变化,要尽量让课堂变得更有趣味性,要让学生体验快乐体育,让孩子在不知不觉中提高生理和心理健康素质,要让孩子发自内心的去体验快乐体育,体验运动成功带给他的快乐,从而上升至树立更强的自信心。

本课的心理健康教育渗透点有:1.培养学生直面困难、克服恐惧、坚持不懈、积极进取的精神;2.让学生体验在耐久跑中坚持,越过极点后成功的感受,从而树立起更强的自信面对困难;3.培养学生的自主创新和合作意识。

B 渗透节点

1. 谈谈马拉松。

教师拿出一张"马拉松"大海报。看到海报后,同学们都一眼就识出马拉松运动。

师:咱有同学敢于去尝试马拉松运动吗?

生:不敢,太累了!

教师同时请各位同学看图引导出此项运动中最关键的技术动作——耐久跑。

师:对,这就是我们本课的内容——耐久跑,希望经过今天的课堂后,会有同学喜欢上我们这项运动,至少敢于去尝试。

2. 直面恐惧,勇于尝试。

师:今天这堂课,老师要跟大家聊聊耐久跑:耐久跑是我们必修的一个内容(学生明显一副恐惧表情),所以大家肯定是没法逃避,同学们想想我们小时候,和我们的小伙伴一起玩追逐游戏时,可以玩很久并跑再远的路都不会感觉累!所以老师希望我们从现在开始可以勇敢去面对,并且可以用行动去征服,把耐久跑就当成是我们的一项游戏,克服恐惧,坚持到底,到达终点就会有美好的收获,尝试一下坚持到底,逾越困难后的成功。

在课堂中,教师利用各种跟长距离跑相关的游戏调动学生的兴趣参与运动,如画图形(曲线跑)、到点打卡(校园定向越野跑)、找宝藏(利用校园地形跑)、团队合作跑(中距离接力跑)。

师:真厉害,其实同学们都已经克服了自己对耐久跑的恐惧了,已经全部都参与到其中了,请同学们回忆一下:我们刚才经历了那么多种跑步练习,加起来已经跑了多少距离了,其实我们的耐力并不差。其中最难能可贵的是在最后以小组为整体的接力跑(团队合作跑)中,有同学在感觉自己已经快坚持不住的情况下,在自己同伴的鼓励下,咬牙坚持到了最后,为的就是不想因为自己而影响团队。最后取得了胜利,我也看到了大家的笑脸。相信大家也从中得到了成功的喜悦,而不只是恐惧,也相信大家以后不会再"谈跑色变"了。

课堂中老师给大家尝试了那么多种不同方式的跑来锻炼大家的耐力,现在老师想听听大家有什么新的方式跑?

生:小组团队追逐跑(一路纵队,最后一个追至第一个,以此类推)、牵引跑(两人一组,较好同学用橡皮条拉着稍薄弱同学跑)、变速跑……

师:很好!那么下节课我们采用刚才同学提出的方法进行练习。在练习中,当遇到困难时,想一想自己应该用怎样的心态和行动去面对它,怎样去克服它才能获得成功?同时你可以鼓励帮助他人一起去面对困难,克服困难,坚持不懈直至成功,也可以在他人的成功中获得喜悦与自信。

3. *交流体会,分享成功*。

师:通过我们的努力,大家都参与到了耐久跑的练习中,也很好地完成了练习,那么现在请大家带着自己的体会,用简洁的语言分享一下自己的感受。

生:一听说是耐久跑,心里便打起退堂鼓,但是在不同的练习环境中,不知不觉地参与了耐久跑的练习,在练习的过程中,完全忘记了自己对耐久跑的恐惧。

生:在练习中,其间有一刻感觉自己已经快坚持不住,当泛起想放弃的念头时,看到同学们在呐喊,于是自己也咬牙坚持到最后,发现其实只要自己有心坚持还是可以坚持下来,并在坚持过后感觉心情非常舒畅,也联想到了自己在面对任何困难时其实都可以坚持去战胜,在那一刻也增强了面对困难、克服困难的自信心。

师:在遇到困难时,应该勇于去面对,用自己的实际行动去征服它,获得成功,享受成功带给我们的喜悦,成功也会带给我们更强大的自信。

C 渗透感悟

本课教学符合新课标的理念,以学生为主体,教师主导着整节课,让学生从实际练习中去感受成功的美好。现代社会的中学生,在家中基本都是娇生惯养,事事包办,遇到困难不是找家长就是逃避,根本经不起一点挫折。本课就是希望在练习中潜移默化地让学生明白：逃避并不是解决问题的方法，永远感受不到成功的喜悦和因成功带来的自信；只有敢于面对、勇于克服、付出实践，才有机会取得真正的成功，体会成功带给你的感受。

作者单位：浙江省杭州市风帆中学

编者点评

在本课教学中，作者结合当下的中学生大多娇生惯养、"谈跑色变"的现实，在引入"耐久跑"的话题后，就策划各种方式的跑步，让学生在行动中完成"耐久跑"的练习。作者用学生的实际行动来告诉学生，畏惧和逃避不是解决问题的办法，而真正行动起来，困难未必像预先设想得那么大。此外，作者还通过团队合作跑的形式让学生感受到同伴的力量，也体会到个体融入团队会变得更强大。从"谈跑色变"到"跑出精彩"，在本节课中，学生的自信心也得到了进一步增强。

86 以绳为媒 激发自信

任维娜

A 渗透缘起

《轻物投准》是小学三年级的教学内容，三年级在二年级"轻物侧向投掷"的基础上进行投准练习，旨在进一步发展学生上下肢、肩带和腰腹等大肌肉群力量，提高学生的判断能力和动作的协调性。

本课教师利用轻物短绳进行投掷，保证课的连贯性和器材的利用率。通过执教本课，不仅仅让学生达到课标所要求的知识与能力、过程与方法这两个目标，还希望通过练习，能够深刻挖掘教材中类似于"成功体验激发自信"这样有利于渗透心育教育的点，使体育课堂也可以达到培养学生健康心理、乐观态度，身心统一发展的目的。

本课的心理健康教育渗透点有：1. 通过队列队形的学习，培养孩子"一切行动听指挥"的优良品质，设置的PK环节激发学生斗志和信心；2. 通过抓尾巴的游戏环节，让学生学会释放、放松身心；3. 通过"趣味投准"的学习，提高学生身体素质，培养专注能力和表现能力，获得成功体验；4. 通过集体练习"开火车闯关"，培养孩子团结协作、融于集体的品质,在练习中进一步激发信心。

B 渗透节点

1. 队列练习——PK环节展斗志。

教师引导:同学们,大家知道什么叫PK吗? 今天咱们就先来个PK大赛,跟原来的自己比比,跟老师比比,跟同学比一比,看看你能不能赢! 有信心吗?

(1)集体练习环节:左手叉腰——向右看齐!(自己PK)

过渡:刚才的练习同学们都表现出色,都超过了以前的自己。下面你们有没信心跟老师比比? 那听清楚方法。(教师交代PK方法)

(2)我来指挥环节:教师指挥学生,全体同学指挥老师,三面转,要求动令在"转"字上。(师生互动PK)

过渡:同学们真的太棒了,你们的口令比老师还响亮,动作比老师还端正。那么棒的你们,有没信心跟你的同学比一比?

(3)PK比赛环节:原地踏步PK,原地跑步PK。(小组PK)

2. 热身游戏——"你抓我躲"热身心。

教师引导:同学们,刚才的小组PK赛大家的表现真的是太好了,为了大家的表现,老师要奖励你们一个游戏,游戏的名字叫"抓尾巴",想玩吗? 好,那就竖起耳朵听清楚游戏规则和要求。(教师交代游戏方法和规则,组织学生两两一组进行游戏)

3. 趣味投掷——认真练习提信心。

学生反馈游戏情况,教师顺势引导:同学们不仅仅队列练习动作正确,而且灵活性很强,刚才的两分钟游戏里,很多同学都多次抓住了对方的尾巴。下面我们要来迎接一个更具挑战性的练习项目,你们有没信心? 好。那请你看仔细。短绳除了可以跳,可以玩"抓尾巴"游戏,它还可以这样(教师边说边演示卷绳方法,指导学生短绳折叠捆绑称团)。这样可以干什么呢? 对了,它可以用来扔,用体育术语表示叫"投掷"。下面我们就要用这个神奇的道具进行投准练习。

(1)教师教授投掷动作,让大部分同学基本掌握投掷动作,获得成功体验。

(2)设置投准圈(呼啦圈半空悬挂做"靶")和投掷线——一分线、三分线、五分线,组织学生进行练习,及时给予评价,让学生在练习中树立信心。学生可以通过挑战难度、提升分值来提升成就感。

(3)在一分线进行集体展示(目的提高成功率),让绝大部分同学感受成功。教师语言评价,再度提升学生的自信心。

4. 集体游戏——团结协作聚动力。

教师引导:同学们,通过刚才一环环的练习,大家都取得了不同程度的进步,从不会投到会投,从一分到十分,为了我们所取得的成绩激励下自己。(师带领做:嘿嘿,我真棒!)在刚才的练习中大家都展现了个人风采,下面我们玩个游戏考考大家的协作能力。好,那请听清楚游戏规则(教师将学生分成若干组,每组排头左右手各持一根绳的绳端,排尾握住绳的另一端,其他的同学站在两绳之间,左右手也分别握住绳,一组同学组成一辆小火车。游戏开始后一组同学协同一致出发,以排头最快到达指定位置处为胜)。

(1)小组尝试练习(在小组练习中,引导学生掌握最合理的合作方法,让孩子体验团队力量,感谢协作带来的乐趣)。

(2)规定时间的最远距离(采取类似闯关的游戏形式,而不是小组比赛,更易于激发孩子的练习兴趣,更容易达到"成功",树立信心)。

5. *放松练习——冥想放松舒心情*。

教师引导:同学们,在刚才的集体练习中,老师发现大家都成功闯关,有的小组甚至还获得了桂冠,真的很了不起。下面就让我们带着这种愉快的心情,一起来听一段美妙的音乐,舒展下身体(在音乐伴奏下,教师带领学生用短绳进行身体拉伸,冥想放松)。

教师小结:同学们,今天我们通过这根短绳,不仅学习了轻物投掷,还进行了许多游戏和练习。经过练习,大家都应该发现其实很多你认为难以达到的目标经过你努力后都是可以实现的。老师希望大家在以后的生活中,不管碰到什么困难与挫折,都要树立信心,保持良好的心态,朝着自己设定的目标去努力尝试,一定能触手"成功"。

C 渗透感悟

本课教学符合新课标中的理念,根据小学生的心理特点,让学生在学习运动知识与技能的同时,体验到体育活动带来的乐趣,在游戏中树立信心,在练习中感受成功,让学生能根据自己的能力量力而行,从而达到自己所设定的目标。通过"开火车闯关"这样的环节,引导学生学会合作,克服困难,培养其团结互助的精神……在身体练习的同时,也能充分抒发自己的情感,进行自我激励和互相激励。

我任教的是三年级的学生,这个时期的学生正处于过渡期,在表现自我和表达情感方面比较弱,我采取的自我激励方式"嘿嘿,我真棒!"和"嘿嘿,你真棒!"让学生可以自然地去表达对自己和他人钦佩的心情,原本枯燥的投准练习通过一根短绳用游戏的形式贯穿始终,让学生能在玩中学,学中想,可以达到"寓教于乐"的目的。通过这堂课的练习,孩子们的身心应该是愉悦的。

作者单位:宁波市鄞州区实验小学

编者点评

在本课教学中,作者把短绳作为每位学生的基本器材,不仅完成了轻物投准的教学任务,还进行了很多游戏和练习,让课堂教学更有趣味性,在增加运动量的同时也让学生乐于参与,体验体育游戏带来的乐趣。学生完成任务时也体验到了有些目标完全可以在努力后达到,这有助于增强自信心。其间进行的"开火车闯关"环节,是团体游戏,学生需要学会合作,克服困难,形成团结互助的精神,这样能更好地促进学生之间的交流与合作。

趣运篮球

江春晓

A 渗透缘起

《篮球——曲线运球》是五年级的教学内容,运球技术是篮球运动的重要组成部分,而曲线运球又是比赛中应用最广泛的运球变向技术,是学生所必须掌握的教学内容。曲线运球是在学习了直线运球的基础上,增加了运球技术的难度,需要学生有一定的控球能力,能够按拍球的正确部位。

《义务教育体育与健康课程标准》(2011年版)中明确指出"心理健康与社会适应"是课程的四大领域目标之一。在体育教学中,运用体育活动的特点,将心理健康教育有目的、有针对性地直接渗透到体育课堂中,才能促使学生真正达到身心健康。

本节课的心理健康教育渗透点有:1. 激发学生参与篮球运动的热情,感受篮球运动的乐趣;2. 培养学生在活动中乐学助学、勤于思考、善于发现的学习态度;3. 培养学生会悟、能悟、善悟的能力和勇于创新、乐于合作的优良品质。

B 渗透节点

1. 激趣热身。

师:同学们有没有在电视中见过特警队员领着警犬训练的场面?今天我们就来体验一下特警的角色,把我们手上的警犬(篮球)训练成一条最会过障碍的警犬。通过与我"石头剪刀布"的游戏来决定挑选警犬的优先权。挑选好后,带它玩一玩,并取个响亮的名字。(创设情境)(学生熟悉球性后,用球写一写警犬的名字,并跟着教师,和着音乐,带领警犬一起做韵律操。)

2. 促趣健体。

师:接下来,我们开始警犬的"原地待命"训练,也就是原地运球。(学生2人一组,通过游戏"警犬警犬几点钟"复习原地左、右手运球,互相指导、纠错、评价。)谁能说一说原地运球按拍球的部位?(正上方)如果我们想左右手交替运球呢?有什么好的方法? 一起来试一试。(学生尝试1~3拍体前变向换手运球。)

师:小特警们都能够开动脑筋,互帮互助,真团结!下面,我们要进行警犬的"跟踪训练",就是行进间直线运球。(学生4人一小组,通过"穿越树林"和"叫号运球"的游戏形式练习3次。)谁能告诉大家行进间直线运球时按拍球在什么部位?(后上方)

糟糕!小特警们,我们进入了一片密林,你能领着你的警犬顺利走出密林吗?(教师摆放障碍物,学生尝试曲线运球1次。教师观察,提炼学生过障碍的方法并请生示范换手运球与不换手运球的动作,比较区别,揭示课题。)

真厉害!小特警们都在动脑筋,找方法。下面,让我们来模仿一下换手运球特警的动作练习2次,然后思考:体前变向换手运球时按拍球的什么部位?(侧上方)(教师示范并讲解动作要领,组织学生于慢速走中体验曲线运球2次,请优生示范并介绍小窍门——变向时适当增加按拍球的力度。按照小窍门,学生慢速走中再练习2次,之后分层练习,或中速走或慢速走或慢跑中体验曲线运球4次,最后用叫号的游戏形式再完成1次。)

真了不起!所有的特警和警犬都顺利走出密林到达了训练营。下面等待大家的是最后一场考验——移动抢位战。看看哪一小组的特警能玩出的花样最多。(教师讲解示范面对面站位运球抢位的游戏方法,提出拓展要求,请生体验运球抢位游戏。学生还可以尝试背对背站位、前后重叠站位、左右平行站位等多种形式。)

3. 水到"趣"成。

师:小特警们,经过你们的努力,你们和警犬一起顺利通过了第一关的考验,祝贺大家!这节课通过对警犬的训练,你感受到了什么?你们每个特警和你们的警犬都是好样的,你们知道与自己的队友团结协作,学习队友身上的优点,你们懂得与自己的伙伴——警犬互相合作,找到你们的相处之道,通过思考,通过体验,享受了成功的快乐。

C 渗透感悟

改善师生关系,营造和谐的课堂心理氛围是体育教学中培养学生良好心理素质的前提。本节课的教学符合新课程标准的理念,根据小学生的身心特点,设计了"特警带警犬训练本领"的情境,为了让"警犬"(篮球)服从自己的命令,特警必须付出艰辛的努力,才能训练出一条出色的"警犬"。教学中运用游戏这一主要教学手段,让学生在体验篮球的多种玩法的同时,通过我的启悟语言、提出的问题,引导学生进入情境、进入角色,能去主动静听、练习、思考、发现、体验、领悟、体悟、交流,在学习和探究中,让学生"知其然更要知其所以然"。

我任教的是五年级的学生,这个年龄段的女生有点羞于表达自己的情感,在球类学习时也表现得不够自信;男生则恰恰相反,在球类课上甚是活跃,为了证明自己的球技,常不合时宜地耍宝,以致球接二连三地落地,干扰课堂讲解。球类课上对于"球何时能落地"的常规,还要加强引导。

作者单位:宁波国家高新区实验学校

编者点评

运球是篮球运动的基本功,与精彩的篮球赛相比,这样的简单训练无疑是枯燥的。作者在本课教学中,巧妙地设置情境,让学生扮演特警,把篮球视为警犬。而特警的形象在学生中是比较高大的,因此学生训练好"警犬"的积极性自然就提高了。在这个过程中,教师给学生设置各种"障碍",让学生学会应对运球中可能会遭遇的挑战。学生在练习运球的同时,也经过了各种考验,培养了他们解决问题的能力,也进一步增强了他们的自信。

团结协作 "跑"出精彩

孙旭凡

A 渗透缘起

《多人结伴跑》是小学中段的教学内容,本课以"团结协作,与同伴友好交往与合作,体验运动的乐趣,感受合作成功的喜悦"为主题,通过对"多人结伴跑"的教学设计,培养学生合作能力,加强同伴间的友好交往。

《体育与健康课程标准》十分强调体育课程对学生心理健康的影响,突出强调要树立"健康第一"的指导思想,促进学生健康成长,只有把心理教育融入体育教育中,才更符合现代教育的要求。

本课的心理健康教育渗透点有:1.感受与他人合作完成活动任务的快乐与成就感;2.引导学生在学习中学会相互配合,培养学生相互鼓励、合作学习、共同进步的团队意识与协作精神;3.激发学生在学习中多参与讨论,积极投身集体活动,更好地与同学及身边人相处。

B 渗透节点

1. 运用情境,动之以情。

师:同学们,你们在练习齐步走、三人两足、多人合作走、结伴赛跑中,表现得非常的棒！非常成功！你们成功的秘诀是什么？

生：统一口令，步调一致，齐心协力向前走……

师：同学们说得很好，今天我们上课的内容是多人结伴跑，需要与他人合作，共同完成体育活动任务。

2. 合作练习，体验成功。

第一次练习：

全班分成4大组，各大组分成甲乙两队(5~6人)，各成一列横队，轮流练习。甲队练习时乙队帮助，用绳将参加者相邻两脚捆绑在一起。队员用手相互搭在肩上，从起点线同时出发，看哪队最先跑至终点(半个篮球场的长度)。甲乙两队互换位置，继续练习。

师：我看到在观看的队员为练习队喊加油和鼓掌，你们做得很好！我相信有你们的相互鼓励和合作，我们今天的多人结伴跑肯定会完成得很漂亮！

师：同学们，你们在练习过程中遇到了什么问题？能不能告诉老师或其他组的同学呢？

生：老师，我们组为什么会跑偏？

师：那我们一起讨论一下跑偏原因。该怎么调整？

生：(各小组讨论开了，纷纷出主意……)

师：跑偏的原因是频率不一样，步长不一样。把速度快的、体力好的队员放在中间位置，个子差不多高的组成一队，注意控制速度，调整好呼吸，分配好体力。

师：有两队跑得又快又好，这两个队为什么完成得这么好啊？

生：口令响亮，步调一致……

师：对啊，我们应该先左脚起跑。在跑的过程中，口令统一，步调一致中速跑，合理分配体力。

师：我们再进行一次，各组商量一下，怎样合作会更好？

生：左脚在前，听小组长发令……

师：接下来我们进行小组比赛，预备——嘟！

第二次练习：

分组方法同前，队形上换成纵队。甲队练习时乙队帮助，用绳将参加者的左、右脚分别捆绑在一起。参加者后面的队员双手扶在前面队员肩上(领头第一人除外)，各组甲队同时出发，看哪一队能最快跑至终点。

师：刚才在练习的时候，有一队队员摔跤了，这个队为什么摔跤呢？

生：节奏不一样……

师：对啊，由于其中一名队员注意力不集中，起跑慢了导致步调不一致，又没有及时做出调整，所以摔跤。同学们在练习时，注意力一定要集中，发现队员或者自己有异常时,也要及时调整,争取成功。

3. **交流分享,展示团队风采。**

师:在多人结伴横跑、纵跑当中,你们队觉得在哪个练习中合作得最好?请出列展示团队风采,并说说你们的感受。

生:多人结伴跑,需要每个队员齐心协力……

生:我觉得紧密合作才能取得成功……

生:通过这次练习,我发现全队的节奏要一致,速度过快或者过慢,都难以成功完成……

师:同学们说得非常好!本节课你们通过组内合作学会了多人结伴跑的方法,体验了运动的乐趣,感受合作成功的喜悦。在生活中,处处需要发扬团结合作精神,希望你们能团结同学、团结家人。

渗透感悟

本课教学符合新课标中的理念,根据五年级学生的身心特点,本课自始至终,我以引导者、合作者的身份,引导学生通过独自思考、合作交流掌握新知,体现了学生主体地位,体现了"以人为本,以学生发展为本"的教育思想。

我指导学生通过合作讨论总结观点,达成共识,在这个环节中把讨论的气氛调节起来,激发学生的学习欲望,让学生体验到合作的喜悦,从而养成合作的习惯和意识,逐步培养学生合作精神。本课让学生进行自由组合尝试练习,以此来调动学生主动参与体育活动的积极性,开展丰富多彩的竞赛活动,调动了学生参与体育活动的兴趣,使得课堂教学氛围更加活跃。

作者单位:浙江省杭州市明珠实验学校

编者点评

目前,学生团队协作跑这一运动方式是比较流行的。作者在本课教学中,通过让学生反思在团队协作跑中碰到的问题和不足,然后在下一次练习中自己纠正。在一次次的练习中,学生自己会总结反思不足,并在下一次练习中取得更好的成绩。通过这样"实践+反思"的方式,有助于让学生感受完成集体任务时的喜悦,有助于学生在具体的协作跑实践中注重发挥团队协作精神,另外也有助于大家群策群力,更好地完成共同的任务。本课的教学对于培养学生的协作意识和协作能力是非常有帮助的。

89 踩高跷，踩出信心

郑 华

A 渗透缘起

《踩高跷》是三年级教学内容，这一课的课堂教学从引导学生从器械操感受一物多用的乐趣开始，慢慢地从一支高跷中体会如何感受和控制身体平衡，进而促进学生一种探究的欲望。通过口诀的记忆，两人间的相互观察、模仿、帮助，独立地进行高跷行走，逐步形成一种体会成功的快乐情景，并用"健康知识竞赛接力"作为串联，让学生感受健康的重要性，进而培养学生的注意力、观察力和想象力，以及协作能力。

体育课是以身体练习作为主要手段，以促进健康为主要目的。其独特的教学内容、方式、场地和器材，已经包含了丰富的人文内容、体育精神，特别是情感交流方面的内容。在教学中，教师应该在原有教学的基础上，挖掘深层次的情感，碰撞出交流的智慧火花，更好地培养学生观察力、想象力、创造力，以及良好的心理素质，让他们有一个积极、阳光、快乐、敢于挑战困难、勇于面对困难的心态。

本课的心理健康教育渗透点有：1. 感受民族传统体育项目的精髓，体会民族自豪感；2. 培养学生对传统体育项目的热爱，体验传统体育项目带来的快乐；3. 激发学生对民族传统项目的传承，通过生生互动、互助，克服练习中遇到的困难和挫折。

B 渗透节点

1. 情景激趣，充分热身。

师：同学们，走过独木桥吗？（将高跷横放在地上连接起来，就像是"独木桥"）今天我们来挑战一下独木桥好吗？（学生跃跃欲试、欢呼雀跃……）那好，今天老师带大家一起来体验一下独木桥的惊险和刺激吧……带领学生走"独木桥"，并作准备活动（器械操：利用单支高跷进行准备活动）：肩部、体转、体侧、扶杆绕圈跑、创编动作……

创编动作的时候，从孙悟空作为导入，让学生在一支高跷上进行平衡练习，通过模仿孙悟空摆造型，激发三年级学生的表演欲望，寻找快乐，从而为踩高跷的教学进行情绪上和技能上的铺垫。

2. 体验探索，感悟快乐。

师：刚才同学们已经热身得差不多了。现在轮到我们好好地实践一番了。

师：下面我们来比一比哪位小朋友最快学会用高跷走路。我们先来学习一下口诀——高跷斜放用力抓,紧贴直臂用力夹,靠边踩上不放手,重心移动平稳走。运用口诀儿歌化的教学最适合小学低段的学生记忆和学习。学生在快乐地念着口诀的时候,教师不失时机将两人之间相互帮助练习高跷的方法进行教授。这个过程是学生相互学习、相互协作,发展自己的技能和情感的过程,需要多给学生一点学习交流的时间。

师:大家已经能够在同伴的帮助下,开始慢慢地前进,现在要挑战一下难度了,老师这里有四个图形需要用高跷来完成,比一比哪组最先完成所有的任务!学生在竞争中提升了自己的技能,获得了成功的喜悦。

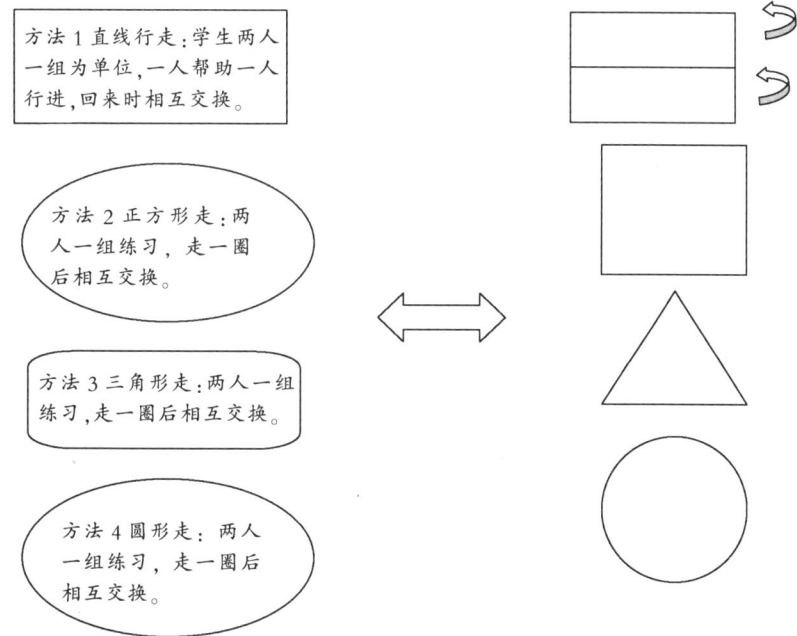

3. 提高巩固,展示自我。

师:大家表现得真棒!不少同学居然已经能够独立完成踩高跷了,现在老师要再次提升难度。我们要进行一个游戏——"健康知识竞赛接力",看看同学们能不能将踩高跷的技能和健康课上学到的健康知识有效地结合起来。

游戏教学是学生特别喜欢的方式,而小组内的相互帮助更有助于培养团结合作意识和竞争意识。而将健康知识融入到学生的练习、感悟之中,不但实现了教师由主宰者向服务者的角色转变,使教师的指导更有针对性和实效性,而且对培养学生观察、对比、总结、自信能力和团队精神的养成也具有重要意义,更是对健康的很好诠释。

4. 放松整理,形体之美。

师:经过一节课的练习,大家都有点累了!下面我们"瑜伽"放松一下吧!(树式、三角伸展式伴随着音乐放松。)体育锻炼不仅要让身体动起来,还要让学生体会到运动的美,学会放松身体,从而为终身体育打下扎实的基础。

C 渗透感悟

本课教学符合新课标中的理念,以学生的发展为中心,确立健康第一的指导思想、确保每一个学生都受益。

三年级的学生并不善于合作和交流,却善于表现。于是,从开始部分的走"独木桥"就让学生进行自我表现,又不失时机地在各个阶段注重合作学习,在合作中渗透生生间的交流,从而达到在合作中分享快乐,提升技能和信心的"共赢"目的。

创新体育教学是突破传统的体育教学模式,变程序化为个性化、娱乐化。教学中注重学生自主探究性学习,体现学生的自主意识,强化与美育和心育的融合。体育中蕴含健康和美,按健康和美的标准去锻炼,更是体育的深层要求。本课强调学生的主体地位,将踩高跷的技术教学融入到游戏当中,让学生在"玩"的过程中、在教师地引导下、同学间相互帮助、学习中寻找快乐,并根据自身的实际情况来发展和提升的能力和信心。

作者单位:浙江省杭州市大成实验学校

♥ 编者点评

> 踩高跷是我国的一项汉族传统民间活动,小学生平时一般不会接触。体育课上踩高跷的内容,其关键点不在于让学生拥有多高的技能,而在于让学生对这项活动有所了解,有所体验。笔者在本课教学中,先让学生走"独木桥",来"亲近"高跷。随后,笔者让学生两人一组协作走高跷,在此基础上,鼓励学生单独走高跷。通过本课教学,可以让学生体验踩高跷这一民俗体育项目,感受这一体育项目带来的快乐,并激发大家传承这一体育项目的积极性。

 鱼跃龙门　渐入佳境

寿华传

A 渗透缘起

《单跳双落》是小学低段的教学内容,是在模仿各种动物跳跃和单双脚跳的基础上,高一层次的学习。在教会学生简单的单脚起跳双脚落地的基础上,要求学生

跨越一定高度的横绳,指导学生如何正确用力和提高动作的协调性,为今后学习跳跃类内容打下扎实的基础。

本课的心理健康教育渗透点有:1. 通过队列队形的学习和游戏"小鱼快快长"融洽同伴关系,培养学生的团队意识;2. 通过"鲤鱼跳龙门"——单跳双落、跨过一定高度的横绳的教学,培养学生勇于克服困难,积极向上的品质;3. 通过游戏"渔翁捕鱼"的学习,提高学生身体素质,培养学生诚实、勇敢、创新的品质,并从游戏中获得成就感。

B 渗透节点

1. 小鱼小鱼快快长,融情激趣促团结。

教师引导:同学们,大家知道鲤鱼跳龙门的故事吗?今天我们就来变变变,变身成小鱼,一起玩游戏好不好?那就听清楚游戏规则,老师要看看最后谁会长成最大的鱼。

活动性游戏:小鱼小鱼快快长。

游戏方法:每个同学扮演一条小鱼,在活动区域自由"游动",两条小鱼相遇进行"剪刀、石头、布",输的同学接到赢的同学后面变成更大的鱼;当小鱼遇到大鱼后,要进行闪避;被碰到后自动接到大鱼后面;当人数相等的大鱼相遇时,仍然进行"剪刀、石头、布",输的鱼接到赢的鱼后面,最后看哪条鱼最大。

过渡:小鱼们,你们经过大河大江的游历,都变成了大鱼。现在有更大的困难摆在你们面前,你们有信心克服它吗?

2. 小鱼小鱼跃龙门,克服困难上一层。

教师引导:鱼儿们,看到那里了吗?那就是传说中的"龙门",据说只要闯过这几关,就可以去龙王山接受龙王的膜顶之礼,变成小龙,大家接受挑战吗?那要跨龙门,龙王是有规定的,下面我们就一起来学习本领,请大家一定要认真观察,积极练习。

(1)小鱼学本领。

学生在教师带领下进行原地的单跳双落练习。在大部分同学都掌握的情况下,教授"跑几步,单脚踏跳跨越一定高度的障碍后双脚落地"动作,并语言激励学生克服困难跨过障碍:"同学们,刚才老师发现大家都很棒,把动作学得有模有样,现在我们要进行演习,看看演习过程中,有多少同学能挑战成功,既跨过障碍,又做对动作。现在大声告诉老师:你们很棒,你们能行!"组织学生有序地进行小组练习。

(2)小鱼跃龙门。

教师引导:"鱼儿们,刚才大家非常认真地学习本领,已经把跃龙门的本领学得有模有样了,我真为你们感到骄傲。下面我们就一起去跃龙门,只要跃过这三座龙门,你们就有成为小龙的资格,大家都有信心吗?"

教师分别设置高度为20cm、30cm、35cm的横绳障碍，要求学生闯关。学生在教师指导下进行练习。教师在练习中发现问题(如落地笨重、双脚踏跳等)及时解决，并在巡视指导中激励学生积极参与练习。采取小组合作的形式，让已经闯关的同学去帮助同组还未闯关的同学；对于个别体育后进生，采取降低过关高度的方法，为他们准备高度较低的横绳障碍进行练习，以激发他们练习的自信心，并用语言激励他们投入练习："××、××同学，龙王看你们虽然资质一般却非常努力，他非常感动，决定为你们破例开放小龙门，你们到那里去闯关吧！"

通过这样的练习，让学生在学会"跑几步，单脚踏跳跨越一定高度的障碍后双脚落地"动作的同时，也培养克服困难，勇于进取，积极向上的心态。

3. 小鱼小鱼快快游，机智灵活能出头。

教师引导：鱼儿们，你们真是太棒了！那么多小鱼都闯关成功，跃过了龙门。但是龙王说，要成为小龙仅仅有勇气是不够的，还需要诚实和聪明。所以你们去龙王山的路上还有个最后的关卡要过，你们有信心吗？

(1)渔翁岸上捕鱼。(游戏方法：设置小圈，教师扮演渔翁站在小圈里，小鱼可以随时游进小圈，游出小圈。教师在圈内进行抓捕，被教师碰到的学生坐在小圈里，不得进行游戏，只有其他同学拍到该小鱼的时候，小鱼才被"拯救"出来，重新进行游戏。)在游戏前以及游戏过程中引导学生要遵守游戏规则，培养学生诚实守信的心理品质。

(2)渔翁划船捕鱼。(游戏方法：活动范围扩大，教师可以随意在活动范围内进行抓捕，其他规则同上。)

(3)小鱼躲躲躲。(游戏方法同上，渔夫增加，但是小鱼可以做出类似于"蹲下，趴下"等动作进行隐藏躲避。)教师边游戏，边引导学生做勇敢的小鱼，不要总是躲在水草里，要想法设法拯救更多的小鱼。

通过"渔夫捕鱼"的拓展练习让整节课达到高潮，并提升学生的集体荣誉感，进一步培养学生勇敢、诚实、善于动脑的精神品质。

4. 小鱼小鱼变成龙，欢声笑语齐放松。

教师引导：鱼儿们，通过刚才的闯关，龙王终于发现大家真的是集智慧、勇敢、诚实为一体的好"鱼儿"，所以他决定大家都算通关成功，有资格接收膜顶，升级成小龙，开心吗？下面让我们跟着音乐一起来起舞腾飞吧！

在音乐的伴奏下，教师带领同学模仿小龙腾飞动作。教师用幽默的语言、滑稽的动作引导学生进行练习，大家在一片欢声笑语中结束本课，彻底放松身心。

C 渗透感悟

本课教学完全符合新课标中的理念，根据小学二年级学生的心理特点，让学生在"鲤鱼跃龙门"的故事情境中学习运动知识与技能，不仅体验到体育活动带来的乐趣,而且深深体会到团结协作的重要性。教师通过"鲤鱼跃龙门"和"渔翁捕鱼"这样的环节,引导学生学会自主动脑,克服困难,积极向上……在学习动作技能的同时,也能培养自主自强、自我接纳的心理品质。

我所教的孩子基本上都是独生子女,被父母长辈溺爱着,捧在手里怕摔,含在嘴里怕化,他们不仅以自我为中心,不擅与人交流,而且不敢直面困难,遇到挫折会退缩,所以当我设置横绳障碍后,很多孩子都对此胆怯,导致练习中动作结构变形。在经过教师语言引导后,他们才慢慢适应练习。其实,在这个环节里,我可以请优生示范,树立榜样,以此进一步激发学生挑战他人和自我的欲望。

作者单位:宁波市鄞州区实验小学

❤ 编者点评

> 单跳双落是一项基本的跳跃技能,如果单纯练习这样的技能,难免枯燥,学生也没参与的积极性。在本课教学中,作者巧妙地设计了"鲤鱼跳龙门"的情境,让学生在参与游戏中完成技能训练目标,并且体验到闯关成功的喜悦。作者把原地的单跳双落训练作为"小鱼学本领",在此基础上,让"小鱼"挑战三个难度逐步提高的"龙门",让学生有挑战成功的喜悦。在此基础上,作者还设计了"渔翁捕鱼"的环节,鼓励学生团结协作,取得最后的胜利。

让球在空中多飞一会儿

朱文峻

A 渗透缘起

《颠球》是七年级教学内容。颠球是指用身体的各个部位连续地触击球,并加以控制,尽量使球不落地的技术动作。它也是熟悉和展现球员球性的最直观手段。本课在准备部分中结合热身,首先让学生明确颠球的各个部位;然后在基础部分中体验"自我控制",感受成功颠球;最后,通过"凌空射门"、"得分庆祝"完成巩固和放松。

新课标下,体育与健康课程所肩负的"育人"任务更加艰巨。它将原有的三维目标发展成了运动参与、运动技能、身体健康、心理健康和社会适应等五个学习领域。体育学科需利用其自身的优势,使学生能够感受课程所带来的"正能量"。

本课的心理健康教育渗透点有:1. 重新认识身体各部位,提高身体自我水平;2. 培养学生自我控制能力,并了解其价值;3. 培养学生之间的沟通、互助;4. 学会合理地自我释放和展示。

B 渗透节点

1. *身体书写,乐趣热身*。

师:大家还记得那段精彩的足球表演吗?球员在表演中,用了哪些部位去触球?

生:脚、大腿、头……

师:咱们的这些部位有这么灵活吗?

生:没有(摇头)。

师:你们是否也想拥有让球不落地的能力呢?

生:齐声兴奋地表示,想。

师:好,我们今天就开始学习颠球。首先,让我们尝试用各个部位来书写自己的名字吧。

(进行练习)

师:看来用这些部位书写,对于大家来说并不难啊,你们的完成情况出乎了我的意料,太棒了!你们对自己的这些部位是否也有了新的认识呢?

生:虽然有些累,但是没想到自己真的可以完成。

师:没错,所以大家要敢于尝试,其实你们比自己想象的更棒。

2. *身体记忆,收放自如*。

师:既然大家都拥有了如此灵活的身体,那么就让我们来感受足球的魅力吧。接下来,我们要用各个部位去触碰"静止"的球的底部。问题是如何让球停在空中呢?

生:用手举着。

师:没错,球场上我们有队友,练习时,我们更应该配合。(进行练习)

师:有了同伴的帮助,我们的静态练习就是如此高效。你们做好让足球回归自由的准备了吗?

生:应该可以吧,试试。

师:让球回归自由,对于球的控制就提出了更高的要求。部位、高度、力量等等都需要我们十分"谨慎",否则足球就会"离开"我们。我们尝试用自己觉得最熟练的部位"颠球",从一次开始吧。

师:在练习中,同伴就失去价值了么?

生:可以互相纠错。

师:没错,同伴还可以反馈触球时的身体姿态和触球位置是否规范。

(进行练习)

师:大家都积极尝试,同伴间有帮助,有比较。同时,我也看到了你们脸上颠球时的小心翼翼,失误时的惋惜以及成功时的兴奋。这都是我们互相帮助,努力付出的收获。

3. 射门释放,庆祝展示。

师:颠球很开心,但在球场上还有比颠球更开心的……

生:进球、射门、得分。

师:没错,在比赛中没有比进球更开心的了。接下来,就让我们来感受进球的快乐吧。大家快来尝试各种射门吧。

生:老师,是各种射门方式都可以吗?

师:当然。

生:我要大力射门;我要打一个刁钻的角度;我要凌空抽射……

师:太棒了。对于这么精彩的进球,球员们都会兴奋不已,然后会发生什么?

生:和队友拥抱、滑行…

师:是的,庆祝动作!让我看看你们的庆祝动作吧。

进球,它是让球场内外沸腾的开关,但兴奋的源泉是射门,当然,还有射门前,全队上下为之付出的一切(包括对自我的控制、与同伴之间的沟通和协作)。这也是咱们今天这节课所做的。

C 渗透感悟

本课教学符合新课标中的理念,在三个部分中,有效完成了预期的心理健康教育渗透点:趣味热身:在欢乐中"扭动"自己的身体,自信地尝试和展示自己的各个部位并为之感到骄傲。基础部分:成功的体验和自我控制后的"复制",让学生明确,自我控制能力的提升至关重要;结束部分:以射门的方式将学生在前一个环节中"控制的能量"完全释放出来,并以各种创意的庆祝动作实现身心的全面放松。

七年级学生处于生长发育早期,此时的他们对于自身的展示总是过于内敛,本课能够在轻松的氛围中提升学生身体自我水平,并使沟通互助,自信自主贯穿全课。

作者单位:浙江省杭州市胜蓝实验中学

编者点评

作者在本课教学中,结合体育学科的特殊优势,根据学生的心理特点,对教材内容重新整合,让学生在轻松的氛围中,对原本难度定位较高的内容有一个更为自然、自信的起步。在四个渗透点中,身体自我的提高和同学间的沟通互助得到了较好的反馈。作为本课的核心,让学生切身感受到"自我控制"的价值。同时告诉学生,面对自我控制所带来的身心疲劳,又可以通过适宜的方式进行"释放"。

92 投准的乐趣

樊丰丰

A 渗透缘起

《投准与游戏》是小学三年级教学内容,根据三年级学生的心理特点,本课采用情境教学的模式,始终用小士兵完成任务来贯穿整个教学过程,培养学生在群体中的责任感,建立高度的合作意识和团队意识,使学生在愉快的氛围中掌握技能,达到玩中学的目的,充分体现学生的主体地位和教师的主导作用。

体育课具备独特的教学内容和教学方式,在课中有很多展示与挑战自我的机会,以及培养团队意识的环节。教师应该更好利用体育课的活动内容培养学生良好的心理素质,让他们成为一个快乐、阳光、敢于挑战、团结互助的孩子。

本课的心理健康教育渗透点有:1.让学生体会到体育运动的快乐,充分发挥学生学习的主体性、主动性,让学生积极参与体育运动中;2.通过各种教学手段,让学生初步掌握轻物投准的基本技术,发展力量、灵敏、协调等身体素质,增强体能,促进身体健康;3.培养学生克服困难、勇于进取等品质,培养学生组织纪律性,团结协作和勇敢顽强的拼搏精神。

B 渗透节点

1. *情境导入,活跃情绪*。

师:同学们平时在电视、电影或者现实生活中看到过士兵叔叔吗?

生:看到过。

师:那请你们讲一讲士兵都有哪些优良品质?

生1:服从命令,勇敢。生2:遵守纪律,团结。

师:同学们回答得真好,每一位士兵都具备勇敢、遵守纪律、团结合作、一切行动听指挥等品质,那今天我们也来当一回小士兵,好不好?

同学们回答声音洪亮,全班精神振奋。

作为士兵的第一项任务,由组长带领,进行列队跑并结合口号。

第二项任务队列练习,进行原地三面转法练习,教师口令,学生练习,培养学生团结一致、遵守纪律、"一切行动听指挥"的良好品质。

2. *创设环境,展现合作*。

师:作为一名小士兵,我们不仅要学会打靶,更重要的是还要学会团结合作,勇于克服困难。你们能不能做到?(学生答:能)

第三项任务,做回小小神枪手,通过徒手投掷练习、打立靶、移动打靶等练习,加强学生的投准能力。

(1)徒手练习肩上屈肘的投掷方法。

(2)打立靶。

将学生分成八组,用单手肩上屈肘的方法投纸球,比比谁投得准。

(3)实弹演习(投准与接准游戏)。方法:分八个组,每组一名同学负责拿桶接球,其余同学进行投掷,比一比哪一组进球多。通过该项任务不仅让学生学习了投准技巧,而且通过游戏让学生学会相互配合,感受到合作的乐趣。

第四项任务,翻山越岭送情报(障碍赛跑)。

方法:将学生分成人数相等的四组,第一位同学跨过垫子,钻过栏架,拿两个纸球,将球放置靶下,然后返回与下一同学击掌,依此类推,直至全部同学跑完为止。通过该项任务培养学生勇于克服困难,团结协作精神。

3. **集体庆功,体会快乐**。

师:小士兵们,通过你们的努力,我们顺利完成了任务,让我们一起来庆功吧!

这一部分,我设计了战士们庆功场景,大家跟着音乐(幸福拍手歌),围成一个圈,跟老师一起跳。

C 渗透感悟

本课教学符合新课标中的理念,根据小学生的心理特点,采用了情境教学模式,让学生感受到体育运动的快乐,激发了学生学习的积极性;能抓住小学生的心理特征,设计教学,让学生用小士兵的角色进行练习,一起感受体育运动的快乐,学会同学间的互帮互助;教师精心设计教学环节,能充分调动学生"投"的兴趣,让学生处于运动的快乐之中。

三年级(水平二)的学生投掷技能有一定的基础,但对以往枯燥、单调的投掷课不感兴趣,在体育课中比较容易兴奋,注意力不易集中;因此本课采用了情境教学的方法吸引学生注意力,使学生全身心地投入到课堂中去。

作者单位:浙江省杭州市东园小学

♥ 编者点评

根据三年级学生投掷技能有一定基础,但对枯燥、单调的投掷课不感兴趣的现实,作者设计了"小士兵"的情境。作者把"小士兵"对"神枪手"的追求和徒手投掷练习、打立靶、移动打靶等结合起来,加强学生的投准能力训练。在此基础上,作者让学生分组进行"实弹训练",除了让学生练习投准外,还要注重相互配合。最后,作者还分组让学生以送情报的名义进行障碍赛跑,以更好地培养学生团队协作精神。本课的教学,学生参与积极性高,除了提高投掷能力外,还切实体验了团结协作的魅力。

心育渗透之其他学科

奏响"？"之歌

张玮璟

A 渗透缘起

《问号之歌》是小学三年级《品德与社会》的教学内容。本课旨在引导学生认知勤学、好问这一良好品质，体验好奇和主动学习的快乐与成功，提升提问和求解的思维和行动能力，以激发学习的内驱力和效能感，并联动后面课文中良好的学习态度和习惯、时间的珍惜和管理这两个单元的内容，促进小学生形成主动探索和自觉自律的良好学习品质。

"学源于思，思源于疑。"由埃里克森的"心理社会发展论"可知，小学生最重要的发展性主题在于养成和保持一种勤奋、积极、进取的学习和生活态度。如果说处于"智力发展"第二个高峰期的小学三年级学生，是学习品质培养的"关键期"，那么问题意识和问题能力就是勤奋好学的"生长点"。而这，与本课时培养学生对事物的好奇性和勤奋学习品质的课程教学目标，以及"好问勤学"这一关键词，实乃题中之意，尽相一致。

本课时的心理健康教育渗透点有：1. 激趣引问，让学生觉察自我意识感；2. 置疑思问，伴学生体验自我超越感；3. 践行究问，助学生领悟自我勤奋感。

B 渗透节点

让学生行走在活动和情境中，在自主参与中分享体验，在思维碰撞中践行共识，在开放的课堂氛围中激发学生自主探究、互动求知、助人自助和互助。

1. *游戏蕴趣，好奇引问*。

上课伊始，教师现场演示魔术《剪不断的毛线》，在学生尚处于惊诧不解时，迅速提问："有什么想问的？"教室旋即炸了锅，几乎所有学生都发出了疑问、猜测，也有学生推测出了多种谜底。

师："对小小的魔术我们有这么多疑问和好奇，那么下面的短片中，大家又会有什么样的问题发现呢？"紧接着播放视频《奇妙的大自然》，然后让学生自由提问。此时学生们争相发言，甚至是抢着提出自己的问题。

师："神奇的大自然充满了问号，那平时的学习和生活中，你又有什么问号呢？"学生写问号卡，并分享交流，平时有感触的和被忽略的问题都纷纷呈现。

教师引导学生感知：问号处处有，只在于勤于发问。

这个环节中，学生始终体验着激动和兴奋，被不断挑起的好奇心激发了求知欲，思维进入活跃状态,问题意识开始触发,开放、轻松、积极的教学氛围也自然形成。

2. **情境存疑,勤思善问**。

播放视频《金色的草地》(一),请同学们仔细聆听。

师:你们有什么发现?有什么疑问?

同学们在凝神聆听后,有人很快做出反应,也有人在静静回顾和思考后说出想法。分享中各种关于蒲公英和草地的种种发现和疑问被学生不断提出、不断争论。慢慢的,大家的发现聚焦到蒲公英草地早、中、晚的色彩变化中,这是一个平时大家不曾注意的现象,于是一个有价值的问题产生了:为什么草地在一天不同的时间中有不同的色彩?变化有规律吗?

整个过程中,开放性的提问没有明确的指向性,发现和疑问各不相同,学生的思维开始了碰撞。在碰撞中学生不断进行思考角度的转换和思考点的切换,在全情的投入中,学生体验到察异思疑的乐趣,而提问的能力也获得了提高。

3. **互动探索,自主究问**。

(1)视频分享,发现释疑之路。

播放视频《金色的草地》(二),老师请同学们仔细聆听故事中小男孩的发现。当同学们听到跟自己的发现一样时,发出了欣喜的惊呼声,同时对草色变化的谜底表现出更为急迫的期待。当听到最后的原因时,同学们都发出了"哦!?……",个中滋味有点复杂。

老师请大家根据视频故事讨论:小男孩怎样发现这个奥秘,又是怎样解开这个奥秘的呢!然后分享。结论是:小男孩善于观察、敢于质疑、勤于思考、勇于探究。

师:小男孩的勤于观察和勇于探究让他发现并解开了谜团,我们的思考和探究也让我们发现了解开疑惑的方法。

(2)问题讨论,寻找解惑之策。

以小组为单位,选择卡片上同学们写的一两个问题,讨论寻求可以尝试的具体方法和策略,然后分享。

讨论很投入,不少同学还抢着与同学讨论自己问题的解答策略。分享的环节中,同学们提出的方法很多、很具体,不同的问题方法也有很多差别,还不断有人补充。

教师小结:具体的问题有具体的求解方法,但有几点,我们发现是共同的,那就是勤于学习、大胆质疑、善于提问、仔细观察、认真思考、勇敢实践。

(3)活动体验,感受揭秘之乐。

教师出示上课开始的魔术道具:上课开始大家对魔术有很多的解释和推测,现在请同学们勇于实践,解开谜底。

几位同学上来展示自己的魔术揭秘实验,有的失败,有的成功,但同学们情绪高昂,都想体验一下。在欢快而热烈的课堂气氛中,教师及时小结鼓励践行。

本节点让学生在体验揭秘快乐的过程中互动和思考,用学生自己的问题作为驱动,自主寻找求知的途径,学会勤奋并坚持践行,培养学生勤学好问之品质。

C 渗透感悟

基于心理学的学习应该是各种认知因素和情感因素共同参与,发挥"叠加效应"的过程,本课从开始的魔术激起兴趣,视频引发好奇,到情景奥秘的发现和揭晓,实验解谜的活动一直吸引着学生的身心投入。整个学习过程中,学生的情感相伴思维,随着课堂节律起伏,呈现出较好的"叠加效应"。课堂自然成为学生勤学好问的练习场,学生在课堂上直接感受着学习的高品质感。

认知的意义在于内化为信念并外化为行为,而体验是促成认知内化的有效途径。本节课让学生发问于视频中,探疑于情景中,解密于活动中,在参与中体验着发现问题和解决问题的愉悦感和成就感,问题意识也就不着痕迹地渗入学习信念中。在未来的日子里学生有可能演绎成自觉提问的能力和习惯,而整个教学过程也让学生在善思好问中体验着学习的高价值感。

主动建构和交互作用是学习的基本方式,在团体互动中自主学习是高效学习的追求。本堂课的人际氛围和问题设计以及共识达成都体现着开放性和互动性的追求,合作讨论和自由分享中的思维碰撞和头脑风暴,让个体和团体的动力发挥较为充分,学生从中汲取着积极行动的能量,也品味着学习的高效能感。

作者单位:宁波市象山县教科研中心

♥ 编者点评

结合问题意识和问题能力是小学三年级学生勤奋好学的"生长点",本文作者设置了"激趣引问,让学生觉察自我意识感""质疑思问,伴学生体验自我超越感""践行究问,助学生领悟自我勤奋感"这三个心理健康教育渗透点。在具体教学中,作者通过创设情境、巧妙发问,激起学生确立问题意识,让发问、提问和解惑在课堂流转,使学生的大脑始终处于思考的状态。正如笔者所言,学生的问题意识出现了"叠加效应",课堂成了学生勤学好问的练习场,学生在这样的课堂中享受着学习的高效能感。

94 古老土地上的青春气息

王晓纯

A 渗透缘起

《古老土地上的青春气息》是七年级《人·自然·社会》的教学内容,这一课主要探究今日浙江大地所出现的日新月异的变化,并通过分析得出此变化既是古老文明历史的延续,又是充满青春活力的创造。

由于地方课程的探究点较多,所以在以往的教学中,教师往往追求知识与能力、过程与方法这两个目标的落实。在新课改背景下,地方课程教师应该贯彻三维目标,充分挖掘教材中有利于渗透心理健康教育的教学点,让地方课程教学与心育渗透有机结合。

本课的心理健康教育渗透点有:1.感悟杭州小巷传奇故事,学会帮助他人,以诚待人,构建和谐人际关系;2.借助马云的故事,培养学生直面困难、积极进取的精神;3.通过对杭州未来的设计,培养学生的创新意识、探索精神和合作意识。

B 渗透节点

师:当我们尝试去探究杭州人文历史,感受杭州古老风情的时候,总是能够发现,杭州的故事,多源于小巷——市井百态,是杭州传奇的开始。

1. 小巷的昨天——传奇篇。

课前学生分组,收集杭州小巷的传奇故事。

课堂上,学生汇报展示他们收集的成果。

成果一:大井巷——王婆赠酒得井。

教师:同学们,道士为什么为王婆挖井?

学生:王婆19次赠酒,从没嫌憎过。

教师:之后,井水为什么会枯竭?

学生:道士觉得王婆太贪心,要求越来越高。

教师:为什么最后井水又复流了?

学生:王婆觉得羞愧,知错就改,对人也更加慷慨。

教师:这个故事对你们有什么启示?

学生交流,得出做人要慷慨,不能贪心,知错就改,以诚待人。

成果二:江山弄——蒋昆玉救"皓纱"老妇。

教师:在江山弄的故事里,蒋昆玉及时救治昏倒的老妇,得到了老妇人的感恩和回馈,对比现在社会上出现的老人晕倒不敢扶现象,你觉得这个故事有什么地方可以值得我们借鉴的。

学生交流,得出要学习蒋昆玉的乐于助人精神和老妇人的知恩图报精神。

教师:我们探究杭州小巷的故事,感觉有趣的同时,我们也能感受到一些人际交往中的质朴,可能这些故事中多少会有一点夸张的成分,但是也能体现杭州人对美好品质的向往。从古至今,这些美德细节已经渗透到杭州人生活的点点滴滴。

2. 小巷的今天——人物篇。

教师:杭州小巷出名人,古有陆游(孩儿巷),近有司徒雷登(耶稣堂弄)、戴望舒(大塔儿巷),现有马云(严官巷)。

教师首先播放学生扮演的微视频"马云的三次高考",紧接着,请扮演者讲述扮演时的感受,最后让其他学生点评,并提问如果是你来演,你将在三个场景中表达出怎样的情感。马云的先天条件并不优秀,但是现在成为中国富豪,靠的是哪些品质?这些品质对你有什么启示?

教师播放视频"一分钟了解阿里巴巴",学生观看视频,思考:阿里巴巴的成功仅仅只是网络购物领域上的成功吗?不断地发现商业契机,拓宽市场领域,这需要什么样的精神支持呢?

教师:我们总是习惯在自己面前画一条线,认为这就是我们的极限,以至于忽略了自己的潜力和创造力。马云,一个先天条件并不突出的人,但是却通过努力一度成为了中国首富,所以我们要善于在困难中寻找希望,用马云的一句话来说:"梦想还是要有的,万一实现了呢?"

3. 小巷的明天——设想篇。

教师展示小巷的变化,强调小巷的变化即是杭州变化的缩影,让学生分小组探究,尝试对杭州的建设做出规划,并说明理由。

C 渗透感悟

本课的教学基本落实了涉及心理健康教育的三个渗透点:首先,通过分析小巷的传奇,让学生去感悟帮助他人时自己所能体会到的快乐,学习以诚待人,构建和谐人际关系;其次,通过学生的角色扮演以及互动点评,学习马云直面困难,积极进取的精神;再次,通过"一分钟了解阿里巴巴"的视频让学生了解探索、创新的重要性;最后,通过对杭州未来的畅想与设计,激发学生的创新探索的热情。本课各个环节都需要学生通过合作学习共同完成,在师生、生生合作探究过程中,体现了学生学习的主体性,引导学生主动去感受,用心去感悟,联系自己,学习杭州人的美好品质,并将这些品质渗透到自己的学习生活中。

从渗透实践来看,渗透点二效果最好,学生的感悟比较深,对于马云的故事,学生很感兴趣,且又是身边发生的事,让学生有一种时尚感和亲切感。其实,杭州的很多名人故事都可以进行发展延伸,将心理健康教育渗透其中,但是,如何能够让学生在感同身受中有所得,并运用于实践当中,促进学生的生成性发展,这也是我之后需要思考和努力的方向。

作者单位:浙江省杭州二中白马湖学校

❤ 编者点评

本文作者围绕杭州的"昨天、今天和明天"开展本课的教学,并围绕三个时代的各自特色渗透心理健康教育。杭州的昨天主要是杭州小巷的传奇故事,让学生体验学会帮助他人、以诚待人的重要性。杭州的今天主要讲述传奇人物马云的故事,学生可以从马云身上学会直面困难的勇气和积极进取的精神。杭州的明天,需要学生自己去设计,可以让学生发挥想象力去规划杭州美好的未来。通过本课的教学,可以让学生对杭州精神有更好的了解,也对自己的未来有更好的期许。

95 做幸福旅游人

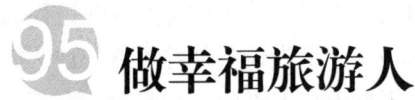

戴娓蔚

A 渗透缘起

《处理宾客投诉》是职高《饭店服务与管理》的教学内容,是在学生对前五个项目中关于酒店及内部运作管理知识有了解后,针对从事酒店业会遇到的突发事件,展开预估,并介绍处理方法。而这个任务就是专门介绍对"客人投诉"事件,从业人员该如何妥善处理。

学习本任务,旨在促进学生能正确认识即将面临的岗位中的宾客投诉问题,能通过理论及案例分析,学会站在他人角度,顾全大局,调整自我心态与情绪,将被投诉这一看似有负面影响的事件,视为促进酒店做得更好的机遇,掌握基本处理方法;更能以此为切口,投射日常,引导中职生设身处地考虑他人感受,控制自我情绪,妥善处理人际关系,谦虚自信走向岗位。

本课心理健康教育渗透点有:1.调控自我情绪,不抱怨,不暴躁,真诚耐心,以愉悦心境面对问题;2.了解他人情绪,调整自我心态,做出合理反应;3.积极转换心态,视麻烦为前进机遇,虚心学习,自信妥善处理各种关系。

B 渗透节点

1. 学会调控,我的情绪我做主。

(1)出示情境,角色代入。

师出示:书中投诉案例:一天,餐厅来了三位衣着讲究的客人,服务员引至坐定,其中一位客人说:"我要××菜,要将味调浓些,样子摆漂亮点。"同时转身对同伴说:"这道菜很好吃,今天你们一定要尝尝。"菜点完后,服务员拿菜单去厨房。再次回来时,她礼貌地对客人说:"先生对不起,厨房今天没这道菜,给您换一道可以吗?"客人一听勃然大怒,"为什么不事先告诉我?让我们等这么久,早说就去另一家了。"

(2)集思广益,应对困境。

师提问:面对纷争,如果你是这个服务员,第一反应是什么?会如何处理?如果你是来处理投诉的领班或经理,又如何面对?

(3)积极引导,调控情绪。

师引导、生得出:若为服务员,面对发怒客人,要控制情绪,不被激怒或害怕哭泣,学会调心态。若为领班主管,则需多方兼顾,照顾服务员、客人、自己情绪,学会做调解。

2. 设身处地,和谐关系我能行。

(1)层层深入,换位思考。

师小结:刚才同学集思广益,想出一些面对投诉的处理方法,例如先给客人道歉、认真耐心听取客人意见、表明态度、表达感谢等,都可行,能有效避免与客人发生冲突。

生深入思考:妥善处理投诉的核心是什么?

生得出:站到客人角度,理解了客人。客人满怀期待却落空,没吃好还丢了面子,应该理解他。这样想就不会被激怒,能理性分析,耐心倾听,解释道歉。

师深推:平时也要去了解他人情绪,换位思考,控制情绪,和谐相处。

(2)妥善处理,学习方法。

师总结:妥善处理关系方法48字——真诚接待,表达歉意;耐心倾听,认真记录;用心揣摩,了解宾客;表明态度,表示感谢;快速处理,及时反馈;吸取教训,跟踪访问。

怀感恩心,考虑他人,引申至日常,中职生就会在同伴间少些矛盾,在家长前少些叛逆,和谐生活。

(3)真诚交往,制胜法宝。

师强调:真诚是人际交往的制胜法宝。

3. 转换心态,我把困难变机遇。

(1)正视投诉,转换心态。

师引导:调整心态、控制情绪后,采取合理方法前,需从业人员正识投诉。

生得出:有投诉未必是坏事,无投诉未必是好事。饭店只有不断跟上宾客的高要求,才能在行业中独占鳌头。如此看,困难就成了机遇。

积极转换心态,转换成积极心态,要成为学生习惯。

(2)分析原因,谦虚求索。

同分析:引起投诉原因很多,可能是饭店硬软件质量问题,管理、沟通不良问题,也有宾客主观原因。分清原因,以谦虚平和的心态求索更优服务。

(3)吸取教训,自信前行。

同优化:存档投诉案例,相信接受投诉即面向更好的自己,充满信心前行。

渗透感悟

中职旅游专业学生存在情绪不稳、抗挫能力和设身处地思考能力较弱、自信不足、人际交往较冲动等问题。但毕业后就将走上与人打交道的行业,无论在酒店还是旅行社,都需有稳定情绪及调控、抗挫等能力来匹配职业要求。

处理酒店中各项投诉,非常考验人的各项心理品质。通过课内有限案例,带领学生感受纠纷,集思广益,明确如何合理应对,同时渗透心理教育,希望学生能通过岗位管理这个小口,推及生活各方面,学会调控情绪,站在他人角度考虑,转换心态,感恩而积极地处理事情。如此,一个高情商中职生,也必然能在职场中游刃有余,在生活中充满幸福感。

《处理宾客投诉》,处理的不仅仅是投诉,更是教会中职生如何面对纷繁人生,做自己情绪的主人,与他人和谐相处,与社会相容,成为一个幸福的人。

作者单位:宁波东钱湖旅游学校

编者点评

被宾客投诉是酒店服务人员经常会碰到的现实问题,酒店服务人员需要妥善应对。笔者结合这一现实,设置了"调控自我情绪,不暴躁,以愉悦心境面对问题""了解他人情绪,调整自我心态,做出合理反应""积极转换心态,视麻烦为前进机遇,自信妥善处理各种关系"这三个心理健康渗透点。这样的三个渗透点,其实也是巧妙应对投诉的有效法宝。尤其是调控自我情绪这一点必须牢牢把握,否则就会导致冲突升级,难以挽回,这其实也是一个自我管理的问题。

感悟构图的和谐美

吴文春

A 渗透缘起

《插花的构图》是职高园林专业《插花技能实践应用课程》教材中的内容。是继学习插花立意和选材之后,对插花艺术造型最为关键的知识点;是作品设计成型的焦点和中心,对于插花的观赏性和完整性影响至深。所以,本节内容的传授要讲究方法,力求直观。有人说过:"就插花而言,它是美好的,能陶冶情操;也是抽象的,让人无可捉摸,没有定型;也是奇妙的,人人感悟不同,理解各异。"所以,针对本节课知识点体现出的矛盾与调和,对比与统一,每个人的理解和认知都各有不同,只有让学生通过内心真正地感受、理解和领悟,才能最终消除困惑,掌握知识。所以,在教学中适当渗透心育,能调动学生主观能动性,让学生身心愉悦,积极、快乐地学习。

本节课的心育渗透点有:1.以矛盾为媒,引学生创造性地关注解决办法,增强学生自信心和创造力;2.以疑问为导,促使学生对艺术进行探索和思考,培养乐观、积极心态;3.以美图为焦,让学生心中有主次,眼中有轻重,以物喻人,畅想人生之路。

B 渗透节点

师:有人说:"哪里有花,哪里就有美,哪里就有艺术。"插花是花的集合,艺术的精粹。世界上集色彩、构图、立意、造型于一体的,能协调矛盾、构造和谐之美的艺术就唯有插花一道。感悟插花构图,绝对是一次让心新奇、思想灵动的奇妙之旅。

1. *探究插花构图多样与统一的矛盾调和美*。

本节课先由学生课前预习,让学生观察各组实物构图,引导学生直观评价插花作品,引发学习探究的兴趣和好奇心。

然后,分小组实物模拟体验:提问—分析—归纳,得出构图原则。

师:面对多幅构图,同学们能鉴别出有哪些构图形状吗?每幅作品里总体与局部的关系,大家有何发现?请大家畅所欲言。

经过讨论,学生呈现成果:局部色彩、数量、形状等多样化与整体上的统一性存在矛盾,然而又能在同一构图上和谐共存,很奇妙!

师:不错,插花构图是自由的,也是有原则的。但同学们能否用你们的慧眼再发现点什么吗?引导学生继续探索发现之旅。

2. *探究插花构图协调与对比的矛盾调和美*。

(1)观察思考:每幅作品构图中的对比体现在哪里?为何却感觉不到不协调呢?

师:在作品中对比与协调的处理需要大家深刻领悟,具体可从花材的色彩、高低、位置、疏密等方面去体验。

通过交流、讨论,培养自信心,收获成就感,促进学生创造性解决问题能力的提高。

(2)实操训练:让学生理解和感悟对比协调的和谐美。

师:分组布置任务,让学生针对某一类花材或某一块位置布局设计,体验各种变化的不同效果,让学生在对比中学会思考如何去协调,通过组内讨论,集思广益,最后上交成品,让学生能真正由理论走向实践。

3. *探究插花构图动势与均衡的矛盾调和美*。

创设情境,让学生自主探究:一是如何让你的作品构图有动感,二是如何让动态的构图作品没有重心不稳的感觉。

学生活动:

(1)自主合作分工,分派任务。

(2)按要求插作构图,做对比性观察。

(3)讨论、修改,多角度感受。

(4)上交成果,提炼观点。

通过作品总结评价,让学生能在动态与均衡之间体验到最佳的平衡效果。

4. *探究插花构图节奏与韵律的矛盾调和美*。

师:同学们,插花作为一门创作艺术,你们能发现它也像音乐一样,有很强的节奏和韵律感吗?我们来看电脑示例作品,谈谈你们的感受。

学生们通过观察,找到构图中的节奏、韵律之所在,细细揣摩,然后让各组集体完成一幅作品,把构图原则都呈现出来,交叉鉴赏评价以巩固知识。

最后问大家:在生活中,我们有时不得不面对各种矛盾,本节课的学习,对大家有启发吗?试想,我们能否正视和尊重现实,将各种矛盾调和,多角度去思考和面对,让身边的事物终归和谐、美好呢?所以,生活中,凡事我们要分清主次、轻重,自信、成熟地去面对。

C 渗透感悟

"生活和学习是一体的,教育需要源于生活,需要学生心灵的真诚呼应。"教师是爱的使者,离开了情感,一切教育都无从谈起。本节课根据高中学生的心理发展特点,将专业课与心育很好地水乳交融,挖掘插花构图的矛盾对立、统一协调,寓美于教、寓美于学,在诸多冲突中去寻求和探索解决之道,让学生学会思考,冷静、积极、乐观地处事。这样的课堂教学不仅能激发兴趣,唤起学生的愉悦感,也能激发学生去创造美。在潜移默化中,让学生感受到生活是如此美好,让学习促进身心健康。尤其是针对适应性较差的学生,在专业中渗透心育,会让他们对学习重燃希望,重塑信心的。

作者单位：宁波奉化市技工学校

 编者点评

在本课教学中，作者围绕插画构图"多样与统一""协调与对比""动势与均衡""节奏与韵律"这四类矛盾的调和美，引导学生从诸多冲突中去寻求和解决探索之道，增强学生的自信心。作者还针对性地设问，促使学生对艺术进行探索和思考，培养乐观积极的心态，提升自身的艺术素养。此外，通过本课教学，可以让学生对美图有基本的认识，为自己今后从事插花艺术提供一种指导。通过这样的教学，使原本枯燥的构图课变得形象生动，使学生乐于参与。

97 发现岩石之美

俞 琼

A 渗透缘起

《认识几种常见的岩石》是四年级《科学》的教学内容。这一课主要是让学生通过运用多种观察方法进一步探究常见岩石的特征，激发学生观察岩石、研究岩石的兴趣，进而培养学生的观察、分析和概括能力。

其实学生对岩石并不陌生，他们在生活中已经接触了各种岩石，但有时越是熟悉的事物，学生越不容易产生关注，学生并不会花很多的时间去探究岩石更多的奥秘，因而也是陌生的。这恰是我们教学有价值的地方，我们可以在"熟悉"与"陌生"两个词上做文章。

本节课的心理健康教育渗透点有：1. 培养学生在实验中敏锐的观察力；2. 体会科学是一个探索过程，鼓励探究，培养学生研究岩石的兴趣；3. 体验分工合作的重要性。

B 渗透节点

1. 以科学史为主线，激发学生学习热情。

师：图片上的人叫李四光，是我国著名的地质学家。他从小就特别喜欢观察石头，身上总带着放大镜和小锤子等工具，走到哪里，就观察到哪里。通过长期坚持不懈的观察,他发现了岩石的很多秘密,为我国的地质考察、石油勘探等事业做出了杰出的贡献。

师:你认为我们可以向李四光爷爷学习什么?

本节课,我以地质学家李四光爱石的故事作为开头,结合学生爱听故事的心理,进行情感熏陶,期待学生了解和学习李四光开展地质研究的科学精神和科学方法,激发起学生的学习热情,从而进行渗透科学史的教育。

2. 以汇报交流为基石,打破教学冷场尴尬。

师:在实验桌上,我准备了六块不同的岩石,并且编了号,给大家三分钟时间观察,看看哪个小组的发现最多?

学生初步观察岩石。

师:在刚才的活动中,你用什么方法观察到了岩石的哪些特点?哪个小组先来谈谈,整组上来,一起向我们汇报你们的发现?你低着头,不发言,是跟你的组员意见一致吗?还是你有不同的发现吗?能跟我们说说吗?

每个孩子对岩石特征的观察认识肯定会有不同,但有的学生在探究活动时有很多发现,到交流研讨时就是不肯说,怕说错了,会被嘲笑,出现课堂冷场。实际上许多美好的发现都藏在这些不肯说的学生心中。这就需要教师善于创设研讨的民主氛围,我鼓励学生汇报时,整个小组都上来,你一言我一语,不在于说得有多完整,更多的是希望那些"沉默"的孩子学会开口。只有这样给学生提供心理上的安全感,才能呵护孩子的发现,保护孩子的研讨热情。

3. 以数据差异为突破口,引发思维碰撞。

在观察岩石的过程中,学生利用放大镜、盐酸、铁钉等一些工具对岩石作进一步深入和细致的观察,包括岩石的层里、颗粒的颜色大小和结构、岩石遇盐酸的反应、岩石的硬度等各个方面的特征。但由于有些小组做实验时条件未控制好会导致不同的实验结果,这时就自然而然地提出再次实验的要求。

师:每个组的实验结果都已经张贴在黑板上了,我们发现有几组的结果不太相同,你认为这是什么原因?怎样解决这个问题呢?你能上来再帮我们演示一遍刚才的操作吗?

让学生亲历实验的过程,了解一次实验并不能解决问题的时候就需要再次实验,甚至是成千上万次的重复。再次验证,这也是科学素养的一种。

4. 以优秀榜样为载体,突出细节的重要性。

学生经过10分钟的动手实验,教师示意学生停下来时,发现有一小组自觉地把实验材料收拾好。这是一次很好的教育契机。我立刻抓住了这机会:刚才我看到第3组的同学做完实验后还将实验材料收拾好。科学家做完实验以后,也不会忘记收拾好实验材料的。谢谢这组的同学给我们树立了这么好的榜样。

课的结尾,"科学家还借助于显微镜、天平等工具来进一步观察岩石……"既是在教给学生观察方法,也是在提醒学生科学技术的发展没有止境,我们对周围世界的认识也将越来越丰富。

C 渗透感悟

本课的教学符合新课标中的理念,根据小学生的心理特征,让学生学会用科学的方法有序观察岩石,提高他们在实验中敏锐的观察力,并学会关注岩石的本质特征,能够从观察中获得信息,将信息根据需要进行综合与概括,进行准确的描述。最关键的还是让学生体会到科学是一个探索过程,鼓励他们勇于探究,只有学生掌握了有效的观察方法,才能对岩石有进一步研究的兴趣,才能真正发现岩石之美。

每一节科学课都离不开学生的心理活动,教材的应用实质上就是一种心智活动。只有把握教材的心育因素,才能在教学中做到有机适时地渗透,唤起学生的内心体验。我认为,提高教师的学科心育意识和能力也是当前素质教育的需要,我会把科学学科心育意识和心育能力的培养列为接下来教学的一项重要任务,持续进行下去。

作者单位:宁波市鄞州区宋诏桥小学

♥ 编者点评

在本课教学中,作者结合学生对岩石的认识情况,在"熟悉"和"陌生"两个词上做文章。作者首先从著名地质学家李四光从小就喜欢观察石头,发现了岩石的很多秘密,为国家做出杰出贡献的事例引入,激发学生的学习热情。在此基础上,作者让学生对岩石进行现场观察,并进行分组汇报交流,鼓励学生多发言,培养学生的自信心。在学生得出的结果不同时,作者安排学生再次实验,让学生体验科学是一个长时间的探索过程,甚至需要很多的重复。

坐家乡地铁,so happy!

郑海艳

A 渗透缘起

《坐家乡地铁,so happy!》是《新课程综合实践活动》五年级第三章《校外活动》

中的自定主题活动,是继上一活动《家乡的名胜》开展后热爱家乡的延续和升温。通过本次活动,考察宁波刚刚兴起的地铁文化,了解相关的地铁知识,逐渐具有为家乡地铁发展提建议的意识和行动,养成从生活中发现问题、思考问题、探究问题的习惯。

本主题的心理健康教育渗透点有:1. 在选题过程中激发心理欲望;2. 在活动过程中形成心理品质;3. 在合作过程中满足心理期待;4. 在亲身体验中发展自我教育。

B 渗透节点

1. 在选题过程中激发心理欲望。

综合实践活动课程强调以活动为主要形式,注重学生的亲身经历,要求学生积极参与到各项活动中去。为了充分挖掘学生的自主性,教师在综合实践活动课上采用由学生选题的方式,激发学生进行综合实践活动的兴趣,帮助学生确定主题。

近期宁波地铁二号线一期开通,这不仅成了同学们课余的谈资,也在综合实践活动课中成了孩子们有兴趣参与的热门话题。基于学生们的兴趣确定本次的活动主题为"坐家乡地铁,so happy!"。通过集思广益,确定更有意思的子课题"一二号线大比拼""入口出口分得清""地铁安全我知道""地铁站点我研究""地铁内饰我设计"……大家根据自己感兴趣的部分进行相应分组。

学生的学习兴趣是一种带有浓厚感情色彩的认识倾向,也是推动孩子们去认识事物、探求真理的心理动力源。都说"兴趣是最好的老师",综合实践活动要让每个孩子都喜欢,才能开展得更生动。

2. 在活动过程中形成心理品质。

在小组确定需要研究解决的问题以后,学生进入具体解决问题的过程。在这个阶段,他们会遇到问题,经受挫折,但学生主动探究、勇于实践、勇于创新的心理品质会得到良好的发展。

确定并选择了子课题,进行方案设计。根据设计内容进行实践、体验:①搜集和分析信息资料:学生通过上网、查阅书刊等方式,获取所需要的宁波地铁信息资料;对资料进行删选、整理与归纳等。②初步的交流:学生将自己初步研究的成果在小组内交流,认真对待他人意见和建议,并逐步丰富个人的研究成果。③对策制订:活动结束后,各学习小组将取得的收获进行归纳整理、总结提炼,撰写坐地铁的相关报告。

活动中,学生对于了解地铁的相关知识和安全信息等方面做到多元化了解,逐步形成喜爱质疑、乐于探索、勤于思考的心理品质,更重要的是让大家看到了团结合作的力量和真爱家乡的情怀。

3. 在合作过程中满足心理期待。

实践活动以小组合作展开,这是综合实践的一个重要形式。在小组学习过程中,教师放手让学生自己组织,商量制订研究方案,自己分工,自主探索、研讨问题和解决问题,使学生切实处在自主学习和积极合作的状态之中:①小组合作中提出活动设想。②在合作中提出问题,如:地铁怎么购票?票价多少?怎样安全坐地铁?……这些问题的提出,也有利于合作成员的共同成长,他们可以发挥每个人的长处寻找解决问题的途径。③活动中分享合作成果:如《地铁内饰我设计》,以绘画、设计广告词等形式借地铁这个移动窗口展示宁波文化;《入口出口我知道》,由学生亲自动手,为家乡地铁设计、制作引导牌、宣传板等物品,使初乘者一目了然。合作成果的展示,也是合作快乐的分享。欣赏了一幅幅风格各异的书画作品,听到了一段段诗情画意的介绍,看到了一张张笑意盎然的小脸,小组学习在学生积极地投入中收到了良好的效果,满足了获得成就感的心理期待。

4. 在亲身体验中发展自我教育。

为了有效地开展活动,孩子们根据不同组的需求,亲身实地去感受了宁波地铁文化,体验了它的方便快捷。全程的实践体验式活动,把自我与社会结合起来,体验心理自我完善的乐趣,让学生获得了自我认识和自我教育的发展。

C 渗透感悟

我所教的是一群五年级的孩子,他们对社会对同伴对自我都有了一定的认知,但又好奇而渴望探知身边更为新奇的事物,这就为选题激发了一定的心理欲望,提供了良好的契机。本次活动的开展有效引导学生积极主动地探究自我及他人的内心世界,引导学生从他人与自我关系的角度选择感兴趣的课题,采用研究性学习的方式,采用自我观察、调查问卷等方法,了解心理世界的丰富性和变化规律。

在综合实践活动的教学中,随时发现可以开发的主题,让学生在活动中渗透心理健康教育,这就需要我们综合实践活动教师不仅要多做有心人,还要不断提高自己进行心理辅导的能力与水平。

作者单位:宁波市北仑区岷山学校

编者点评

作者结合当地地铁开通不久,学生对地铁相关知识感兴趣的现实,把综合实践活动课的内容确立为"坐家乡地铁"。在具体的选题中,通过集思广益,确立相应的子课题,并让学生根据自己的兴趣进行相应分组。在此基础上,学生进行研究方案的制订,进行相应研究成果的制作和展示。学生还根据不同组的要求,亲身去感受地铁文化,体验地铁带给人们生活的便利。这样贴近生活、实用性强的综合实践活动课,深受学生喜爱,让学生在积极实践中促进了人际交流,开阔了自己的视野,收获了自己的成果。

99 寻根问"礼"

龚丹嫣

A 渗透缘起

古人有言:"中国有礼仪之大,故称夏,有服章之美,谓之华。"中华民族自古以来就讲"礼"重"仪"。孟子曾把"礼"看做是人性善的发端之一,并称之为"恭敬之心,礼也"。千百年来礼仪在行为美学方面指导着人们不断地充实和完善自我,并潜移默化地熏陶着人们的心灵。

本文以《服务礼仪》一书中的"鞠躬礼"为例,寻找礼仪溯源为切入点,来剖析心理与礼仪学科教学融合的关键点。

课程中心理健康教育渗透点有:1.通过感悟礼仪历史故事,培养学生宽容、友爱、真诚、自律的品质;2.通过训练礼仪操作规范,树立学生自信、坚忍、合作的精神;3.通过养成礼仪优秀习惯,提升学生感悟礼仪之美、心灵之美的能力,展现华夏子孙内外兼修的风采。

B 渗透节点

1. 溯礼仪之源,修心灵之美。

师:鞠躬礼在中国历史上源远流长,同学们,想知道它的历史故事吗?

鞠躬礼起源于商代的一种祭天仪式,曰"鞠祭"。即,将祭品(猪、牛、羊等)整体弯蜷成圆的鞠形,放到祭处奉祭,以此来表达祭祀者的恭敬与虔诚。现在不少地方逢年过节,祭拜祖宗天地时,总把整鸡整鹅蜷成圆形,或把猪头猪尾放在一起,表示其头尾相接,这就是由鞠祭演变而来的。

这种礼节在我国春秋时期就已出现。人们在现实生活中,逐渐援引这种鞠躬的形式表达对地位崇高者,如长辈、老师、观众等的尊敬、友爱、真诚、感谢之心。

所谓礼由心生,内心的东西要靠一定的形式表现出来。通过这个故事,同学们能更好地理解,为什么我们上课时会有"起立、鞠躬、向老师问好"的这个礼节,并且在今后的学习生活中也更能加自发自律的应用这个礼节。

2. 习礼仪之态,炼精神之魅。

鞠躬礼的训练地点为形体房,操作要求如下:

(1)微笑:没有微笑的鞠躬礼是失礼的。

心育要领:微笑要自信、发自内心,从眼神开始,饱含精神魅力的眼神是微笑的灵魂!

训练方式：(师)请同学们对镜站立,看着自己的眼神,想象你的眼神很美！很有神！并在内心告诉自己"我的笑容更美"！这是一种积极的自我暗示,请不要怀疑自己的魅力。接下来轻扯唇角,展露你最美的笑颜！笑容多大？能咬根筷子就是标准,露出完美的6—8颗牙齿。请尽情地绽放你的笑容！

(2)欠身：是鞠躬礼的重点。

心育要领：合作精神！坚韧的意志力！

训练方式：学生2人一组,保持2~3米的距离站定,相互合作。一方观察、监督,另一方听老师口令按步操作。

师：操作的同学,头、颈、背成一条直线,背上肌肉呈紧张感。把双手自然放在裤缝两边(女生双手交叉放在体前),欠身,身体稍向前倾15度,行15度鞠躬礼,问候"您好！"。练习者持续保持3分钟的标准姿势,巩固动作要领,请同伴认真督查、指正,3分钟一轮换。坚定意志,腰背的酸痛,是成功的基石！

3. *誉礼仪之邦,展华夏之魂。*

师："海纳百川,有容乃大"古代华夏民族以豁达之气,授周边民族以丰富的礼仪文化。纵观中国礼仪成长史,华夏民族的现代礼仪在中西方文化的融合下,注入了新的内容,现代礼仪更趋向于成熟。受到赞誉并流传至今的礼仪,就有我们今天所学的鞠躬礼。鞠躬礼在东南亚一些国家较为盛行,如日本、韩国等。

中外文化中,鞠躬礼是对别人表示恭敬的一种礼节,晚辈对长辈、学生对老师、下级对上级、表演者对观众等都可行鞠躬礼表达敬意。

鞠躬礼依照唐朝礼制沿袭下来,历经千年依然影响着世界,作为华夏子孙及中华礼仪的传承者,我们更应该学好鞠躬礼,以彬彬有礼、优雅得体之态,向全世界展示我们传统礼仪之美,彰显我们华夏民族之魂。

C 渗透感悟

1. 通过鞠躬礼的学习内化心灵之美：使学生领悟到相互尊重的重要性,当人们受到尊重、礼遇、赞同和帮助时就会在心理上感到满足、愉悦,从而产生吸引心理,获得好感和信任,形成和增进友谊。

2. 通过积极的心理暗示外化礼仪之态：礼仪是一个人内在气质的外化,需要我们从内心修养做起,使内在的修养与外显的礼节和谐统一,做到"诚于中"方能"形于外",内外兼修才能达到礼仪培养的真正目的。

作者单位：宁波市甬江职业高级中学

♥ 编者点评

作者在教学中能较好地把心育融合、运用到礼仪课程中,三个融合节点定位准确。在讲解礼仪溯源时,适时培养学生宽容、友爱、真诚、自律的品质；在训练礼仪规范时,及时树立学生自信、坚忍、合作的精神;在弘扬礼仪传承时,不忘提升学生感悟礼仪之美、心灵之美的能力,增进学生作为华夏子孙的自豪感。可见,礼仪课程离不开心育,礼仪的真谛在于有心、用心。

100 选举吧,团员

郑蒙蒙

A 渗透缘起

《我们来选举》是《学生团课十五讲》的教学内容,是学生在了解团基础理论知识后的一个实践操作学习内容。这一课通过对选举前、选举中和选举后三方面工作进行分析,引导学生了解团员选举的基本流程,培养他们对团组织的归属感和对社会的时代使命感。

选举是团工作的重要内容,是学生团员政治生活中的一件大事,也是加强团组织自身建设的重要措施。团代会的选举工作是学生成为合格公民履行选举权前的一次演习,更是其体验团员身份的一次重大实践。为此,加强学生团员对选举知识的学习,不能仅仅停留在知识层面,还应该深入到学生团员的价值观层面。

本节课的心理健康教育渗透点有:1. 亲身参与,培养团员的活动组织能力;2. 分组实践,提升团员的责任意识;3. 深化感悟,坚定团员的理想信念。

B 渗透节点

1. 集体游戏,"选"出团队感。

师:一个重大活动的准备过程是需要大量时间和精力的。假设现在我们要开始筹备学校的团代会,请问需要哪些人员的参与呢?

师根据学生的回答内容初步定出需要团员代表组、委员候选人组、工作人员组和秘书组四大组的参与,引导学生根据个人意愿选择相应的小组。

师:现在每位同学都找到了自己的团队,团代会将在下个月×号举行,大家要开始紧锣密鼓地动起来了。为了让同学们互相了解,便于沟通,我们要先进行一个团队建设的游戏。

每个队要求选出队长、队花、队草,在20分钟内取队名,画队徽,唱队歌,排队舞,并依次进行小组展示。

小组成员在讨论交流和完成任务的过程中彼此了解,增强团队的归属感,而小组的成果展示也增强了团员学生的自信心。

2. **职责落实,"选"出责任感**。

师梳理本课教学内容,和团员学生共同商议选举前、选举中和选举后各个小组的工作任务。如工作人员小组中的监票员、计票员和唱票员,要提前做好相应的准备;秘书组在选举前要向上级团委和学校党委提出申请,准备各类文件,通知委员候选人;团员代表同学需要严格遵守会议纪律,了解会议流程等。在职责分工后,教师要求各组成员做好准备工作,在下节课进行会议流程模拟。

师:各位团员,会议的顺利召开离不开大家的共同配合,希望大家能够明确自身职责,积极准备,为学校的这次盛会献出自己的一份力!

3. **模拟流程,"选"出参与感**。

大会开始前,秘书组根据选举办法选出团员学生代表并予以公示,做好会议文件的分发。

主持人:尊敬的各位领导,团员代表们,本次大会即将召开,请各位保持安静。本次团代会应到代表××名,实到代表××名,因病因事请假的代表××名,符合法定人数,可以进行会议。

委员选举工作期间,主持人由学生担任,计票、唱票人以及团代表同学按照各自要求进行选举。闭幕式时,根据票选结果选出新一届委员,做好新老委员的工作交接。大会后期由秘书组同学模拟向上级团委提交大会结果。

学生通过角色扮演的方式体验整个流程,履行团员权利,感受选举的重要意义。

4. **交流分享,"选"出使命感**。

师:各位同学,刚刚我们一起模拟了团员选举大会,在会议中我们每一个同学都发挥着重要的作用,相信大家都感受到了团员选举工作的严谨性。接下来,我请大家来分享自己的感受。

师引导学生从自己扮演的角色出发来分享感悟,学生也可以从其他角度来分享。之后,师进行反馈和巩固,激发团员思考自己要承担的历史使命和社会责任。

C 渗透感悟

很多人在入团到退团的整个阶段对自己的团员身份认同是不充分的,甚至认为团员生活只是交团费、参加团活动而已。作为一名团工作者,我发现团员意识培养的工作迫在眉睫,但又面临着不知从何着手的尴尬局面。当我试着将心理健康教育的活动方式融入团课教学中,意外收获了许多成长。

本课加入团队游戏、角色扮演、活动模拟、分享感受等心理课元素,激发学生参与选举的热情,唤起学生的团员意识,促使他们的团员身份认同。用技术操作手法的心理化来引导学生培养作为一名团员的信念,同时在团员教育中渗透心理健康教育理念,号召团员实现自己的青春梦想。

"我们是五月的花海,用青春拥抱时代,我们是初升的太阳,用生命点燃未来。"团员的青春就是国家的未来,团员的信念就是民族的精神,用心理健康教育的理念走进团员,引导团员,真正做好团员的思想建设工作。选举吧!团员!让青春绽放光彩,点燃未来吧!

作者单位:宁波市象山中学

编者点评

选举是公民政治生活中的大事,但在学生时代,很少人真正经历过选举并对此有深刻的认识。本文作者作为学校团工作者,在这节团课中,从"亲身参与,培养团员的组织活动能力""分组实践,提升团员的责任意识""深化感悟,鉴定团员的理想信念"这三个心理健康教育的渗透点切入,通过团队游戏、角色扮演、活动模拟、分享感受等途径,激发学生参与选举的热情,唤起学生的团员意识,强化他们的团员身份认同,认识到自己作为团员的责任和担当。

101 搭建最简单的直流电动机

翁立东

A 渗透缘起

《搭建最简单的直流电动机》是职高二年级《汽车电气设备构造与维修》的教学内容。

本课题的内容教师往往会采用理论教学为主,而忽略了对学生情感目标的培养。对于汽修专业课的理论知识学习,我们不仅要实现教学内容中所要求的认知目标,更应该去挖掘和开发教材中有利于学生身心健康的内容,有助于情感目标的有效实现,让学生们在轻松愉快的课堂氛围中获取知识,更好地培养学生的职业素养。

本课的心理健康教育渗透点有:1.通过直流电动机的制作,培养学生自主探索和创新的意识;2.通过小组队员的相互合作,增进队员间的沟通意识和共事能力;3.通过对整个学习和制作过程的评估,锻炼学生的语言表达能力和增强学生自信心。

B 渗透节点

1. **抛出问题**。

师:发动机的起动是靠起动机的作用,起动机中最核心的部件是直流电动机。直流电动机又是由哪些部件组成的?各部件的功能是什么?工作原理又是如何?……为此我们今天的任务就是通过一个最简单直流电动机的搭建来解答这些问题。

发下器材,解说任务,抛出问题:需要哪些部件来搭建一个"电机"?

……一定需要?……也许需要?……肯定不要?

2. **自主探索**。

选取所提供材料中的若干件,搭建一个最简单的直流电动机。

汽车用起动机中直流电动机由定子和转子两大部分组成,直流电动机的工作原理是通电导体在磁场内受到力的作用而发生运动。

通过教材中对于直流电动机工作原理的解释,你会作出怎样的决定?选取哪些材料作为直流电动机搭建的基础?

请同学们结合教材中直流电动机的组成和工作原理,各小组成员分配好任务,制订完成任务计划。

3. **同伴互助**。

教师组织学生进行组内队员任务分配,引导学生查阅相关资料,找出提供部件的名称及功用,根据资料信息完成表格填写,组内同伴相互交流,确定选取直流电动机搭建的材料。组织学生根据所选取的部件组装电机,教师巡回指导,分析磁铁磁场和电流方向的关系,对遇到问题的小组,进行适时的点拨。在组内你承担了什么任务?材料选取过程中有没有和本组队员充分地进行交流?

4. **分享体会**。

教师组织各组学生派代表上台分享直流电动机搭建过程中的体会,在检查学生是否在本节课中获取关于直流电动机的相关预设知识外,更重要的是关注学生的语言表达和沟通交流等关键能力。

评价标准			
结构和布局	专业展示	肢体语言姿态	语言表达
—明晰 —引入目的性明确 —开头有概述 —过渡明确 —遵守时间规定 —结尾明显 —简要总结	—专业方面正确 —清晰回答问题 —解释专业表达	—自信 —开放性的登场 —与听众有交流 —表情、手势	—清晰明了 —抑扬顿挫 —速度、停顿

通过学生的分享,再进行与教师的总结对话。是否所有小组成员都参与?是否学到新东西?项目是否带来欢乐?

在直流电动机的搭建过程中,你们遇到了哪些困难?面对这些困难,你们进行了哪些沟通?

C 渗透感悟

本课教学采用行为导向教学,根据中职学生的心理特点,我让学生们通过小组合作来搭建一个最简单的直流电动机,使教材中枯燥乏味的理论知识兴趣化,并在各个环节中渗透心理健康教育内容,从而使认知与情感得以和谐发展。

在课堂中,同学之间的相互交流有助于知识建构,即使在同伴不知道正确答案的情况下,效果也可能好于教师;在同伴之间争执不下的情况下,他们会向教师求证,这样就达到了认知目标与情感目标同步提高的效果。在分享体会这一渗透点上,让学生敢于代表小组站在所有同学面前去分享成功或是失败,来锻炼学生的语言表达能力和沟通交流能力,使学生的综合素质和综合能力得以提高,更是为学生们展示自信和个性提供了平台。

在整个行为过程中,当学生陷入困境时,教师要给予适时的点拨,这种帮助不是直接解答,而是正确地去引导学生完成完整的行为过程,培养学生自主探究学习的能力。有了不易的过程,学生收获的快乐更多,效果也更佳。在课后的学生建议中表示希望有更多类似的项目,他们享受着本堂课带来的乐趣。在欢乐的课堂中,教师教得快乐,学生也学得快乐。期待着,学生们能在欢乐的课堂中茁壮成长。

作者单位:宁波市象山县技工学校

❤ 编者点评

作者结合本课的具体实际,采用了行为导向教学的方式,采用分组制造简易模型开展本课教学。在具体教学中,作者通过"动手制作,培养学生自主探索和创新意识""小组合作,增进成员间的沟通意识和共事能力""汇报交流,锻炼学生的语言表达能力和增强学生的自信心"这三点来渗透心理健康教育,走出了知识教学的局限,让学生在积极参与中锻炼各方面的能力。这样的教学方式很适合中职生,有助于他们在制作的成功中享受学习的快乐,增强前行的动力。

后 记

中小学心理健康教育一般有三条路径：一是个体心理辅导，二是团体心理辅导，三是学科渗透。2015年，我们编写了《直面心灵的艺术——中小学心理辅导方法101例》一书，为中小学教师提供了一些常用的个体心理辅导技巧。

关于团体心理辅导许多机构已出版了大量的参考书籍，于是，我们把探索视角放在了这一少有学者研究而又极其重要的学科渗透上。

早在2002年，宁波市的一些学校和科研机构已经涉及学科渗透的实践和理论研究，这在我们编写的《叩开心扉的艺术——中小学心理健康教育创新》一书中，有着较为翔实的阐述。然而，对中小学心理健康教育工作的评估体系，往往较为注重显性的工作，比如，有没有成立学校心理健康教育领导小组，有没有建立心理辅导室，有没有开设心理辅导活动课等，而利用学科教学渗透心理健康教育这个重要路径，由于在现实中难以量化考核，学校不强调，教师不重视，就逐渐淡出了人们的视线。实际上，从教师全员心育的角度来说，课堂教学是最有效的路径。因此，我们这次编写《直面文本的融合——中小学学科渗透心育101例》，从某种意义上说就是在修复以前工作的断层。

这次精选的学科渗透心育的101个课例，概括起来有这么几个特点：

1. 注重学科外部渗透和内部渗透相结合。

学科渗透心育除了注意具体学科不同的渗透个性外，还应该注意学科渗透的共性——学科外部渗透，即营造良好的课堂心理氛围，包括民主平等的气氛、团结合作的气氛、遵章守纪的气氛、活泼愉快的气氛、积极主动的气氛等。这样，学科渗透心理健康教育才能事半功倍。

2. 注重学科渗透心育方法的灵活性。

学科渗透心育的方法多种多样，我们从101个课例中总结出以下几种渗透方法：

按渗透时间分：有分散式和集中式。分散式指的是学科外部渗透或学科内部渗透的内容是分散在整节课中，而集中式则是课堂教学中集中利用一段时间渗透心育,这可根据学科教学需要、渗透需要而定。

按渗透对象分:集体式和个别式。就某一渗透内容,教师渗透的对象可以是全班同学,也可以是小组,甚至是单个学生,而对后进生或特殊情况的学生进行个别点化、帮助等,日积月累也会有效果。

按表达形式分:讨论式和写作式。这里的讨论主要是交流信息,互相启发,产生积极的互动;这里的写作跟语文写作教学是有差异的,不太讲究主题、结构、技巧和数量,以学生自己有所觉、有所悟为好,讲究的是真情实感。

3. 注重学科渗透心育与学科教学的关系。

学科渗透心育很重要,但是相比之下学科教学本身更为重要。一方面,学科渗透心育要符合学科教学的规律,要防止渗透生硬、渗透过火、渗透死板等不恰当的渗透做法;另一方面,不能将"学科教学更重要"片面理解成可以违背教育学、心理学规律,采取强硬手段,以达到学业成绩高分的目的。

在这里,我们要感谢宁波市北仑明港高级中学李鑫娟、慈溪市崇寿初级中学戴杨林、鄞州区高桥镇中心小学胡珠波、余姚市舜北小学于姚4位老师,认真撰写了可供借鉴的范文,使得许多教案主题明晰、思路流畅、格式规范;要感谢宁波市各县(市)、区教育科研部门心理健康教育负责人热情组织,广泛发动,保证了丰富而优质的稿源;要感谢200余位一线学科教师的大力支持,把亲历过的学科渗透心育过程画龙点睛地再现出来,让我们可以共享这些心理教育的成果;要感谢中国《德育报》社社长兼总编辑张国宏先生百忙之中为本书撰写序言,他的独到见解,高屋建瓴,每每让我们受益匪浅。

从2013年—2016年,我们"101例"德育·心育系列丛书已先后出版了六本:《直面危情的智慧——中小学班主任应急讲话101例》《直面困境的精彩——中小学德育创新101例》《直面心灵的艺术——中小学心理辅导方法101例》《直面童心的点拨——幼儿园个体心理辅导101例》《直面文本的融合——中小学学科渗透心育101例》《直面课堂的灵动——幼儿园团体心理辅导101例》。丛书的编写或许告一段落,而对中小学(幼儿园)德育和心育的研究却永无止境。"一套丛书在手,遇到问题不愁",这是我们编写丛书的初衷,如若夙愿成真,我们则倍感欣慰。

编者

2016年8月15日

亲爱的读者：

感谢您购买《直面文本的融合——中小学学科渗透心育101例》。

本书为中小学一线教师学科渗透心育的教案集锦，按学科分为以下十二个板块：语文、数学、外语、政治、历史、地理、物理、化学、生物、音美、体育和其他。全书选编了运用心理学原理进行学科渗透心育的101个教案。

每篇教案由三部分组成：一是"渗透缘起"，即介绍该渗透个案的背景及采用该渗透技巧的心理学思考；二是"渗透节点"，即该渗透过程中的几个关键节点；三是"渗透反思"，即对该渗透正反两方面的小结或对后续渗透的思考。

本书介绍中小学一线教师在学科渗透心育中的思考和实践，全方位展示中小学一线教师在学科渗透中的创新艺术，是中小学开展学科渗透心育不可或缺的参谋和助手。

联系地址：宁波市甬江大道1号宁波书城8号楼618室

联系人：章老师　电话：87242865　18969437121　QQ：573236244

开户行：

1. 交通银行宁波分行（户名：宁波出版社）　　账号：332006271012015501188
2. 支付宝户名：宁波出版社　　　　　　　　账号：cw@nbcbs.com

（汇款务必备注学校名称）

宁波出版社

2016年8月30日

------------裁切线--裁切线------------

回　执

书　名	《直面文本的融合——中小学学科渗透心育101例》	
订　数		定　价	35.00元/册
经手人		电　话	
邮寄地址		

学校(盖章)＿＿＿＿＿＿＿＿＿＿＿＿＿＿

亲爱的读者：

感谢您购买《直面文本的融合——中小学学科渗透心育101例》。

《直面课堂的灵动——幼儿园团体心理辅导101例》是《直面文本的融合——中小学学科渗透心育101例》的兄妹篇。本书为幼儿园教师开展团体心理辅导提供参考，分为以下十二个版块：学会生存、学会感恩、学会关爱、学会诚信、学会交往、学会合作、学会分享、学会接纳、学会自信、学会抗挫、学会创新和其他。全书选编了幼儿团体心理辅导活动案例101例。

每个案例由三个部分组成：一是"辅导缘起"，即介绍辅导活动的起因和辅导对象；二是"辅导节点"，即辅导活动过程中的几个关键环节，包括热身台（进行热身活动）、情景场（展示团辅主题）、工作坊（转向辅导对象）、感悟园（获得活动感受）、实践点（认知转变行为）；三是"辅导反思"，即对辅导活动进行正反两方面的小结及对后续辅导的思考。

本书介绍幼儿园教师在团体心理辅导实践中的理性思考和实操方法，全方位展示幼儿园教师在团体心理辅导中"扎实"而又"灵动"的技巧，是幼儿园教师开展团体心理辅导不可多得的参谋和助手。

联系地址：宁波市甬江大道1号宁波书城8号楼616室

联系人：章淑芳　联系电话：87242865　18969437121　QQ：573236244

开户行：

1. 交通银行宁波分行（户主：宁波出版社）　　账号：332006271012015501188
2. 支付宝户名：宁波出版社　　　　　　　　　账号：cw@nbcbs.com

宁波出版社
2016年8月30日

------------ 裁切线 ------------------------------------- 裁切线 ------------

回　执

书　名	《直面课堂的灵动——幼儿园团体心理辅导101例》		
订　数		定　价	35.00元/册
经手人		电　话	
邮寄地址			

学校（盖章）_____